本书的出版及相关工作获利丰服务领导教育教授席、香港理工大学（ZZ4U 与 WZ8A）、香港研究资助局配对资金（ZH4Q 与 ZECL）及田家炳基金会的资助

The publication of this book and related research are financially supported by the Li and Fung Endowed Professorship in Service Leadership Education, The Hong Kong Polytechnic University (ZZ4U and WZ8A), Matching Fund of the Research Grants Council (ZH4Q and ZECL) and Tin Ka Ping Foundation

## 作者单位

香港理工大学应用社会科学系

西安交通大学 – 香港理工大学"丝绸之路青少年发展中心"

# "共创成长路"
## 田家炳青少年正面成长计划
## 落地生根与开花结果：千名学生日记集

The Rooting and Blossoming of
the Tin Ka Ping P.A.T.H.S. Project: A Collection of Students' Diaries

石丹理　谭淋丹／主　编
朱小琴　黎　翔　窦迪娅／副主编

·贵阳·

图书在版编目（CIP）数据

"共创成长路"田家炳青少年正面成长计划落地生根
与开花结果：千名学生日记集 / 石丹理，谭淋丹主编；
朱小琴，黎翔，窦迪娅副主编. -- 贵阳：贵州大学出版
社, 2025. 7. -- ISBN 978-7-5691-1018-0

Ⅰ．H194.5

中国国家版本馆 CIP 数据核字第 202506JY00 号

"GONGCHUANG CHENGZHANGLU" TIAN JIABING QINGSHAONIAN ZHENGMIAN
CHENGZHANG JIHUA LUODI SHENGGEN YU KAIHUA JIEGUO

## "共创成长路"田家炳青少年正面成长计划落地生根与开花结果：千名学生日记集

主　　编：石丹理　谭淋丹
副 主 编：朱小琴　黎　翔　窦迪娅

出 版 人：闵　军
责任编辑：杨小娟
装帧设计：陈　艺　方国进

出版发行：贵州大学出版社有限责任公司
　　　　　地　址：贵阳市花溪区贵州大学东校区出版大楼
　　　　　邮编：550025　电话：0851-88291180
印　　刷：贵阳精彩数字印刷有限公司
开　　本：720 毫米 ×1000 毫米　1/16
印　　张：25
字　　数：332 千字
版　　次：2025 年 7 月第 1 版
印　　次：2025 年 7 月第 1 次印刷

书　　号：ISBN 978-7-5691-1018-0
定　　价：80.00 元

版权所有　侵权必究
本书若出现印装质量问题，请与出版社联系调换
电话：0851-85987328

# 作者简介

## 主编

**石丹理** 香港理工大学协理副校长、应用社会科学系讲座教授、利丰服务领导教育教授，华东师范大学顾问教授、广东工业大学名誉教授、华南师范大学名誉教授、西南财经大学光华访问学者讲座教授、长江学者讲座教授，*Applied Research in Quality of Life* 期刊主编。多年来，入选斯坦福大学与科睿唯安公布的"全球前2%高被引科学家"榜单。在Research.com发布的2024年度"全球顶尖科学家榜单"心理学领域中，位列中国顶尖华人心理学家之首。根据ScholarGPS（2024）的排名，于全球社会工作学者中排名第一。获香港特区政府颁授铜紫荆星章和银紫荆星章。

**谭淋丹** 香港理工大学应用社会科学系助理教授（研究）。研究兴趣涵盖积极青少年发展、服务领导力、社会政策、非政府组织等多个领域，研究成果广泛发表于国内外知名学术期刊。担任多个国际期刊审稿人；曾主研多个国家社会科学基金项目，主持或参与多个由香港研究资助局、香港理工大学或其他机构资助的研究项目。

## 副主编

**朱小琴** 香港理工大学应用社会科学系助理教授,"共创成长路"项目的联合首席研究者之一。研究兴趣涵盖家庭教育、青少年正面发展及心理健康等领域。主持或参与多个由香港研究资助局、香港理工大学或其他机构资助的研究项目,研究成果广泛发表于国际知名学术期刊,担任多个国际期刊审稿人。

**黎翔** 香港理工大学应用社会科学系助理教授,"共创成长路"项目联合首席研究者之一。主要从事儿童青少年发展、心理健康、校园欺凌等领域的教学与科研工作,主持或参与多个由香港研究资助局、香港理工大学或其他机构资助的研究项目,在国内外知名学术期刊发表50余篇研究成果。

**窦迪娅** 香港理工大学应用社会科学系助理教授,"共创成长路"项目联合首席研究者之一。研究聚焦于青少年正面成长、教师教育等领域。在多个国内外知名期刊上发表了逾40篇关于青少年心理和发展的研究论文,主持或参与多个由大学教育资助委员会、香港理工大学及其他机构资助的研究项目。

# 序　言

览阅《"共创成长路"田家炳青少年正面成长计划落地生根与开花结果：千名学生日记集》一书，犹如步入繁花盛园，见证青春心灵的绽放，令人深受感动。此书以"共创成长路"田家炳青少年正面成长计划（TKP P.A.T.H.S.）为纲，系统梳理了中国内地参与该计划的学生的日记，精练总结了该计划对青少年成长的12项显著助益。我欣然为此书作序，不仅因其记录了青少年成长的珍贵感悟，而且因其作为一部探索青少年教育创新模式的学术佳作，具有以下突出贡献。

其一，深化对青少年健康福祉政策的理解与执行路径的探索。1946年《世界卫生组织组织法》倡议"儿童之健全发育，实属基要"，明确"促进人民卫生为政府之职责"；在我国，党的十九大作出实施健康中国战略的重大决策部署，彰显了对维护人民健康的坚定决心；2019年12月，国家卫生健康委联合中宣部等12部门印发《健康中国行动——儿童青少年心理健康行动方案（2019—2022年）》，进一步加强儿童青少年心理健康工作；2022年国务院办公厅发布《"十四五"国民健康规划》，将"完善心理健康和精神卫生服务"列入工作任务，对儿童青少年心理健康提出保障措施。然而，如何落实与持续优化政策，仍为学界亟待破解之题。此书依托"共创成长路"田家炳青少年正面成长计划（TKP P.A.T.H.S.），主张将其作为一个有力工具，这为推动政策实践提供了深刻启示。此外，该计划的价值不只局限于中国本土，其对全球心理健康教育与生活技能教育也具有深远且重要的政策意义。其核心在于倡导以学生为中心的体验式教学法，通过提高学生的学习自主参与度，进而提升其社会心理能力和幸福感。作为一名社会治理、公共政策研究专家，我高度赞同这一计划的实施，它为青少年心理健康的政策制定提供了翔实的信息基础与理论支撑。进一步而言，它为中国全人教育的发展构筑了具有前瞻性的模型，厘清了思路与方向。

其二，研究范式创新。不同于传统心理学的"缺陷"导向和对"治疗"的倚重，积极心理学重视"预防"和对积极心理品质的培育。此书基于积极心理学的理念，聚焦"共创成长路"田家炳青少年正面成长计划（TKP P.A.T.H.S.）对青少年积极发展的助益，例如，提升人际交往能力、情商、自我效能感等，其做法代表了青少年福祉促进范式的转变。同时，此书对非认知技能及21世纪技能的关注打破了以学业成绩为首要成功标准的固有思维。在亚洲以"教"为中心的教育环境中，此书所采用的体验式教育方法亦显新颖。该计划强调青少年内在潜力和才能的重要性，同时积极倡导专业人士和公众共同参与"范式转变"。该计划通过系统培养参与者的社会心理能力，深刻启示我们"预防"的重要性，旨在全面促进青少年的福祉和能力提升。

其三，计划极具首创性。相较于西方，中国青少年正面成长（Positive Youth Development，PYD）计划严重匮乏。作为中国首个大规模青少年正面成长项目，"共创成长路"赛马会青少年培育计划（P.A.T.H.S.）不仅在中国香港取得显著成效，在2020年中国香港大学教育资助委员会研究评审中获

# 序　言

评世界领先项目，而且在中国内地成功移植并推广，形成了"共创成长路"田家炳青少年正面成长计划（TKP P.A.T.H.S.）。"共创成长路"项目（即"共创成长路"赛马会青少年培育计划与"共创成长路"田家炳青少年正面成长计划的合称）为青少年正面成长计划在不同文化背景下的有效性检验提供了重要补充，为青少年正面成长计划的国际数据贡献了中国智慧。多项评估结果表明，其在提升计划参与者（包括学生、教师及社会工作者等专业人士）的能力素质与福祉方面具有重要价值。

其四，"共创成长路"项目作为提升青少年身心健康福祉的重要工具，极具推广价值。在石丹理教授的领导下，自2005年起，中国香港已有超过360所学校和357839名学生（674637人次）参与"共创成长路"赛马会青少年培育计划（P.A.T.H.S.）。在中国内地，截至2024年7月，67所学校的262145人次和816所学校的772897人次学生分别通过面授和在线课程参与"共创成长路"田家炳青少年正面成长计划（TKP P.A.T.H.S.）。同时，该项目培训了教师、社会工作者等相关专业人员11000多名，有效缓解了青少年心理健康发展事业中专业人士匮乏的困境。此外，该项目亦被推广至斯里兰卡、韩国、阿根廷和马来西亚，展现了其国际影响力。

值此书付梓之际，我对"共创成长路"项目的发起者、实施者及其他参与者致以敬意与感谢。他们以独特的视角与深切的关怀，将青少年置于社会发展的核心，通过精心设计的课程与活动，激发青少年的潜能。青少年的健康成长关乎教育、心理、社会与政策等多重维度，我满怀期待与石丹理教授展开跨学科深度合作，携手致力于推动中国青少年正面成长事业的发展。我衷心祝贺此书的出版，相信其将为青少年教育事业的发展注入新的活力与动力，助力更多青少年在"共创成长路"上绽放光彩。

斯为序。

姜晓萍

四川大学公共管理学院教授

四川大学城市治理研究院院长

国家高端人才哲学社科领军人才

"四个一批"文化名家

# Foreword

I am pleased to write the foreword for the book *The Rooting and Blossoming of the Tin Ka Ping P.A.T.H.S. Project: A Collection of Students' Diaries*. Reading this book is akin to entering a vibrant garden, where one can witness the flourishing of youthful hearts. The experiences and reflections captured within these pages are profoundly moving and inspiring. Grounded in the Tin Ka Ping P.A.T.H.S. Project (TKP P.A.T.H.S. Project), the book systematically examines the diaries of students participating in this initiative across the China's mainland, identifying twelve key benefits that highlight the project's significant influence on youth development. As both a substantial reflective record of adolescent growth and a scholarly contribution to innovative models in adolescent education, this book makes several noteworthy contributions to the field.

Firstly, it enriches the discourse on child and adolescent mental health and well-being policies, as well as their implementation strategies. The 1946 Constitution of the World Health Organization (WHO) emphasised that "healthy development of the child is of basic importance", asserting that "governments have a responsibility for the health of their peoples". In China, the 19th National Congress of the Communist Party of China (CPC) proposed the Healthy China

Initiative, demonstrating a strong commitment to public health. In December 2019, twelve central authorities, including the National Health Commission and the Publicity Department of the CPC Central Committee, launched the "Healthy China Action: Mental Health Action Plan for Children and Adolescents (2019-2022)" to strengthen mental health initiatives for youth. In 2022, the General Office of the State Council issued a plan to enhance national health policies during the "14th Five-Year Plan" period (2021-2025), with specific objectives to improve mental health services, particularly for children and adolescents. Notwithstanding these efforts, effective policy implementation and optimization remain pressing challenges, which necessitate thorough investigation and resolution by the academic community. This book provides valuable insights into these issues by advocating the TKP P.A.T.H.S. Project, a key Positive Youth Development (PYD) Program, as a promising policy tool. Moreover, the project's significance extends beyond China, offering critical policy implications for global mental health and life skills education initiatives, particularly with respect to the project's emphasis on student-centred experiential learning, which fosters autonomy and engagement, thereby enhancing psychosocial competence and well-being. As a social policy expert, I strongly agree with this project, which clearly informs adolescent mental health policy and shapes the model and direction of whole-person education in China.

Secondly, the book signifies a paradigm shift towards positive psychology. Diverging from "deficits-oriented" traditional psychology's focus on "treatment", positive psychology emphasizes the "strengths-oriented" approach to cultivating positive psychological attributes and the significance of "prevention". This book, rooted in positive psychology, highlights the beneficial outcomes of the TKP P.A.T.H.S. Project, such as improved interpersonal skills, emotional intelligence, and self-efficacy, marking a significant paradigm shift in the approach to promoting youth well-being. Besides, by prioritizing non-cognitive and 21st-century skills, the book challenges the conventional focus on academic achievement as the sole indicator of success. The experiential education approach employed in this project is particularly innovative within the predominantly "didactic" teaching mode of Asian societies. Furthermore, the project emphasizes the potential and talents of young people, advocating for a "paradigm shift" among professionals and the public, which reminds us of the importance of "prevention" by developing the psychosocial competencies of programme participants, ultimately contributing to their well-being and empowerment.

Thirdly, the project is pioneering in China. In contrast to the West, China has faced a significant shortage of PYD programs. The Positive Adolescent Training through Holistic Social Programs to Adulthood: A Jockey Club Youth Enhancement Scheme (Project P.A.T.H.S.) in Hong Kong (the origin project of the TKP P.A.T.H.S. Project), as the first large-scale PYD initiative in China, has achieved notable success. The project achieved a world-leading status in the University Grants Committee's 2020 Research Assessment Exercise and has also been successfully transplanted in China's mainland to form the TKP P.A.T.H.S. Project, based on significant research evaluations that have demonstrated the program's efficacy in enhancing the competencies and well-being of participants, including students, teachers, social workers, and other professionals. By illustrating the perceived benefits of the TKP P.A.T.H.S. Project by students, this book contributes to assessing the effectiveness of the PYD program across diverse cultural contexts and enriches the international database on PYD programs with valuable Chinese insights.

Fourthly, the project is highly promotable as a useful tool for enhancing the mental well-being of youth. Under the leadership of Professor Daniel T. L. Shek, the Project P.A.T.H.S. has engaged over 360 schools and 357,839 students (with 674,637 person-times) in Hong Kong since 2005. In China's mainland, up to July 2024, TKP P.A.T.H.S. Project has benefited students from 67 schools (262,145 person-times) and 816 schools (772,897 person-times) through both face-to-face and online courses. Additionally, the program has trained over 11,000 teachers, social workers, and related professionals, effectively addressing the shortage of youth mental health development professionals. Besides, the project's expansion to Sri Lanka, Republic of Korea, Argentina, and Malaysia further attests to its international influence and adaptability.

Herewith, I extend my deepest respect and gratitude to the initiators, implementers, and all other participants of the TKP P.A.T.H.S. Project. Their profound commitment has prioritized youth within the sphere of social development, inspiring their potential through thoughtfully designed programs and activities. Recognizing that youth development spans multiple fields, including education, psychology, politics, and policy, I eagerly anticipate collaborating closely with Professor Daniel T. L. Shek in a comprehensive interdisciplinary partnership to advance the cause of positive youth development in China. Congratulations on the publication of this book, which I am confident will infuse new vitality and momentum into the field of youth education, empowering more young individuals to flourish on their P.A.T.H.S. journey.

Xiaoping Jiang

Professor, School of Public Administration, Sichuan University

Dean, Institute of Urban Governance, Sichuan University

"Leading Talent" in Philosophy and Social Sciences of the National "Ten Thousand Talents Program" in China

"Cultural Celebrity" of the "Four Batches of Talents Project" in China

# 前　言

　　青少年心理健康，作为全球性焦点议题，其重要性不言而喻。自1946年《世界卫生组织组织法》倡言"儿童之健全发育，实属基要"，并倡导学校在心理健康防治中处于核心地位与具有高投资回报价值以来，基于学校平台的心理健康实践便如雨后春笋般蓬勃发展。其中，青少年正面成长（Positive Youth Development, PYD）计划在美、欧、澳等地成效显著，展现出强大的跨文化适应性。然而，在华人社会中，PYD计划的普及尚显滞后，亟须加速其理论与实践探索的步伐。鉴于此，为青少年心理教育实践提供坚实的学理支撑成为中国学界当仁不让的使命与责任。本书的出版恰逢其时，依托对"共创成长路"田家炳青少年正面成长计划（TKP P.A.T.H.S.）实践中学生日记的梳理，此书旨在传播这一中国文化背景下业已验证的成功培育模式，为全球青少年教育发展贡献"中国智慧"，提供"中国思考"。

　　在中国香港，为助力青少年成长，香港赛马会慈善信托基金于2005年起资助由香港理工大学牵头、5所大学联合开发的"共创成长路"赛马会青少年培育计划（P.A.T.H.S.）。该计划由石丹理教授领衔，吸引了超过360所学校参与，惠及357839名学生（674637人次）。鉴于该计划的显著成效及内地青少年正面成长计划的匮乏，在田家炳基金会的支持下，我们将这一成功模式引入内地，创立"共创成长路"田家炳青少年正面成长计划（TKP P.A.T.H.S.）。自 2011 年起，"共创成长路"田家炳青少年正面成长计划（TKP P.A.T.H.S.）在华东地区 4 所田家炳中学率先试点，取得了积极的评估结果。随后，项目逐步扩展，于 2014—2015 学年扩展至 30 所中学，2015—2016 学年顺利进入全面推行期。2011—2012 学年至 2018—2019 学年间累计吸引 526089 名学生参与。在面临新冠疫情挑战期间，项目仍持续为众多学生提供服务。截至 2024 年 7 月，该计划已在内地深耕细作 10 余载，线上线下参与的学生总数已达 1035042 人次。"共创成长路"项目的主观与客观评估均验证了其成功干预效果，赢得广泛赞誉，2016 年被世界卫生组织（WHO）认定为有效生活技能培训计划（World Health Organization, 2016），2020 年在香港大学教育资助委员会研究评审中获评为世界领先项目，影响力已扩展至斯里兰卡、阿根廷、韩国和马来西亚等地。在 2012 年刊载于《柳叶刀》期刊的一篇学术论文中，P.A.T.H.S. 被确立为在中国唯一有效的青少年正面成长项目（Catalano et al., 2012）。此外，近期《柳叶刀》期刊上的一篇评论性文章进一步强调，提升青少年幸福感的一个颇具前景的策略在于整合多种干预措施，并明确指出，"在中国香港实施的 P.A.T.H.S. 即为此方面的一个典范"（Qu et al., 2024: 17）。

日记法为项目评估开辟了独特视窗。2016—2017 学年及 2017—2018 学年，我们从全国多省市合作学校中收集了 3000 余份初高中生日记，经过精选后汇编成此书。全书分为三篇：首篇追溯"共创成长路"田家炳青少年正面成长计划（TKP P.A.T.H.S.）的源起，阐释其核心理念与理论架构，以及该计划在内地"落地生根"的历程；第二篇则通过学生的日记，展现"共创成长路"田家炳青少年正面成长计划（TKP P.A.T.H.S.）实施后，学生在亲社会行为、学业成绩、家庭关系、同伴关系、情绪能力等12个方面的显著积极发展，实现了该计划"开花结果"的美好愿景；第三篇深入剖析、总结研究成果。

借助日记这一窗口，我们执灯探幽，共同见证青少年在"共创成长路"上的心灵蜕变与成长轨迹。此书犹如一幅长卷，细腻描绘了"共创成长路"田家炳青少年正面成长计划（TKP P.A.T.H.S.）在内地"落地生根"与"开花结果"的瑰丽图景，既记载了丰富的成长故事，又证实了该计划在促进青少年心理健康与成长方面的显著价值。"桃李不言，下自成蹊"，我们期冀此书能为教育工作者、家长、学子以及社会各界有志之士点亮一盏明灯，共同照亮青少年成长之路。

石丹理、谭淋丹、朱小琴、黎翔、窦迪娅

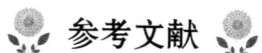

## 参考文献

CATALANO R F, FAGAN A A, GAVIN L E, et al., 2012. Worldwide application of prevention science in adolescent health[J]. The lancet, 379(9826):1653-1664. DOI:10.1016/S0140-6736(12)60238-4.

QU D, WEN X, CHENG X, et al., 2024. School mental health prevention and intervention strategies in China: a scoping review[J]. The lancet regional health – Western Pacific, 53: 101243. DOI:10.1016/j.lanwpc.2024.101243.

World Health Organization, 2016. Inspire: seven strategies for ending violence against children[R]. Geneva: WHO.

# Preface

The significance of child and adolescent mental health as a global focal issue cannot be overstated. Since the Constitution of the World Health Organization was signed in 1946 advocating for the "Healthy development of the child is of basic importance" and emphasizing the central role of schools in mental health prevention with high return on investment, school-based mental health practices have flourished worldwide. Among them, Positive Youth Development (PYD) programs have shown remarkable success in the United States, Europe, and Australia, demonstrating strong cross-cultural adaptability. However, in Chinese communities, the dissemination of PYD programs has been relatively lagging behind, necessitating accelerated practical and theoretical exploration. Consequently, providing a solid academic theoretical foundation for adolescent mental health education has become an imperative mission and responsibility for Chinese academia. The publication of this book is timely, as it draws on student diaries from the Tin Ka Ping P.A.T.H.S. Project (TKP P.A.T.H.S. Project) to disseminate a proven successful PYD nurturing model within the Chinese cultural context, contributing "Chinese wisdom" and "Chinese perspectives" to the global development of positive youth education.

In Hong Kong, to promote positive youth growth, the Hong Kong Jockey Club Charities Trust has funded the Positive Adolescent Training through Holistic Social Programs to Adulthood: A Jockey Club Youth Enhancement Scheme (Project P.A.T.H.S.) since 2005, led by Professor Daniel T. L. Shek and jointly developed by five universities in Hong Kong, attracting participations over 360 schools and benefiting 357,839 students (674,637 person-times). Given Project P.A.T.H.S.'s significant success and the scarcity of positive youth development projects in the China's mainland, with support from the Tin Ka Ping Foundation, we introduced this successful model to China's mainland, establishing the TKP P.A.T.H.S. Project, which was piloted in four Tin Ka Ping secondary schools in East China in 2011. With positive evaluation results, the TKP P.A.T.H.S. Project gradually expanded, reaching nearly 30 secondary schools in the 2014/2015 academic year and entering a full implementation phase in the 2015/2016 academic year. From the 2011/2012 to 2018/2019 academic years, the TKP P.A.T.H.S. Project attracted 526,089 person-times student participation. It continues to benefit many students even during the COVID-19 pandemic. Up to July 2024, the TKP P.A.T.H.S. Project has been deeply rooted in the China's mainland for over a decade, with a total of 1,035,042 student participation times both online and offline. The subjective and objective evaluations of the TKP P.A.T.H.S. Project have confirmed its successful intervention effects, earning widespread acclaim. In 2016, it was recognized by the World Health Organization (2016) as an effective life skills training program, and in 2020, it achieved a world-leading status in the University Grants Committee's 2020 Research Assessment Exercise in Hong Kong, with its influence extending to Sri Lanka, Argentina, Republic of Korea, and Malaysia. The Project P.A.T.H.S. was identified as the only effective Chinese positive youth development program in a paper published in *The Lancet* in 2012 (Catalano et al., 2012). In addition, as commented in a recent review paper in *The Lancet*, a "promising" approach to enhance youth well-being is to integrate different intervention strategies and "an example of this is the P.A.T.H.S. program in Hong Kong" (Qu et al., 2024, p. 17).

The diary methodology has opened a unique window for program evaluation. During the 2016/2017 and 2017/2018 academic years, we collected over 3,000 diaries from junior and senior high school students from partner schools across various provinces in China, which were selected and compiled into this book. The book contains three parts: the first part traces the origins of the TKP P.A.T.H.S. Project, introducing its core concepts and theoretical framework, and how it "took root" in China's mainland; the second part showcases, through student diaries, the significant positive developments of students in twelve domains such as prosocial behavior, school adjustment, family and peer relationships, and emotional competence following the implementation of the TKP P.A.T.H.S. Project, describing the beautiful vision of "blossoming fruits" of the Project; and the third part provides an in-depth analysis and summary of the research findings.

Through student diaries, we illuminate the path, jointly witnessing the psychological transformation and growth trajectory of adolescents on their "P.A.T.H.S." journey. This book is like a long scroll, intricately depicting the splendid landscape of the TKP P.A.T.H.S. Project "taking root" and "blossoming" in China's mainland, not only documenting rich growth stories of students but also confirming the TKP P.A.T.H.S. Project's significant effectiveness in promoting youth psychological well-being. "Peaches and plums do not talk, yet a path is formed beneath them." It is hoped that this book will serve as a beacon for educators, parents, students, and all those dedicated to illuminating the path of youth growth.

Daniel T. L. Shek, Lindan Tan, Xiaoqin Zhu, Xiang Li and Diya Dou

## References

CATALANO R F, FAGAN A A, GAVIN L E, et al., 2012. Worldwide application of prevention science in adolescent health[J]. The lancet, 379(9826): 1653-1664. DOI:10.1016/S0140-6736(12)60238-4.

QU D, WEN X, CHENG X, et al., 2024. School mental health prevention and intervention strategies in China: a scoping review[J]. The lancet regional health – Western Pacific, 53: 101243. DOI:10.1016/j.lanwpc.2024.101243.

World Health Organization, 2016. Inspire: seven strategies for ending violence against children[R]. Geneva: WHO.

# 目录
CONTENTS

**第一篇　"共创成长路"田家炳青少年正面成长计划在中国内地"落地生根"**

① "共创成长路"青少年正面成长计划简介

/ 朱小琴　石丹理　陈杲然 / 003

② 日记法在"共创成长路"课程评估中的应用

/ 黎翔　石丹理　陈杲然 / 012

**第二篇　"共创成长路"田家炳青少年正面成长计划"开花结果"：助益青少年积极发展**

③ 助益亲社会行为养成，促进社区和社会发展

/ 石丹理　谭淋丹　刘昕　骆力扬 / 027

④ 助益学校适应与学业表现

/ 罗绮雯　石丹理　朱家欣　刘昕 / 056

⑤ 助益家庭关系、亲子关系及家庭功能

/ 罗绮雯　石丹理　龚梓仟　张婷丹 / 086

| 6 | 助益人际关系：增进同伴关系、增强社交能力 |
| --- | --- |
| | / 石丹理　黎翔　陈希雯　俞含露 / 114 |

| 7 | 助益内在能力：认知能力、问题解决能力与行为能力 |
| --- | --- |
| | / 石丹理　朱小琴　陈希雯　唐一婷 / 142 |

| 8 | 助益内在能力：道德能力、树立正确价值观 |
| --- | --- |
| | / 石丹理　窦迪娅　陈希雯　杨邦林 / 171 |

| 9 | 助益内在能力：乐观、韧性与抗压能力 |
| --- | --- |
| | / 石丹理　于璐　史薇　杜彦蓉 / 196 |

| 10 | 助益内在能力：情绪能力 |
| --- | --- |
| | / 石丹理　罗绮雯　朱家欣　刘昕 / 222 |

| 11 | 助益内在能力：积极自我认同、自信、自我形象及自我效能 |
| --- | --- |
| | / 石丹理　梁倩仪　龚梓仟　俞含露　李慧萍 / 254 |

| 12 | 助益内在能力：灵性、探索人生意义与珍爱生命 |
| --- | --- |
| | / 石丹理　谭淋丹　刘昕　杜彦蓉 / 281 |

| 13 | 感谢教师教导及支持 |
| --- | --- |
| | / 石丹理　窦迪娅　陈希雯　杨邦林 / 310 |

| 14 | 其他积极评价或其他助益 |
| --- | --- |
| | / 石丹理　周靖婕　龚梓仟　彭嘉棋 / 338 |

## 第三篇　结　语

| 15 | 研究结果的讨论和总结 |
| --- | --- |
| | / 石丹理　罗绮雯　谭淋丹　柴文玉 / 367 |

# 第一篇

**"共创成长路"**
**田家炳青少年正面成长计划**
**在中国内地"落地生根"**

# "共创成长路"青少年正面成长计划简介

◎朱小琴　石丹理　陈杲然

## 一、"共创成长路"赛马会青少年培育计划（P.A.T.H.S.）

青少年在成长过程中，不但需要应对生理、心理、人际交往上的变化，而且还需要面对信息化和全球化所带来的竞争和挑战。此外，如果缺乏适当的引导，青少年可能会更加偏向于物质主义，比如过度重视金钱、物质、享乐和感官刺激等，这可能会导致他们形成错误的价值观（Shek et al., 2011）。上述危机因素存在的同时，也有很多其他因素能够对青少年的健康成长起到保护作用，例如家庭的支持、父母与老师对青少年的信任、青少年个人层面良好的人际沟通能力、青少年应对逆境和抗压能力等。遗憾的是，这些保护因素往往被人们忽略，青少年越来越缺失这些良好、安全的环境，同时家庭、学校也缺少对青少年积极能力的培养与塑造。

基于这一背景，以及促进青少年正面成长的强烈需求，香港理工大学协理副校长兼讲座教授石丹理带领研究团队，围绕青少年全面发展所必需的核心能力素质，设计并开发了"共创成长路"赛马会青少年培育计划（P.A.T.H.S.）。该计划基于青少年正面成长（Positive Youth Development, PYD），强调青少年的发展可塑性；基于全面的学校课堂活动，旨在培育青少年各方面的能力、认同他们的能力、加强青少年与他人的联系及建立健康的信念和清晰的目标，促进青少年的全人发展。为了实现这一目标，研究团队基于 Catalano 等学者总结的 15 个正面成长构念（Catalano et al., 2004），将其本土化解读之后设计了适合香港初中生的活动手册。这 15 个构念包括：（1）加强青少年与健康成人和益友的联系；（2）增强青少年的抗逆能力；（3）提升青少年的社交能力；（4）提升青少年的情绪控制和表达能力；（5）提升青少年的认知能力；（6）提升青少年采取行动的能力；（7）提升青少年的分辨是非能力；（8）提升青少年的自决能力；（9）提升青少年的心灵素质；（10）提升青少年的自我效能感；（11）帮助青少年建立明确及正面的身份；（12）提升青少年建立目标和抉择的能力；（13）鼓励青少年参与亲社会活动；（14）培养青少年的亲社会规范；（15）认同青少年的正面行为。

"共创"课程体系的设计充分考虑了青少年成长发展规律，课程内容的设置根据学生的年龄和发展特点逐步深入，为每个年级的学生设置不同的课程单元，力求满足他们在不同阶段的成长需求。此外，"共创"课程的教学以形式多样的课堂活动为载体，采用体验式教学方法，而非传统的"灌输式"教学，旨在让学生通过参与小组讨论、全班分享、角色扮演、辩论等活动获得经验，再结合个人思考与反思，从而掌握课堂知识并将其应用于生活实践。多元化的评估结果显示了"共创"课程的显著成效，参与其中的学生各方面的能力都得到了提升，并展现出了更好的发展轨迹（Shek and Ma, 2012; Shek and Sun, 2013）。香港特区政府的多个委员会（例如禁毒常务委员会及儿童死亡个案检讨委员会）均肯定"共创"课程对促进青少年正面成长及预防青少年行为问题的成效。"共创"课程亦得到国际认可。一篇回顾全球青少年预防项目的文章指出，"共创"课程是在华人社会中唯一被证实有效的课程（Catalano et al., 2012）。世界卫生组织同样认为，"共创"课程可以提升青少年的生活技能（World Health Organization, 2016）。

P.A.T.H.S. 创始于香港，由香港赛马会慈善信托基金拨款资助，在由香港5所大学学者组成的研究团队、香港社会福利署及教育局的协同努力下，于2005年开始在全港推行。得益于参与者和实施者的积极评估结果以及各方的良好反馈，该计划获得进一步资助并得以继续实施，在2009—2012年进入扩展阶段。并且为了进一步提升该计划在社区的影响力，该计划在2013—2015年启动了以社区为基础的项目。P.A.T.H.S. 至今已在香港推行近20载，早在计划推行的第15年（2019年），便有超过320所香港学校的284400余名学生参与其中（Shek, 2019）。研究团队还培训了超过1万名香港教师、社工及相关专业人员。迄今为止，该项目网站的访问量超过70万次。总的来说，"共创成长路"赛马会青少年培育计划（P.A.T.H.S.）在青少年正面成长领域的理论和实践贡献已经得到了学术界的广泛认可，也为未来的青少年正面成长计划提供了宝贵的参考。

## 二、"共创成长路"田家炳青少年正面成长计划（TKP P.A.T.H.S.）

随着"共创成长路"赛马会青少年培育计划（P.A.T.H.S.）在香港取得巨大成功，内地的学校也开始尝试与探索。在田家炳基金会的支持下，2011年9月至2014年6月，由香港理工大学牵头，香港城市大学及华东师范大学研究团队共同参与，"共创成长路"田家炳青少年正面成长计划（TKP P.A.T.H.S.）在华东地区4所田家炳中学推行。在3年的先导计划中，"共创"课程为学生带来诸多正面影响（Shek et al., 2013; Shek et al., 2014）。先导计划的实践证明，"共创"项目同样可以有效地促进内地青少年的全面发展，这也坚定了各方全面推广"共创"项目的决心。经过2014—2015学年的预备期（为参与计划的项目学校提供培训），"共创"课程于2015年起得以面向全国30多所田家炳中学、兄弟学校及机构推行实施，覆盖范围也从初中阶段扩展至高中阶段。由于"共创"课程对学校、老师和青少年的积极影响得到了评估研究的证明，这吸引了更多的非田家炳中学参与进来。在2023—2024学年，"共创"课程已在内地34所田家炳中学以及33所非田家炳中学推广。2011—2019年间，通过线下（126458人次）或线上（399631人次）课程参加该计划的学生达526089人次。从2019年9月至今，其间尽管受到了新冠疫情的影响，该计划仍然使许多学生（线下学生134819人次和线上学生373266人次）和教师（6883人次）受益。

"共创成长路"田家炳青少年正面成长计划（TKP P.A.T.H.S.）初中活动手册以"共创成长路"赛马会青少年培育计划（P.A.T.H.S.）初中课程的原有教学单元为蓝本，选取8个核心主构念发展必修课程，包括与健康成人和益友的联系、认知能力、社交能力、情绪控制与表达能力、采取行动能力、分辨是非能力、自我效能感及亲社会规范。课程在设置上体现了"共创"所倡导的体验式教学方式，旨在促进师生互动、生生互动，使学生结合个人思考与反思，掌握课堂知识并加以应用。随着学生年级的提升，以及其生理、心理和认知能力的发展，课程逐步深入，循序渐进地实现促进青少年全面发展的总目标。而作为初中课程的延续，高中课程以原有的正面成长构念为核心，重点涵盖8个与高中生健康发展有关的领域，包括学校学习、压力管理、友情与爱情、生涯规划、网络使用、家庭联系、公民责任以及正面成长。高中课程同样强调将体验式学习融入课程实践，通过层层推进的课程环节和多样化的活动方式，培养学生参与、协作的学习习惯，并引导他们在反思中总结过往经验，把课堂的体验融入日常生活。

为确保TKP P.A.T.H.S.的顺利推行，研究团队同时为导师提供系统全面的培训课程（包括网络培训课程）。在2014—2015学年的预备期中，研究团队举办了4次全国导师培训活动（合计培训时间69小时，参与规模785人次）。培训课程介绍了整个"共创"课程的理论架构和设计理念、构念及相关单元的具体内容，以及课堂教学技巧和评估方法等，并邀请已经推行"共创"课程的学校分享推行经验，与其他学校进行现场交流。在全面推行期，研究团队亦每年举办3次全国导师培训活动（在2015—2018年间，合计培训时数已达180小时，参与规模达1589人次）。新冠疫情之后，研究团队从2023年8月开始每月举办一次线上培训活动。这些培训有效地帮助导师理解青少年正面成长的理念，使他们认同和支持TKP P.A.T.H.S.，并掌握课程教学重点和授课方法。同时，培训也为各地"共创"导师提供了互助交流平台，帮助他们建立了共享与支持网络（Shek et al., 2017）。

成效评估是"共创"项目的重要组成部分，旨在了解学生、导师对该计划的主观感受以及计划实施的效果，并为进一步提高计划实施的质量提供参考。"共创成长路"田家炳青少年正面成长计划（TKP P.A.T.H.S.）的评估策略主要包括满意度调查（包括学生主观成效评估及导师主观成效评估）和质性评估。所有评估数据的收集工作均获得相关学校、教师及学生的同意，所采用的评估工具均经过信度与效度检验（Shek and Sun, 2013）。自2015年以来，不同评估结果同样表明，TKP P.A.T.H.S. 可以有效促进中学生的全面发展。例如，研究团队进行的一项准实验设计研究发现，与控制组学生相比，实验组学生在参与 TKP P.A.T.H.S. 后展现了更佳的发展结果，包括更好的青少年正面成长特质、正面的身份认同等。此外，控制组学生的生活满意度水平下降，抑郁水平上升，但实验组学生并没有出现这些负面结果（Zhu and Shek, 2020）。在一项收集了 20840 份初中及高中学生意见的主观成效评估研究中，超过九成的学生喜欢该计划，对"共创"老师有极高的评价，并认为 TKP P.A.T.H.S. 能提升他们分辨是非的能力、社交能力和自信心，使他们的心态更加乐观，懂得关怀他人以及获得整体的成长（Zhu and Shek, 2021）。此外，对 859 份学生日记的分析表明，学生对 TKP P.A.T.H.S. 的观感十分正面，认为课程能促进他们的个人、人际、家庭及社会性发展（Shek et al., 2019）。参与 TKP P.A.T.H.S. 的导师也一致认为，该课程有助于他们更好地管理班级，提升自身专业能力，更好地帮助学生克服困难、应对挑战，从而促进学生的全面发展（Shek et al., 2022a; Shek et al., 2022b）。

## 三、小结

青少年正面成长计划能提升参与者的正面成长特质并减少他们的负面危险行为，是促进青少年全面发展和预防情绪、行为问题的有效手段。"共创"项目在中国香港及中国内地的成功推行极大地填补了华人地区青少年正面成长计划学术研究与实践领域的空白，也令参与的学生、老师受益匪浅。"共创"课程基于 15 个正面成长构念发展而来，旨在促进中国青少年的身心健康和全面发展。这些青少年正面成长特质与社会主义核心价值观互相呼应，"共创"项目的理念、教学目标和方法也与国家推行基础教育课程改革的中心思想，即"立德树人"相契合，通过理论与实践循序渐进地有机结合，使学生发挥学习的主动性、培养各方面的能力和正确的价值观。

"共创"项目在中国内地的推行从田家炳中学开始，并逐渐向非田家炳中学辐射和延伸。在这个过程中，参与学校也根据自身特点和学生需求，不断推进"共创"课程的校本化和本土化，促成"共创"项目在中国内地的自我改进和发展延续。同时，"共创"项目的成功，也为学校教育如何更好地促进青少年的健康全面发展提供了新思路，即将正面成长课程与传统学校课程进行有效融合。时至今日，"共创"项目已成为华人社区应用"优势为本"的PYD理念的典范，为华人青少年的正面成长提供了强有力的支持，为PYD理念本土化的实施提供了宝贵的经验和启示。为了进一步扩大"共创"项目的影响力，研究团队设计了农村版活动手册，并且该手册得以出版。此外，研究团队正致力于"共创"项目小学版本的开发，以期让更多的学校、老师、学生、家长从中受益。在中国强调文化自信的背景下，我们也盼望学界持续关注中国儿童和青少年的全面发展，在更多的教育课程和项目中应用青少年正面成长理论。

## 参考文献

CATALANO R F, BERGLUND M L, RYAN J A M, et al., 2004. Positive youth development in the United States: research findings on evaluations of positive youth development programs[J]. The ANNALS of the American academy of political and social science, 591(1): 98-124. DOI:10.1177/0002716203260102.

CATALANO R F, FAGAN A A, GAVIN L E, et al., 2012. Worldwide application of prevention science in adolescent health[J]. The lancet, 379(9826): 1653-1664. DOI:10.1016/S0140-6736(12)60238-4.

SHEK D T L, 2019. Impact of the project P.A.T.H.S. in China's mainland and Hong Kong[J]. Neuropsychiatry, 9(1): 2217-2219. DOI:10.4172/Neuropsychiatry.1000566.

SHEK D T L, DOU D, ZHU X, et al., 2022a. Benefits of a positive youth development program (Tin Ka Ping P.A.T.H.S. Project) for program implementers: a qualitative study[J]. International journal of child and adolescent health, 15(3): 229-243.

SHEK D T L, HAN X Y, LEE T Y, et al., 2013. Impact of the project P.A.T.H.S. in China[M]// SHEK D T L, SUN R C F. Development and evaluation of Positive Adolescent Training through Holistic Social programs (P.A.T.H.S.). Singapore: Springer: 291-304.

SHEK D T L, HAN X Y, LEE T Y, et al., 2014. Subjective outcome evaluation of a positive youth development program in China[J]. International journal on disability and human development, 13(2): 275–283. DOI:10.1515/ijdhd-2014-0313.

SHEK D T L, MA H K, SUN R C F, 2011. A brief overview of adolescent developmental problems in Hong Kong[J]. The scientific world journal, 11: 2243-2256. DOI:10.1100/2011/896835.

SHEK D T L, LEE B M, ZHU Z, et al., 2022b. Views of teachers on a positive youth development program for high school students in China's mainland: Tin Ka Ping P.A.T.H.S. project[J]. International journal of child and adolescent health, 15(2): 99-109.

SHEK D T L, MA C M S, 2012. Impact of the project P.A.T.H.S. in the junior secondary school years: objective outcome evaluation based on eight waves of longitudinal data[J]. The scientific world journal, 2012: 170345. DOI:10.1100/2012/170345.

SHEK D T L, SUN R C F, 2013. The project P.A.T.H.S. in Hong Kong: development, training, implementation, and evaluation[J]. Journal of pediatric and adolescent gynecology, 26(3): S2–S9. DOI:10.1016/j.jpag.2013.03.009.

SHEK D T L, ZHU X, LEUNG T Y J, 2017. Subjective outcome evaluation of the Tin Ka Ping P.A.T.H.S. project training program in China's mainland[J]. International journal of child and adolescent health, 10(2): 201–211.

SHEK D T L, ZHU X, LEUNG J T Y, et al., 2019. Evaluation of the project P.A.T.H.S. in China's mainland: findings based on student diaries[J]. Research on social work practice, 29(4): 410–419. DOI:10.1177/1049731517745994.

World Health Organization, 2016. Inspire: seven strategies for ending violence against children[R]. Geneva: WHO.

ZHU X, SHEK D T L, 2020. Impact of a positive youth development program on junior high school students in China's mainland: a pioneer study[J]. Children and youth services review, 114: 105022. DOI:10.1016/j.childyouth.2020.105022.

ZHU X, SHEK D T L, 2021. Subjective outcome evaluation of a positive youth development program in China's mainland[J]. Research on social work practice, 31(3): 285–297. DOI:10.1177/1049731520980802.

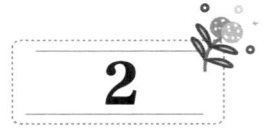

# 日记法在"共创成长路"课程评估中的应用

◎ 黎翔　石丹理　陈杲然

## 一、引言

通过日记法，我们能够捕捉到研究对象在被观察期间连续的情感体验与心理变动情况，因此，在社会科学评估项目（如青少年发展）中，日记法经常被用作评估的手段。该方法源于 20 世纪 80 年代心理学研究的重要拐点，即从分析重大生活事件的影响转为关注日常生活中的普通事件（如家庭、工作或亲密关系中的小矛盾）。当时的学者观察到，日常生活中的微观压力源（如日常工作压力和家庭琐事）与人因压力产生的情绪变动密切关联。因此，作为一种更为精密的测量方式，日记法应运而生，并迅速在压力研究、情绪变化分析和日常行为观察等多个领域获得广泛应用。通过要求参与者记录他们的感受、观察和反思，研究者可以获取详细和深入的信息，这些记录为研究者提供了深入了解个体情绪变化和行为模式的视角（Bolger et al., 1989; Gunthert and Wenze, 2012; Janssens et al., 2018）。

## 二、日记法的定义及优势

一般而言,日记法这一术语被用来代指在特定时间范围内每日进行一次的评估手段。由于学界尚未就这一手段的名称达成共识,研究者们还会使用每日过程设计(Daily Process Design)、每日日记研究(Daily Diary Study)及日记研究(Diary Study)等术语。为便于行文,我们统称其为日记法。就日记法的应用形式而言,最常见的是自我报告法,即研究者要求研究对象每日记录并报告一次当日某活动的进程。记录的活动内容可以是他们的行为(如每日运动),也可以是思维活动(如对某特定问题的思考),还可以是情绪(如焦虑和恐惧)。除了自行报告以外,新近的日记研究还会通过科技设备测量研究对象的客观指标,比如听觉环境、生理指标和地理位置等(Iida et al., 2012)。

相较于其他非规律性、非重复性的测量方法,如问卷调查和访谈,日记法能够有效捕捉到发生于日常生活中的事件,使研究者能够分析该事件的影响。在规律性监测研究对象某一状态或进程变化的同时,日记法保留了日常生活这一重要媒介。也就是说,日记法的研究对象仍旧在其熟悉的环境中生活,依然持续受到一直以来影响他们的因素的影响。与此相反,实验室中的研究对象尽管仍能得到规律性的监测,但他们已脱离日常生活,他们的行为也有可能因此而改变,从而产生系统性误差(Bolger et al., 2003)。

与其他规律性测量方法相比,日记法的优势体现为合理的测量间隔(一日一次)。与那些测量间隔不密集的规律性测量方法(如时间间隔为一个月或一年的重复性问卷调查或访谈)相比,日记法能够有效降低回忆偏差(Recall Bias,又称回忆偏倚)对数据准确性的影响。这对于在测量日常生活中的行为和情绪时显得尤为重要，比如睡眠障碍和每日抑郁情绪变动等。回忆偏差可能会导致参与者低估或高估过去某一时段的情绪强度，从而影响研究结果的准确性。另外，一些密集的规律性测量法，如生态瞬时评估法（Ecological Momentary Assessment, EMA），常常被受访者的低应答率所困扰。例如，在测量每日情绪变化时，参与者可能会因为频繁的测量而感到疲倦，从而降低配合度。这主要是测量时间间隔过于密集导致研究对象应答时耐性降低。相应的，EMA研究的周期通常短于日记研究。除了可能打消研究对象的参与意愿，这些比日记法更密集的测量方式常常需要配备实时网络技术，这对研究人员的软件和硬件设备要求较高。综合来看，一日一次的测量方式使日记法相较于其他密集测量方法更具可行性，也能够采集到更多数据（Gunthert and Wenze, 2012）。

## 三、日记法的常见研究设计

采用日记法研究时，研究者首先要确保整个过程的严谨性和系统性。这就需要设计一份具体的日记记录指南，该指南旨在引导参与者按照统一的标准进行日记的记录，从而确保数据的可比性和有效性。

### （一）日记记录指南设计

首先，研究对象需要从指南中明确这份日记的目的，以及具体需要记录的内容（如个人体验、反思、情绪等）。例如，可以使用一个标准模板来帮助参与者记录日期、天气、主要事件、情绪变化、遇到的挑战和应对策略。如果某项目或课程的效用需要由这份日记来评估，那么指南就应当包括一些与项目或课程关键问题有关的提示词。其次，指南应当将研究对象的背景和特殊情况考虑在内。比如，如果研究对象是小学生，他们应当收到一份语言简洁明了、不含复杂词句和专业术语的指南。再次，研究者应当为受访者设定有效且合理的汇报频率，这通常取决于研究项目本身的性质。例如，在研究每日压力源对情绪的影响时，可以要求受访者每天记录一次情绪变化和压力事件。指南应详细列出日记需要记录的内容，如当天的活动、情感变化、学习心得、遇到的挑战及应对策略等。同时，日记指南应当为参与者提供自由发挥的空间，允许他们记录任何他们认为重要的信息与感受。最后，研究者可以设定一定的格式规范，如日期、天气、主要事件、情绪评估等固定栏目，以便参与者更系统地进行记录。研究者应当强调日记的隐私性、保密性和自发性，使参与者能够诚实且大胆地表达自己，而不必担心他人的评论。因此，参与者的隐私和信息的保密原则应当在日记法实施中被明确地告知，并让参与者了解如何保护自己的隐私信息，如避免记录姓名、地址等敏感信息（Shek and Sun, 2012）。

**（二）如何对日记进行分析**

研究者需要对收集到的日记进行编码，将文本数据转化为可用于分析的数字或符号。编码过程可以是开放的，也可以是结构性的。例如，学生日记的感情积极程度可以分为四类："积极"（即主要反应是积极的）、"消极"（即主要反应是消极的）、"中性"（即有正面和负面反应）、"不确定"（即不确定自己的感情归属）。编码之后，研究者需要细致浏览日记内容，识别出关于项目效果的重要主题。这些主题可能涉及个人成长、技能提升、情感变化等多个方面。这些主题可以被用来进行量化或质性分析。例如，可以通过计算某一主题在日记中出现的频次，来评估该主题的重要性。最后，研究者需要将分析结果与项目目标、研究假设等联系起来，进行解释和讨论。通过对比不同参与者、不同时间段的日记数据，研究者可以揭示项目效果的动态变化和个体差异。通过以上步骤，研究者可以充分利用通过日记法收集到的丰富数据，深入了解项目对参与者的实际影响，为未来的项目设计和实施提供有力的实证依据。

## 四、案例分析

为培育中国青少年的正面成长能力、促进全人发展，田家炳基金会与香港研究团队携手实行"共创成长路"田家炳青少年正面成长计划（TKP P.A.T.H.S.），以"认知能力"等 15 个"青少年正面成长"构念为基础设计元素，研发校本化和本土化课程方案，并对各校导师进行定期专家培训，在全国青少年中广泛推行"共创"课程。TKP P.A.T.H.S. 通过打造集社区、教育部门、专业社工、高校师生和家庭单位于一体的"共创"平台，以发掘青少年内在潜质和能力为理念，助力全国中小学生，尤其是贫困、留守儿童等弱势学生群体，积极预防心理问题，提升心理素质和应对挫折能力，培养富有公民意识和社会责任感的新世纪公民。TKP P.A.T.H.S. 自 2011 年试行以来，合作学校由华东地区田家炳中学推广至国内各地区，教材及课程内容从初中各年级扩展优化至高中各年级，目前已有数百所中学的数十万名学生参与其中，成效显著。

为监测项目实施过程、评估项目实施有效性和目标完成情况、分析项目成效影响因素，"共创成长路"项目采用了客观成效评估、主观成效评估、质性小组评估等 12 种评估工具和手段，对课程导师和学生就"共创"课程的体验感进行了全方位考察。鉴于青少年群体的独特性，"共创"项目特别采用"学生日记"的形式，在课程结束后收集学生对"共创"课程、"共创"导师以及课程效果的观感。学生按要求在家中或课程中以文字形式描述参与

"共创"课程后的体验和感受，且日记的字数不少于200字。

"共创"项目研究团队于2019年对2015—2016学年期间收集到的859篇有效学生日记进行整理评估，分析结果发现，共831篇（96.74%）日记被评定为"积极"反馈，其中724篇（87.12%）被评为"高度积极"反馈（Shek et al., 2019）。在课程反馈中，大部分学生反映自己享受参与"共创"课的过程，认为"共创"课程富有教育意义和实用性，课程内容与学校、家庭生活息息相关，并表达了对项目的感激。在对导师的评价中，大部分学生均表示十分满意，认为温暖和善的导师们帮助他们更好地融入课堂，并高度认可老师们新颖、启发式的教学模式。这些反馈强调了导师在学生积极体验中的关键作用。在课程成效的相关反馈中，许多学生表明，课程提升了他们的自我认知能力、自我觉察能力、自信心、抗逆力等（个体层面）；加强了人际沟通交往能力，使他们学会相互尊重和相互信任（人际层面）；提高与父母的沟通能力，从而有效解决家庭矛盾（家庭层面）；深化了对社会规范的认知，让他们更愿意承担社会责任（社会层面）。这些积极的反馈也印证了对项目成效进行的量化评估结果。

## 五、讨论及局限性

作为一种研究方法，日记法在社会科学领域中越来越受到重视。通过让参与者记录日常生活中的事件和感受，日记法提供了一个独特的视角来观察人类行为和心理状态的动态变化。在国际上，日记法已经被广泛应用于压力、情绪和健康等领域的研究（Armstrong-Carter and Telzer, 2020; Li et al., 2020; Rea et al., 2023）。研究者利用日记法探索日常生活事件对个体心理状态的影响，例如，应对日常压力的方式如何影响个体长期的健康状况（Mikhail et al., 2022）。这些研究通常具有较高的生态效度，因为它们评估了人们在自然环境中的真实状态，而不是在人为设置的实验室里的表现。此外，日记法还能实时评估事件发生后的心理和生理状态，有助于研究者捕捉变量随时间发生的变化，并考察变量之间的关系（Shaw et al., 2023; Silk et al., 2022）。

在国内，日记法是一种相对较新的方法，但在一些领域中，日记法已经开始展现出深厚的研究潜力。例如，ICU日记法在临床护理领域中能够帮助医护人员和患者家属更好地理解患者的心理状态和康复过程（赵颖等，2021；李真等，2020）。国内研究者也在探索日记法在心理学（叶颖等，2023）、管理学（苏燕等，2021）等其他领域的应用。尽管日记法在国内外均显示出其研究价值，但正如任何研究方法一样，日记法也存在一些局限性。

首先，日记法依赖于参与者的自我报告，这可能导致数据的主观性和偏差。例如，参与者在记录情绪变化时可能会受到当时情绪状态的影响，从而导致记录的情绪状态与实际不符。为了减少这种偏差，研究者可以提供详细的指导和培训，并使用技术手段来实时记录数据。参与者在写日记时可能会受到自身情绪、记忆力以及个人对事件的理解的影响，从而影响数据的准确性。例如，参与者可能会忽略或遗忘那些他们认为不重要的细节，或者在回忆时加入个人的解释和情感色彩，这些都可能导致回忆偏差（白晓雪，2017）。

其次，日记法要求参与者在一段时间内持续记录，这可能会对参与者造成负担，影响他们的日常生活。长时间的记录任务可能会使参与者感到疲劳，甚至使他们的行为模式发生改变。密集的重复评估可能会阻碍研究对象持续参与调查过程，或导致样本偏差，只有具有较强动机与特定人格的研究对象才能坚持下来。例如，参与者可能会在最初的几次评估中非常小心地做出反应，但随着研究的深入，他们可能会变得更加粗心，或者他们可能会通过自我反思产生更多想法，从而影响记录的真实性（王峰仪，2018）。

此外，日记法产生的数据量通常较大且格式多样，这对数据的整理和分析提出了挑战。为了有效处理这些数据，研究者可以使用数据分析软件，如 NVivo 或 ATLAS.ti 来进行质性数据的编码和分析。研究者需要投入大量时间和精力来处理和分析这些数据，以便从中提取有价值的信息。这一过程不仅耗时，还可能需要复杂的统计方法来处理多水平的数据结构（叶颖等，2023）。

尽管存在上述局限性，日记法仍然是一个强大的工具，能够提供传统研究方法无法提供的深度和细节。为了克服这些局限性，研究者可以采取一些措施，例如提供详细的指导和培训，帮助参与者更准确地记录信息；使用技术手段，如移动应用或可穿戴设备，来简化记录过程和减轻参与者负担；采用多种数据收集方法，以增强研究的可靠性和有效性。

## 六、小结

日记法是一种既具有文化传统又有现代生命力的研究方法，这种方法依赖于研究对象对自己与研究主题相关的经历、感受、看法等进行实时记录，以文字、图画、照片、音频、视频等多种形式进行表达。未来的研究应该探索如何利用数字化手段来优化日记法，并将其应用于更多元的研究领域，从而充分发挥其研究潜力。一些国外学者已经尝试将其应用于教育学问题的探索，但在中国教育学界，特别是高等教育领域，日记法还未得到广泛的认识、讨论和使用（曹雪萌，2022）。

展望未来，日记法的发展趋势可能会朝着更加多元化的方向发展。随着科技的进步，日记法有望通过数字化手段得到进一步的优化和创新，例如，利用智能手机和可穿戴设备进行实时数据收集。这将大大提高研究的便捷性和数据的准确性。同时，人工智能和机器学习技术的应用，也可能为日记数据的分析提供更强大的工具，从而提高研究的效率和准确性。此外，随着对日记研究法认识的深入，研究者可能会探索更多关于日记材料的整理、日记研究形式的选取等方面的问题，以及如何更好地管理和分析庞大的日记数据库。

总之，日记法作为一种研究工具，不仅能够为研究者提供深入了解个体日常生活和心理状态的窗口，还能帮助研究者捕捉到那些在传统研究方法中容易被忽略的细节和个人内在心理变化。未来的研究应该探索如何利用数字化手段来进一步优化日记法，并将其应用于更多元的研究领域，从而充分发挥其研究潜力。随着研究方法的不断创新和完善，日记法在教育学领域的应用前景广阔。未来研究可以探索如何结合数字技术，以实现更加精确和实时的数据收集。

## 参考文献

白晓雪, 2017. 结构日记训练对初中生自我调节学习能力的促进 [D]. 东北师范大学.

曹雪萌, 2022. 日记研究法及其对中国大学生学情研究的意义与启示 [J]. 江苏高教, 8: 70-76.

李真, 吴欣娟, 杨慧, 等, 2020. ICU 日记对患者及家属心理健康干预效果的 Meta 分析 [J]. 中华护理杂志, 55（7）: 1091-1096.

苏燕，侯金芹，陈祉妍，2021. 基于日记法探索工作家庭的时间冲突对小学生母亲情绪的影响 [J]. 人类工效学，27（5）：31-34+8.

王峰仪，2018. 初一学生未来时间洞察力的促进：小组合作模式下日记法的作用 [D]. 东北师范大学.

叶颖，张琳婷，赵晶晶，等，2023. 感恩与社会幸福感的双向关系：来自长期追踪法和日记法的证据 [J]. 心理学报，55（7）：1087-1098.

赵颖，孙建华，李真，等，2021. 患者家属 ICU 日记使用感受研究的 Meta 整合 [J]. 中国护理管理，21（4）：546-552.

ARMSTRONG-CARTER E, TELZER E H, 2020. Family meals buffer the daily emotional risk associated with family conflict[J]. Developmental psychology, 56(11): 2110-2120. DOI:10.1037/dev0001111.

BOLGER N, DAVIS A, RAFAELI E, 2003. Diary methods: capturing life as it is lived [J]. Annual review of psychology, 54: 579-616. DOI:10.1146/annurev.psych.54.101601.145030.

BOLGER N, DELONGIS A, KESSLER R C, et al., 1989. Effects of daily stress on negative mood[J]. Journal of personality and social psychology, 57(5): 808-818. DOI:10.1037/0022-3514.57.5.808.

GUNTHERT K C, WENZE S J, 2012. Daily diary methods[M]//MEHL M R, CONNER T S. Handbook of research methods for studying daily life. New York: The Guilford Press: 144–159.

IIDA M, SHROUT P E, LAURENCEAU J P, et al., 2012. Using diary methods in psychological research[M]//COOPERB H, CAMIC D L, LONG A T, et al. APA handbook of research methods in psychology. Washington, D.C.: American

Psychological Association: 277–305.

JANSSENS K A M, BOS E H, ROSMALEN J G M, et al., 2018. A qualitative approach to guide choices for designing a diary study[J]. BMC medical research methodology, 18(1): 140. DOI:10.1186/s12874-018-0580-5.

LI Y, DENG J, LOU X, et al., 2020. A daily diary study of the relationships among daily self-compassion, perceived stress, and health-promoting behaviours[J]. International journal of psychology, 55(3): 364–372. DOI:10.1002/ijop.12610.

MIKHAIL M E, FOWLER N, BURT S A, et al., 2022. A daily diary study of emotion regulation as a moderator of negative affect-binge eating associations[J]. International journal of eating disorders, 55(10): 1305–1315. DOI:10.1002/eat.23768.

REA E M, SANTIAGO C D, NICHOLSON L, et al., 2023. Sleep, affect, and emotion reactivity in first-year college students: a daily diary study[J]. International journal of behavioral medicine, 30(5): 753–768. DOI:10.1007/s12529-022-10127-0.

SHAW P, BLIZZARD S, SHASTRI G, et al., 2023. A daily diary study into the effects on mental health of COVID-19 pandemic-related behaviors[J]. Psychological medicine, 53(2): 524–532. DOI:10.1017/S0033291721001896.

SHEK D T L, SUN R C F, 2012. Evaluation of the project P.A.T.H.S. based on students' weekly diaries: findings from eight datasets[J]. The scientific world journal, 2012: 354254. DOI:10.1100/2012/35425.

SHEK D T L, ZHU X, LEUNG J T Y, et al., 2019. Evaluation of the project P.A.T.H.S. in China's mainland: findings based on student diaries[J]. Research on social work practice, 29(4): 410–419. DOI:10.1177/1049731517745994.

SILK J S, SCOTT L N, HUTCHINSON E A, et al., 2022. Storm clouds and silver linings:

day-to-day life in COVID-19 lockdown and emotional health in adolescent girls[J]. Journal of pediatric psychology, 47(1): 37–48. DOI:10.1093/jpepsy/jsab107.

# 第二篇

"共创成长路"
田家炳青少年正面成长计划"开花结果":
助益青少年积极发展

# 3

# 助益亲社会行为养成，促进社区和社会发展

◎石丹理　谭淋丹　刘昕　骆力扬

亲社会行为是使他人受益的、自愿的、有意的行为（Eisenberg and Miller, 1987）。换言之，亲社会行为是具备"利他意图"的有意行为，而非无心之举。Batson 和 Powell（2003）进一步阐释道："亲社会行为涵盖了使除自己以外的一人或多人受益的广泛行动。"其包括帮助、分享、志愿服务等多种类型。亲社会行为的发展对于青少年尤为重要（Eisenberg et al., 2015），它不仅有助于促进青少年心理健康，而且有助于促进社区和社会和谐。

心理学家 Richard Jessor 提出问题行为理论（Problem Behavior Theory），指出参与积极行为，例如亲社会行为，能使个体通过改变一般行为模式和偏好来控制未来参与问题行为的冲动。问题行为被定义为背离社会规则和法律规范的行为，此类行为在社会上不被权威机构所认可，因而往往会引起某种形式的惩罚性质的后果，包括温和的谴责、社会排斥或监禁。问题行为理论聚焦人格系统、感知环境系统和行为系统。这三大系统中存在的解释变量要么对问题行为产生煽动作用，要么对问题行为起到控制效果，所有变量的相互

作用指向了发生违规或问题行为的可能性（Jessor, 1987）。因此，培养学生的亲社会规范、发展亲社会行为可以增加问题行为的控制变量，从而降低青少年违规或发生问题行为的可能性。

诸多科学研究表明，亲社会行为的发展与青少年个体心理健康紧密相连。Intravia 等人（2017）发现，亲社会关系和参与亲社会活动与青少年犯罪之间呈负相关。亲社会关系包括家庭支持网络、学校支持网络、家庭与学校之外的关系网络以及社区的支持网络，亲社会活动包括参与学校课外活动、社区志愿者活动等。基于 55 项青少年群体问题行为研究的荟萃分析结果表明，较高水平的亲社会行为与较低水平的外化行为显著相关，即这些青少年具备攻击性、出现危险性行为、药物滥用及发生犯罪行为的风险更低；同时，亲社会行为水平较高的青少年在内化行为方面的风险也较低，表现为亲社会行为对抑郁、低自尊的发生具有保护作用（Memmott-Elison et al., 2020）。针对华人青少年的研究表明，学业成绩往往与亲社会行为呈正相关，而与反社会行为呈负相关（Ma et al., 1996），同时，亲社会行为与良好的师生关系以及和谐的同伴关系之间呈现正相关（Ma et al., 2002）。简而言之，"利他"的亲社会行为在造福被助者的同时，也有助于增强施助者的沟通能力、社交能力，加强施助者的自我价值感，助益其扩展积极的社会关系（Siu et al., 2012）。为了社会和谐，亲社会行为的培养必不可少。然而，随着个人主义和利己主义的影响越来越大，年轻人变得愈发以自我为中心，这一趋势令人担忧。

除了助益个体发展，亲社会行为也有助于提升社区凝聚力，促进社会和谐。中国传统哲学高度重视亲社会取向，儒家思想鼓励实行"仁爱"并追求和谐的"大同社会"，强调遵守社会秩序和社会规范，提倡"入世精神"，践行社会责任,正所谓"学而优则仕"。在现代社会中,亲社会行为对于社会团结和发展的重要性同样不言而喻。鼓励诸如帮助、合作、捐赠、安慰、志愿服务等亲社会行为,一方面可以形成以志愿者为主体的巨大的人力资源,通过志愿者自愿参与社区服务的方式促进社会进步;另一方面有助于维护社会规则、维系群体纽带、加强集体认同(Siu et al., 2012)。青少年应当学会尊重群体规则,重视公民身份,履行集体义务,发展亲社会群体规范,培养亲社会价值体系和爱国主义品格,这不仅是青少年积极发展的重要资产,也是公民的基本责任(Shek et al., 2011)。明代思想家顾宪成于无锡东林书院的题字"风声雨声读书声声声入耳,家事国事天下事事事关心",体现的正是这种读书人对社会的责任感、关怀与警醒;清朝文学家林则徐的名句"苟利国家生死以,岂因祸福避趋之",彰显的爱国情操至今仍广为传颂。

同样地,西方文化背景下的理论和研究也格外强调亲社会行为的重要性,鼓励青少年对社区和社会做出贡献。在Benson(2006)提出的"积极青少年发展模型"中,青少年有外部资产和内部资产两大类共计40种发展资产,其中亲社会属性属于重要外部资产,体现为"关心邻里""重视青少年在社区中的角色""服务他人"等。此外,Catalano等人(2002)将提供亲社会参与机会视为15个"青少年正面成长构念"的重要维度之一。

亲社会行为可以通过社会学习和对榜样的认同与模仿来养成,学校的社会化教育发挥着关键作用(Siu et al., 2012)。基于认知失调理论(Theory of Cognitive Dissonance),为了避免态度与行为之间存在矛盾带来的心理紧张,个体会产生强烈的情感倾向来调整态度,使其与所从事的事情保持一致(Festinger, 1957)。学校和老师通过教导青少年履行亲社会责任,将逐渐使得他们对亲社会规范的态度变得更加积极,对亲社会行为更加认可。互惠、社会责任、利他主义和志愿服务等亲社会规范正是青少年正面成长（Positive Youth Development, PYD）秉承和期望促进的道德标准与理念之一。在香港，5所大学的学者们合作开发了"共创成长路"赛马会青少年培育计划（P.A.T.H.S.），前测和后测数据验证了该计划对于促进亲社会行为的有效性，学生在自我领导力、人际交往能力、情绪能力、生活满意度、社会责任感等方面表现出积极变化（Ma et al., 2019）。

在 PYD 理念还未有效引入中国内地的背景下，"共创成长路"赛马会青少年培育计划（P.A.T.H.S.）被移植到内地，命名为"共创成长路"田家炳青少年正面成长计划（TKP P.A.T.H.S.）。该计划研究团队与多所中小学合作开展了一系列课程培训，培训内容包括体现了亲社会价值观的"参与公益活动""入乡随俗，融入社会""亲社会规范"等。研究团队通过对上海市、苏州市、常州市、扬州市的4所试点学校的实验组和对照组进行对比研究，得出的结果表明，参加了 TKP P.A.T.H.S. 的学生在亲社会量表的测试中得分更高，亲社会属性得到发展（Shek et al., 2014）。随后研究团队针对广东省一所合作中学的客观评估研究进一步验证了这一结论（Zhu and Shek, 2020）。此外，主观评估的研究结果显示，学生感受到该计划帮助他们如何去关怀他人、奉献社会，超过 94% 的学生发现自己更加愿意参与集体活动，超过 90% 的同学表示更愿意与他人分享自己的所学所得（Shek et al., 2014）。综合研究结果显示，"共创成长路"项目能够强化参与者的亲社会行为。

除了定量的主观评估和客观评估之外，"共创成长路"项目组还邀请学生以日记的形式记录其参与 TKP P.A.T.H.S. 的心得体会。相较于其他定性方法（如个人访谈），日记反思性写作的方法具备明显优势，因为它允许个体在自然状态下单独进行写作，尊重个体隐私性和保密性，使参与者能够诚实地表达自己的感受，而不必担心外界的评价或受到外界的影响（Travers, 2011）。这一优势使其成为在临床和教育环境中评价干预效果时被广泛使用的工具。然而日记反思性写作法同样存在弊端，应审慎对待，科研人员对日记内容进行"过度加工"和"过度解读"（Murray and Chamberlain, 1999; Nygren and Blom, 2001; Rodham et al., 2015）的风险一直饱受诟病。一方面，日记提供的是个人在特定背景和时间范围内的"经历快照"，当研究人员根据有限的日记条目进行错误归因或概括推演，将研究结论推演到更大的人群或得出广泛结论时，"过度加工"产生的错误就会显现；另一方面，研究人员在对日记进行分析时，很难避免带入自己的假设或先入为主的观念，甚至偏见，对日记内容进行"过度解读"会导致对日记作者经历和写作原意的歪曲。究其根本，日记写作与研究的目的是"捕捉日常生活中的微小经历和细节，还原生活的本来面貌"（Bolger et al., 2003; Wheeler and Reis, 1991）。秉承这一初衷和规避"过度加工"与"过度解读"的弊端，本研究谨慎地对上千名学生日记进行了核查和筛选，精选出针对"亲社会行为"这一主题的 37 篇学生日记，对日记内容进行客观总结概述，而不作批判和过度诠释。

在本章节中，我们摘录了 37 名学生的日记，展现了日记原貌。在学生的日记中，我们发现"福利院""责任感""社会主义建设者""密不可分""风俗人情""中华民族""互帮互助""全球化""力所能及""发奋图强""无私奉献"这些关键词被频繁提及。由此不难获知，学生在参与了 TKP P.A.T.H.S. 之后，对于亲社会行为的利他本质有了深切体会，并且对增强集体凝聚力、促进社会繁荣以及奉献国家充满热忱。不少学生写道："我仿佛与同学的心紧紧地连在一起，感受到了这个小家庭的炽热火焰。""我看见了美丽的家乡。""人与人的冷漠会使社会不再那么美好，所以大家应该多互帮互助，多关心他人。""学到如何回报社会、尊重他人。""属于我们青春的热血和为社会贡献的纯真善意。""为福利院的人们奉献自己的一份爱心。""教了我们要热爱自己的国家……领略了中华大地的壮美山河。""所以我们现在要努力学习，长大之后要为祖国做贡献。""培养无私奉献、严谨认真的品质，成为对社会、对国家有用的栋梁之材。"

见微知著，本章精选的37篇学生日记展现了TKP P.A.T.H.S.对于培养学生的亲社会行为以及鼓励他们对社区、社会做出贡献的作用和意义。此外，"共创成长路"赛马会青少年培育计划（P.A.T.H.S.）是一个被"青年力量"（Youth Power）验证为有效的PYD项目（Alvarado et al., 2017），对于此项目移植到中国内地后的实施效果的分析评价，将是PYD项目在不同地域文化背景下有效性检验的重要补充。

### 案例1

"共创课"让我在课堂上收获了很多，懂得了很多人生道理，我觉得"共创课"十分有意义。"共创课"带给我欢乐与成长，它不像传统课堂那般枯燥。在游戏中，一些人生道理便显现出来。我希望"共创课"越来越好，帮助我们成才，让我们为祖国的未来打下更好的基础，让祖国未来的花朵茁壮成长，散发自己的芬芳，让祖国花香四溢，拥有美好的明天；也希望上过"共创课"的同学将来能用一技之长铺就祖国的美好未来，让祖国更美更动人。（7年级学生）

### 案例 2

时光，说慢不慢，说快不快，它掌握在手中，转瞬即逝，犹如那纷纷扬扬、浅紫色的紫荆花瓣，似在空中曼舞，不过一会儿便没入泥土中。空气中隐约传来沁人心脾的青草芳香，让人感受到的不仅是初春那淡淡的暖意，还有那直击人心的深深温馨。耳畔传来的是校园中喧腾的叫卖声和"校园爱心义卖活动"的热烈呼喊声！那正是我们 XX 中学的首次爱心义卖活动！有幸的是，作为初二学生的我们可以为福利院的人们奉献自己的一份爱心，贡献自己的一份力量。为了能贡献出一份力量和爱心，为了能更好地传递关心福利院生活的善意接力棒，我们都不遗余力地努力拼搏。多捐一本书，多献出一点爱心，成为我们共同的目标。这股力量仿佛"洪荒之力"，促使我们不断前行。此时，空气中弥漫的不再只是沁人心脾的草香，更多的是为献出爱心而奋斗的汗水气味；感受到的也不再只是初春的暖意与温馨，更多的是属于我们青春的热血和为社会贡献的纯真善意。（8 年级学生）

### 案例 3

"共创课"是一个集体，集体并不是成员的简单相加，而是拥有共同目标、分工明确的整体，它使同学们更加团结。

在集体生活中，我们将逐渐体会到集体荣辱与自己的关系，体会到我们在集体中的地位。当集体取得成绩、受到表彰或奖励时，我们会产生欣慰、光荣、自豪之感；当集体受到批评、惩罚时，我们会产生不安、惭愧、自责之感。这就是集体荣誉感。个人认同自己属于群体中的一员，被他人接受、

认同，有价值感，并与群体成为整体，这种感受就是归属感。（7年级学生）

### 案例4

上完"共创课"之后，我感触颇深，我们真正缺少的是什么呢？是团结心。团结心能够增强青少年的凝聚力，少年强则中国强；而且它培养了青少年的心理素质，促使青少年全面发展。与其他课程不同，"共创课"让人感到轻松与愉快。在成长过程中，我们可能需要一个导师、一个知心的朋友，而这门课可以让我敞开心扉、自由倾诉。

它会给人一种感觉，尽管没有什么华丽的言语，但它的教育意义直观明确，直击心灵。在这个"共创课"上，我们学到了许多，例如懂得了人与人之间的和平相处十分重要，其中尊敬与礼貌是重中之重。（7年级学生）

### 案例5

在"共创课"中，我学到了尊重他人、关爱他人、尊老爱幼，并且培养了自控能力。"共创课"十分实用，不仅有助于提高我们的知识水平，加强对外界的认识，还让我们学会了帮助他人、关爱他人、反省自己的不文明行为，同时也帮助我更积极地面对未来。此外，"共创课"提升了我做出明智抉择的能力，引导我对生命进行思考，增强了我对自我的认知，促进我的整体成长，培养我对他人的怜悯和爱护能力，以及增强我对社会的责任感等。

我上完"共创课"后的最大收获是，积极主动与同学、老师、父母交流许多课外知识，同时我对外界的认识加深了，我明白了只有努力才能成功，

遇到困难不要退缩，要勇往直前、敢于挑战。只有不断地磨炼，我们才会更坚韧。（7年级学生）

### 案例6

在这一年的"共创课"中，我学到了很多东西，课程很丰富，让我学会了感恩和孝顺，对家乡习俗和安全知识等也了解了很多。课堂中老师还讲了我非常感兴趣的跆拳道，也讲了很多同学的兴趣爱好，例如钢琴、吉他、小提琴、画画、唱歌、跳舞等。在"共创课"中学到的东西是很有用的，例如，我们在过马路时应红灯停，绿灯行；在家里，我们应孝顺父母，尊敬老人，尊重兄长。当我们做完这些后，我们同样可以得到回报。这个课程对我思想方面的成长有很大的帮助，让我意识到我不再是小孩子了，当我在与同学发生矛盾时能理智地而不是鲁莽地处理问题。上了"共创课"后，我意识到了集体和个人之间的关系。集体是一个总体，如初一（XX）班就是一个大集体，集体都是由个体组成的，所以我们都应该心中有集体，识大体，顾大局，不要因个人之间的矛盾而做出有损集体利益的事情。这就是我上了"共创课"之后的收获，"共创课"让我得到了极大的改变。（7年级学生）

### 案例7

刚进入初中我就接触到了"共创课"。面对紧张的学习课程，突如其来的"共创课"让我有些措手不及，但是当我真正接触到它时，我发现这门课不像其他课程那样枯燥无味，它让我感到新奇，让我放松心情。这门课对我来说有重要意义。

当老师让我们了解自己的祖国时，我才知道我之前了解得很少。学完这门课后，我增长了见识，并且更加自豪自己有如此伟大的祖国母亲。

感谢这门课，它让我成长。课堂上的欢声笑语、老师细心的开导，已经印在了我的心中……（7年级学生）

### 案例8

在这门课上，同学们发言都很积极，课堂气氛不错，同学们都很乐意上这门课，老师教了我们很多在其他课堂上学不到的东西。老师很和蔼，对我们很好，我们也同老师有很多的交流。这门课与其他课程既一样又不同，说它一样是因为这也是一门有老师上的课；不同是因为这门课的气氛很活跃，课堂的桌椅布置完全不一样，课后没有作业，也不需要考试，更不需要担心考得不好。课上我们学了如何化解烦恼、如何关心他人，老师也教了我们要热爱自己的国家，同时我们还通过各种方式领略了中华大地的壮美山河。

上了初中，我才发现竟然还有这么一门幽默风趣的课——"共创课"。（7年级学生）

### 案例9

在"共创课"上，老师和同学一起玩游戏，欢乐无比。老师和蔼可亲，从不打骂我们，就像我们的朋友一样，这使得我们敢于发表自己的意见。我们在学中玩，在玩中学，大家都很喜欢上"共创课"。它让我知道了如何与人更好地相处。别人做错了什么事、说错了什么话，我们应该包容而不是责备。在别人需要帮助时，向他（她）伸出援手，而不是事不关己，高高挂起。它让我更加爱国，知道了没有国，就不会有家。我希望"共创课"能继续开设下去。（7年级学生）

###  案例10

"共创课"是压力之间的一个小小的缝隙，即使小，也能透出一些新鲜空气。

在"共创课"上，我们总能放飞自我，没有语、数、英等其他课程的条条框框，我们可以畅所欲言，把自己的想法、烦恼都说出来。老师和同学们都是我们的倾听者。"共创课"就像个秘密匣子，我们的秘密就由它守护着。

但这儿又是一个充满小知识的课堂。

老师们会播放一些视频，让我们一起了解世界上发生的大事，以及我们国家的重要事情，也会让我们了解自己所生长、生活的家乡是怎么样的一个地方。

这一切，在上"共创课"之前我们谁都没有注意过，但"共创课"和老师们让我们拓展了一个又一个小知识。

我想，"共创课"是一门能让我们成长的课程。（7年级学生）

### 案例11

分别，总是令人无奈。

不知不觉，已经过了两年，还记得第一次上"共创课"时的欣喜与快乐。这个课程真的很好，让我逐渐认清了自己。

越上"共创课"，我就越惭愧，我发现自己身上有太多的缺点。我真的很自卑。在成长的过程中，我们都会摔倒，都会受伤，但"共创课"会帮助我们爬起来，让我们学会坚强。我不知道这门课对别人的影响是怎样的，但对我的改变是非常大的。

第一次，我仿佛与同学的心紧紧地连在一起，感受到了这个小家庭的炽热火焰。

最近的"共创课"依旧那么有趣。我来这个城市两年了，"共创课"也陪伴了我两年。我对这里并不熟悉，但这仍算是我的第二故乡吧。在这里我结识了很多好友，他们陪我哭、陪我笑、陪我闹。这里很美，但我以后想去大城市发展，比如上海这样的城市。后来，老师上了一节关于这座城市的课程，这让我对这个城市的面貌，甚至这个省份，都有了全新的认识。

我们总是更喜欢其他地方的风俗文化，却不知自己身处的地方，其风俗文化也极具魅力。（8年级学生）

## 案例 12

上了"共创课"以来，我们的心态有了一些变化，从刚开始的好奇到现在的习以为常。不同于语、数、英等课程乏味无趣，"共创课"有趣且轻松，它能使同学、师生之间的关系更融洽。

每一次上"共创课"，七八个同学围坐在一起，听老师讲课，或几个人一起讨论、解决问题。让我印象最深刻的一节课是老师让我们认识我们的故乡——航拍XXX省。在这一节课中，我看见了美丽的家乡。在上这节课之前，我觉得自己的家乡并没有什么特别之处。我向往别的地方，甚至是国外的生活，然而上了"共创课"之后，我发现自己的家乡也是美丽富饶的。

如今"共创课"已经陪伴了我们两年，也让我们明白了许多道理，让我们携起手来与"共创课"共同成长吧！（8年级学生）

## 案例 13

刚上"共创课"时，我只是觉得好玩。可是上了几节课之后，我就发现"共创课"是一门严谨的课程。我上了"我爱我家"这一节课后意识到，"家"虽是一个字，却不是一个单一的概念。有一首歌的歌词写道："我们都有一个家，名字叫中国，兄弟姐妹都很多……"这样，家又变大了，变成了国，爱家就是爱国。

"共创"教室的环境非常美，"共创"教室里的墙是绿色的，旁边也没有其他班级同学的吵闹声，我们在一个非常安静的地方学习。教室地面非常整洁，教室后面的黑板上贴有很多学生的作品。老师讲课非常幽默，我们学习的内容也非常有趣，同学之间的关系十分融洽。桌子全是圆的，还有很多美妙的颜色。总之，"共创课"给我的感觉是非常好的。（7年级学生）

## 案例 14

每次"共创课"都能带给同学们全新的感受。记得开始接触这个课程时，因为它的名字是"共创成长路"，很是新颖，使我非常想上这门课。上课时，老师们都非常亲切，每个问题都与我们密切相关。我们无论是提出关于身体还是心理的问题，老师们都能幽默、有趣地为我们解答。尤其是上到关于XXX市的这一课时，更加令我激动。我不是XXX市人，但并不意味着不了解XXX市，我们都知道XXX市。我还记得有个纪录片叫《航拍中国》，从里面可以看到XXX市的很多风景。我看《航拍中国》后对很多城市有了更多的了解，也了解到许多城市的文化特点，这让我对中华大地有了新的认识。通过"共创课"，我们祖国的大好河山全部都印在我们脑海中，不一样的文化也深深地印在我们心里。"共创课"是一门值得继续开设的课程。（7年级学生）

## 案例15

我刚刚开始接触"共创课"时，刚上初一，当我好奇地踏进"共创"教室的时候就觉得"共创"教室的环境非常好，那时我就在想：这是一门怎样的课程呢？

其实就因为这个教室环境，我也会对这一门课很感兴趣吧。说实话，"共创课"让我懂得了要善待别人。

因为"共创课"，我第一次在社交网络中接受一个我不熟悉的人成为朋友。在"如何启齿——不当羞怯、勇于道歉"这节课中，我学到了当冒犯了别人的时候就应该积极主动地道歉；在"谅解父母心，受责免难堪"这一节课中，我知道了父母的不容易，这让我更加好好学习；在"入乡随俗，融入社会"这一节课中，我知道了应该尊重各民族的习俗，在旅游时应该提前掌握相关知识，以免难堪。

"共创课"，让世界更美好！（7年级学生）

##  案例 16

"共创课"上,学生应该多跟老师交流沟通,启发思想。

这种课程相当于交流课,在交流中启发我们的思维,使我们健康成长,有利于我们不走弯路,使我们坚定地走向人生成功的道路。如果你有些叛逆的思想,在这种活动中多磨炼自己,就能及时把你纠正回来,使你不会走向更弯更错的道路。"共创课"也可以在生活中常常提醒你,教会你如何成长。

在这一课程中,我学到了很多不一样的知识,收获了前所未有的体验。即使它不像动画片里的人物那样栩栩如生、画面生动有趣,但也能教会我们许多人生道理。在这个过程中我成长了很多,也积累了许多经验。我们要培养无私奉献、严谨认真的品质,成为对社会、对国家有用的栋梁之材,为祖国富强繁荣而骄傲与自豪。

我希望老师与我能大手牵小手,"共创成长路",也感谢老师用宝贵的时间来给我们讲人生哲理,每次我都会带着一颗学习、感激的心,投入到这门课程中,并享受其中。(7年级学生)

## 案例 17

开设"共创课"对我们很有帮助,让我们了解了学校的历史,对我们有很大的影响,也让我们学到了很多,例如,做人的道理、社会的道德、学校的教育……

课上,老师严谨教学,同学们积极回答问题;课下,同学们努力完成实践任务,老师认真准备授课材料。

这些，都让这门课充满了意义，让我们对社会、对学校都有了新的认识。（7年级学生）

### 案例18

在学校里，两周一次的"共创课"陪伴我度过了近一个学期。在每一节"共创课"中，一到上课时间，同学们都开心地拿着上课要用的文具走到"共创课"专用教室。在"共创课"中，我们学到了许许多多在我们成长路上非常重要的知识。当然，学到的知识不仅对我们成长有帮助，对社会、国家也有帮助。近年来，我们学校周围的环境越来越好，这都是因为"共创课"教会我们如何保护环境。对我来说，有了"共创课"的帮助，我学会了在家里和家人们分担家务。参与"共创课"对我最大的帮助，就是学会了在生活中如何保护自己。"共创课"是一门非常好的课程。（8年级学生）

### 案例19

通过参与"共创课"，我学会了如何更好地融入一个集体。一个集体如果学不会团结，则一定是一个失败的集体。

"共创课"生动有趣，让我们不由自主地把精力集中于老师热情的讲课中，高效地学会了老师所讲的小技巧和那些生活中时常会用到的小知识。老师们还会告诉我们一些不好的小习惯，并教会我们如何改正。

"共创课"是一门很好的课，一点也不逊色于主科目。这门课能让我们放松身心，缓解压力，所以是一门很好的课。（8年级学生）

## 案例 20

这是一次崭新的体验，一门新颖的课程，十分有趣又十分有用。

最让我记忆深刻的，是那一次老师放出了一段短文，当中说到有人溺水了，然后有四人在现场，人死了，是谁的责任？同学们七嘴八舌地讨论起来。不一会儿就有许多同学争先恐后地回答，老师也在认真地倾听并做一些解释，同学们都听得津津有味。最后老师对短文进行了解读，这也是让我印象最为深刻的地方。老师说："人与人之间都存在着某种联系，大家都生活在这个社会，所以大家都有责任和义务。人与人的冷漠会使社会不再那么美好，所以大家应该多互帮互助，多关心他人，不要做一个自私的人，如果你对别人自私，也会有别人对你自私的那一天，这是因果关系。"这实在让我眼前一亮，更加激起了我对"共创课"的兴趣。（8年级学生）

## 案例 21

"共创课"是一门很好的课，在每天作业堆积如山时，这节课总是会给我们大家带来欢乐和一些成长道路上的人生道理，并且给我们带来了对未来的期许。同时，这节课可以帮助我们更好地成长。

在课上，我经常会和同学们、老师一起做游戏。同学之间有许多交流。当任何同学需要帮助时，老师也愿意帮助。这门课对大家的心理健康十分有益。

我个人觉得这门课十分有意义，而且也希望未来能增设更多的"共创课"，让我们去汲取更多为人处世的经验。这些经验会为未来铺就一条阳光大道,让我们在人生的道路上茁壮成长,成为对社会、对国家有用的栋梁之材。我也希望"共创"老师能在我们成长的道路上给予我们更多的帮助。(8年级学生)

### 案例 22

我觉得"共创课"的开设非常有意义,能学到许多做人的道理,学到如何回报社会、尊重他人。它让老师和同学可以亲密交谈,促进人际交往,提升我们面对逆境的能力。因为"共创课",我增强了分辨是非的能力;"共创课"给予我自信,帮助我积极面对未来。另外,"共创课"的目标很清楚,课程内容设计得好,希望以后有机会再次参加。(8年级学生)

### 案例 23

在"共创课"上,我学到了很多。老师教会我如何处理成长道路上的苦恼,鼓励我加强与老师、同学及家人的联系,并着力提升我面对逆境的能力、与人相处的能力、分析能力、明辨是非的能力、做出明智抉择的能力,以及积极面对未来的信心等等。

这个课程目标明确,内容设计全面,安排得很有条理,氛围很好,同学们都积极参与课程活动。老师充分掌握课程内容,备课充足,课堂纪律良好;态度温和,关心学生;能与学生进行友好交流,鼓励他们参与课程活动。

我很喜欢这个课程,这个课程给予了我很多帮助,让我变得更加自信。

在这个课堂中，有欢声笑语，也曾有过泪水。"共创成长路"培养了我关爱他人的能力，加深了我对自己的认识，强化了我奉献社会的责任感。

"共创"课堂是一个充满欢声笑语与知识的课堂。（8年级学生）

**案例 24**

通过了解田家炳先生的教育事迹，"共创课"真的让我明白了许多。在课堂上，我们可以体会到各种事情，并参与许许多多关于提高注意力、敏感力的游戏，这让我觉得"共创课"非常有意思。这门课可以增强同学和老师之间的联系，也可以锻炼自我面对逆境的能力，促使我们做出明智的选择。这门课程对我们的整体成长、自我判断力的提升，以及培养奉献社会的能力等方面都有巨大的帮助。此外，"共创课"的老师还鼓励我们去参加一些公益活动，提高自己的实践能力，让我们勇敢地去面对这个社会、面对自己。（8年级学生）

**案例 25**

"共创"，顾名思义，就是老师和同学们一起携手，为我们的未来铺下一块垫脚石。"共创课"教会了我很多做人的道理，让我更加明确了我的学习目标、阶段目标和人生目标。它增强了我面对逆境的能力，使我更加自信；提升了我辨别是非的能力；更加深了我对自己的认识；同时，也让我看到了一个充满温暖的社会。

这个课堂不是干坐在教室里面听老师讲课的。这是一个不一样的课堂，上课时气氛很好，同学们有很多交流。大家分组学习，齐心协力，努力完成一件事，我想这是最值得称道的。而"共创成长路"这一门课，就完美地呈现了这一理念。

希望"共创课"可以继续下去！谢谢老师！（8年级学生）

## 案例26

在"共创课"上，我们会学到很多东西，例如保护自己的方法、如何提高对网络的控制力等。同学们在课堂上都很活跃，学习兴趣很高。我很喜欢这个课堂。

在课上，我学到了要热爱祖国，每一个中国人都要有一颗热爱祖国的心。所以我们现在要努力学习，长大之后要为祖国做贡献。我还学到了诚信的重要性。要对人以诚，不要欺骗别人，要做有道德的人。我们现在就要学好的品德，不要学骗人或不讲信用，如果这样发展下去，长大后就会被社会淘汰。为人要友善，朋友之间要善待对方，如果不善待朋友，我们就会永远失去朋友；上网结交新朋友时，要分清是非，如果被骗，就会终身留下心理阴影。晚上外出时，尤其是女生，最好有家长或朋友陪伴。晚上，女生最容易遭遇歹徒袭击，所以最好不要在晚上独自出行。（8年级学生）

## 案例27

通过"共创课"，我受益匪浅，收获了很多。"共创课"重视实践发展，培养了学生思考和团结协作的能力。同学们在课堂活动中可以发挥各自的优点，互相合作，让这门课更加充满特色，从而促进学生全面发展。老师对学生的影响很大。老师上课很有感染力，他们敬业的精神值得我们学习。"共创课"强调我们要学习民族精神，传承优秀的传统文化。此外，"共创课"增强了老师和同学之间的默契。我希望"共创课"能够更好地进行下去，希望学校能多开设这类课程，使校园文化更加丰富，培养德智体美劳全面发展的社会主义建设者和接班人。（10年级学生）

### 案例 28

"共创课"给我带来了实践上的突破。在一次活动中，作为共产主义接班人，我负责的黑板报主题是"美德少年"，这是我们中学生应该具备的良好品质。此次黑板报我负责版面设计，为了能够符合"共创成长路"的主题，我选择国内知名动画人物——"开心超人"作为版面中心的图案。这个人物正义、勇敢、善良，正如我们当代学生一样要热爱祖国，努力学习，将来为国家做出贡献。在完成任务的过程中，我突破了自己，不仅达到了比以前更加精准的版面设计水平，也学到了只要相信自己，就可以对班级、对社会有所贡献。在此感谢指导我的老师以及帮助我设计文字板块的同学。（10年级学生）

### 案例 29

在这学期的爱心义卖活动中，我收获特别大。这是我第一次参加爱心义卖活动。这个活动的宗旨是全校学生一起将自己用不着但还能用的东西捐出去，让其他同学购买，通过义卖得来的钱一并捐赠给福利院。虽然这是一件小小的事，钱款也不多，但却是我们的一点心意。这些钱对我们来说也许并不多，但是对福利院来说，这些钱可以给他们带来很大的帮助。与此同时，这个活动也教会了我们要有爱心，要为社会做出一点点贡献，帮助那些需要我们帮助的人。"共创课"教会了我们合作、团结与交流，教会我们面对困难时应如何应对。以上便是我在这次爱心义卖活动中的感受——为社会做出力所能及的事，给予有困难的人们必要的帮助。（8年级学生）

## 案例 30

"共创课"对我们来说是比较特别的，它没有繁多复杂的作业，上课内容新颖丰富。任课老师带着我们体会身处的这座城市的风土人情，讨论如何更好地与人相处。老师们讲课风趣，一点儿也不枯燥，让我们在游戏中学习，因此我觉得这门课十分有意义。"共创课"一周一次，我在其中受益颇多。令我印象最深刻的是讲授XXX市的那一节课。那天，我本来很兴奋地期待着那节"共创课"，但是令我稍稍失望的是，这次上课的内容是关于XXX市的风土人情。对我来说，我对XXX市十分陌生，它没有什么太大的特点，既没有大城市的繁华，也没有特色风光，可以说是平平无奇了（这是我最初的感受）。但是，随着老师滔滔不绝的讲解，以及屏幕上放出的一张张图片，我震惊了，没想到XXX市居然有彭湃这样的英雄，还有革命圣地，有丰富的渔歌文化。屏幕上，渔家妇女们穿着蓝黑色的衣裙，盘着头发，头发上插满各种各样的银饰，歌声动听如黄鹂鸣叫……"共创课"给我们不一样的体验，我才发现原来这门课那么有趣。（8年级学生）

## 案例 31

一个学期过去了,在这一学期里我学到了很多。"共创课"让我学会了怎样和同学、老师交流与讨论。通过"共创课",我积极主动地与老师、同学及家人联系,增强了面对逆境的能力,提升了与人相处的能力。这学期,让我印象最深刻的一节课是"培养奉献社会的责任感"。在这节课里,本来没有一点社会责任感的我,学会了怎样在社会中奉献自己。如果让我再次选择,我会再选"共创课"。(9年级学生)

## 案例 32

我印象最深的一次"共创课"是初二班主任为我们上的那一节,课上主要讲的是东南亚那边的战况,还播放了一首中文名叫《丧尽》的歌曲。那节"共创课"播放的一些图片也确实令人心酸,那里儿童的生活是多么悲惨,他们每天都在面临死亡,这些不该是那些孩子承受的。这节课让我意识到只有国家强大,人民的生活才会幸福,我们要用行动回报我们亲爱的祖国。这一幕令我记忆犹新,也就是这一幕,让我对这节"共创课"印象深刻。(9年级学生)

## 案例 33

为期三年的"共创课"学习,使我摆脱了年少无知。刚升入中学,我有许多心理矛盾与生活陋习,幸运的是,我得到了正确的引导。我学会了与父母沟通，化解与父母之间的矛盾；学会保护环境，面对不法行为要及时制止，与之顽强斗争；为国家、为社会做贡献。我深刻地认识到个人的命运与国家命运是密不可分的，因此要努力提升自己，为实现中华民族伟大复兴，为中国特色社会主义事业做出自己的贡献。如果国难当头，就应挺身而出，不畏强权，同霸权主义做斗争，为祖国赴汤蹈火。现代社会，经济全球化与各国发展密不可分，发展中国家要想赶上发达国家，仍有很长的路要走。我要努力学习科学知识，为祖国成为世界强国贡献自己的力量，我是一个中国人，这是每一个中国人应尽的责任。（9年级学生）

## 案例 34

"共创课"教会了我很多做人的基本本领，教我们如何亲近社会，做一个对社会负责的人；还教会了我们应该怎么样进行人际交往，所以成长之路也是我的成人之路。这一路有阳光明媚，也有倾盆大雨，只要有一颗坚强的心，守好自己的初心，便能够战胜所有困难。我们都是祖国的花朵，正所谓"少年智则国智，少年强则国强"。这句话让我懂得了要不忘初心，做好自己；要好好学习，天天向上，要有积极、乐观、向上的精神；要关爱同学，尊敬老师、长辈；不去网吧、酒吧，不沾毒，不抽烟，要做"三好学生"；要学好语文、数学、英语、地理、政治、物理、历史等各科知识，发奋图强。（8年级学生）

## 案例 35

一开始上这门课的时候，我在心里想着：这门课一定是非常不好玩吧，应该是很无趣的吧。但是上完一节课后，我才感觉到，这一类的课程原来是那么有趣、那么好玩呀！

经过老师的精心教导，我感觉到了这门课对人的一生都有影响。特别是老师讲爱国的那一节课让我记忆深刻，老师播放的电影《战狼》也令我热血沸腾！犯我中华者，虽远必诛！（7年级学生）

## 案例 36

在"共创课"中，我学到了很多，例如加强与老师、同学及家人的联系，提升了抗压能力和与人相处的能力，增强了我的表达能力及处理情绪的能力。上完这门课后，我积极向上、斗志昂扬、不畏艰难、热血沸腾，对未来充满希望。为了党和国家，为了五十六个民族，为了世界和平，为了阻止全球变暖，为了保护稀有动物，为了国家发展，为了解决石油危机，为了实现中国梦，我们都会努力奋斗、拼搏。（11年级学生）

## 案例 37

通过这一学期"共创课"的学习，我们都明白了许多深刻的道理，树立了正确的价值观。在"共创课"上的发言，也使我们更好地涵养品格、发展个性。除此之外，"共创课"还让我们明白了应该做什么、不应该做什么。

例如，我们应该从小事做起，积少成多，积善成德；要与同学建立良好的关系；要认真学习，努力做21世纪中国特色社会主义制度下的新时代好少年；要热爱祖国，努力为建设社会主义法治国家多做贡献；不能触碰自己的道德底线，也不能触碰法律底线；等等。另外，"共创课"也培养了我们多方面的能力，例如动手操作能力、语言表达能力以及交往能力。最后，我希望"共创课"能够继续开设下去，并且更进一步发展，让我们更好地成为中国的忠实崇尚者和坚定捍卫者。在此，我衷心祝愿以后的"共创课"能越来越好！（7年级学生）

## 参考文献

ALVARADO G, SKINNER M, PLAUT D, et al., 2017. A systematic review of positive youth development programs in low-and middle-income countries[R]. Washington, D.C.: Youth Power Learning, Making Cents International.

BATSON C D, POWELL A A, 2003. Altruism and prosocial behavior[M]//MILLON T, LERNER M J. Handbook of psychology: personality and social psychology, vol. 5. New Jersey: John Wiley & Sons, Inc: 463-484.

BENSON P L, 2006. All kids are our kids: what communities must do to raise caring and responsible children and adolescents[M]. 2nd ed. San Francisco: Jossey-Bass.

BOLGER N, DAVIS A, RAFAELI E, 2003. Diary methods: capturing life as it is lived[J]. Annual review of psychology, 54: 579-616. DOI:10.1146/annurev.psych.54.101601.145030.

CATALANO R F, BERGLUND M L, RYAN J A M, et al., 2002. Positive youth development in the United States: research findings on evaluations of positive youth development programs[J]. Prevention & treatment, 5(1): 15. DOI:10.1037/1522-3736.5.1.515a.

EISENBERG N, MILLER P A, 1987. The relation of empathy to prosocial and related behaviors[J]. Psychological bulletin, 101(1): 91-119. DOI:10.1037/0033-2909.101.1.91.

EISENBERG N, SPINRAD T L, KNAFO-NOAM A, 2015. Prosocial development[M]//LAMB M E. Handbook of child psychology and developmental science: socioemotional processes. 7th ed. New Jersey: John Wiley & Sons, Inc: 610-656.

FESTINGER L, 1957. A theory of cognitive dissonance[M]. California: Stanford University Press.

INTRAVIA J, PELLETIER E, WOLFF K T, et al., 2017. Community disadvantage, prosocial bonds, and juvenile reoffending: a multilevel mediation analysis[J]. Youth violence and juvenile justice, 15(3): 240-263. DOI:10.1177/1541204016639350.

JESSOR R, 1987. Problem-behavior theory, psychosocial development, and adolescent problem drinking[J]. British journal of addiction, 82(4): 331-342. DOI:10.1111/j.1360-0443.1987.tb01490.x.

MA C M S, SHEK D T L, CHEN J M T, 2019. Changes in the participants in a community-based positive youth development program in Hong Kong: objective outcome evaluation using a one-group pretest-posttest design[J]. Applied research in quality of life, 14(4): 961-979. DOI:10.1007/s11482-018-9632-1.

MA H K, SHEK D T L, CHEUNG P C, 2002. The relation of social influences and social relationships to prosocial and antisocial behavior in Hong Kong Chinese adolescents[M]//SHOHOV S P. Advances in psychology research, vol. 8. New York: Nova Science Publishers: 177-201.

MA H K, SHEK D T L, CHEUNG P C, et al., 1996. The relation of prosocial and antisocial behavior to personality and peer relationships of Hong Kong Chinese adolescents[J]. The journal of genetic psychology, 157(3): 255-266. DOI:10.1080/00221325.1996.9914863.

MEMMOTT-ELISON M K, HOLMGREN H G, PADILLA-WALKER L M, et al., 2020. Associations between prosocial behavior, externalizing behaviors, and internalizing symptoms during adolescence: a meta-analysis[J]. Journal of adolescence, 80(1): 98-114. DOI:10.1016/j.adolescence.2020.01.012.

MURRAY M, CHAMBERLAIN K, 1999. Qualitative health psychology: theories and methods[M]. London: SAGE Publications.

NYGREN L, BLOM B, 2001. Analysis of short reflective narratives: a method for the study of knowledge in social workers' actions[J]. Qualitative research, 1(3): 369-384. DOI:10.1177/146879410100100306.

RODHAM K, FOX F, DORAN N, 2015. Exploring analytical trustworthiness and the process of reaching consensus in interpretative phenomenological analysis: lost in transcription[J]. International journal of social research methodology, 18(1): 59-71. DOI:10.1080/13645579.2013.852368.

SHEK D T L, MA H K, SUN R C F, 2011. Development of a new curriculum in a positive youth development program: the project P.A.T.H.S. in Hong Kong[J]. The scientific world journal, 11: 2207-2218. DOI:10.1100/2011/289589.

SHEK D T L, YU L, SUN R C F, et al., 2014. Objective outcome evaluation of a positive youth development program in China[J]. International journal on disability and human development, 13(2): 255-265. DOI:10.1515/ijdhd-2014-0311.

SIU A M H, SHEK D T L, LAW B, 2012. Prosocial norms as a positive youth development construct: a conceptual review[J]. The scientific world journal, 2012: 832026. DOI:10.1100/2012/832026.

TRAVERS C, 2011. Unveiling a reflective diary methodology for exploring the lived experiences of stress and coping[J]. Journal of vocational behavior, 79(1): 204-216. DOI:10.1016/j.jvb.2010.11.007.

WHEELER L, REIS H T, 1991. Self-recording of everyday life events: origins, types, and uses[J]. Journal of personality, 59(3): 339-354. DOI:10.1111/j.1467-6494.1991.tb00252.x.

ZHU X, SHEK D T L, 2020. Impact of a positive youth development program on junior high school students in China's mainland: a pioneer study[J]. Children and youth services review, 114: 105022. DOI:10.1016/j.childyouth.2020.105022.

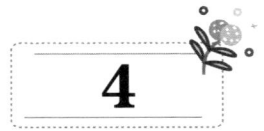

# 4

# 助益学校适应与学业表现

◎罗绮雯　石丹理　朱家欣　刘昕

学业成绩是评估学生在各个科目中的表现、掌握的技能和知识以及学习态度的一种指标，它可能受到许多因素的影响，包括学生的社会经济背景和资源（Brew et al., 2021），以及认知发展、人际关系和学校适应等。其中，学校适应是指学生在学校环境中的兴趣和舒适度、参与度和成绩（Demirtaş-Zorbaz and Ergene, 2019），而他们的兴趣、学习态度、成长经历和成绩也取决于学校对学生的接受程度和学校的氛围。

同时，学校适应也会影响青少年的身心健康，从而影响他们的学习动机和学习成绩（Benner et al., 2008）。健康问题，如注意力不集中、态度过于激进和暴力，均会严重影响他们的学习动力和能力的提升（Basch, 2011）。研究显示，如果青少年在学校感到被包容和安全，他们的心理健康状况会更好（Patalay et al., 2020; Van Ryzin et al., 2009）。因此，学生在学校的适应度越高，不仅能提升学习成绩，也能减少相关的人际和情绪问题（Waters et al., 2010）。

为了提升学生的学校适应能力、学业表现及个人发展，近年来，不少学校提倡开展具有合作学习精神的青少年正面成长（Positive Youth Development, PYD）项目。这类项目旨在促进身体、个人、社交、情感、智力和精神等六大发展能力，这些能力对青少年的全面发展至关重要（Durlak et al., 2007; Romer and Hansen, 2021）。例如，研究指出，社交和情感能力的提高对学生学习参与度的提升有正面影响（Santos et al., 2023），因为这表明学生在面对任何挑战时，可以更好地认识自己的情绪、进行有效的沟通，以及维护与同伴和老师的关系（Conte et al., 2023; Di Lorenzo et al., 2019）。此外，学生更能够将失败及挑战视为学习机会，从而进步和成长，而不是消极面对（Santos et al., 2023）。

多项荟萃分析显示，PYD 项目在提升学生的学业表现方面，特别是在培养解决问题的技能、批判性和分析性思维方面成效显著，这有助于青少年发现和界定问题，从而提升其解决难题的能力（Wang et al., 2022）。此外，学者发现，PYD 特质能够作为防止网络欺凌行为和网络游戏成瘾的保护因素。当学生拥有更好或更高水平的 PYD 性格特质，如沟通技巧、乐观主义和抗逆力时，他们遭受网络欺凌和沉迷网络的可能性就更低（Gan et al., 2023）。即使在受到欺凌时，他们也能主动寻求帮助，而不是闷在心里或逃避到网络世界。此外，另一项荟萃分析还强调了创造积极和充满关爱的环境对学生学校适应的益处。例如，通过划分学习小组以营造积极的学习环境，从而加强学生与同学及老师之间的沟通交流，进而提升学生的自尊水平、学习成绩，增强学习动机，还可以避免各种危险或不健康行为的发生（Durlak et al., 2007）。

大多数 PYD 项目都是以讲授学校课堂知识为基础的，然而一些学者认为，具有户外活动性质的 PYD 项目对青少年的学业成绩与学校适应的帮助同样不容忽视。过往研究曾指出，以体育为基础的 PYD 项目在提升青少年的能力、增强信心和培养生活技能方面非常有效（Bruner et al., 2021）。这是因为青少年通过和他人合作以及参与各类活动，并在有需要时与他人沟通或领导他人，这不仅有助于青少年提高身体素质，亦让他们从所经历的成功、认可和成就中提升自己，学会面对挑战和失败，从而增强应对技能和复原力（Santana et al., 2017）。此外，以体育为基础的 PYD 项目还有助于他们学习如何设立目标、管理时间，这对学生的学业及培养未来职业规划的能力大有裨益（Holt et al., 2017; Santana et al., 2017）。

一项基于 19 份研究报告的荟萃分析显示（Holt et al., 2017），将体育活动融入 PYD 项目能够创造有利于建立联系的社会环境，让青少年在练习和比赛中相互结识，并通过各种合作互相熟悉、支持，共同庆祝成功（Fraser-Thomas and Cote, 2009）。这有助于丰富和提高他们的社交和沟通技能，并鼓励他们与不同年龄阶段的人互相交流和互动，进而学习与不同的人建立更密切的联系，从而从中受益。此外，文献显示了家长参与的重要性（Neely and Holt, 2014）。家长作为"团队的一分子"，参与其中有助于改善亲子关系。一些家长表示，在参与 PYD 项目的过程中，他们能够将学到的技巧和策略应用到日常家庭环境中，使孩子得到更好的身心发展。相反，研究显示，不良的家庭关系会导致青少年的幸福感降低，学习适应能力较差，更容易出现危险行为（Chi et al., 2020; Shek and Wu, 2016）。

在香港，"共创成长路"赛马会青少年培育计划（P.A.T.H.S.）是一项在超过 400 所中学中推行的 PYD 项目，并被充分证明在促进青少年发展和素质提升方面具有重要作用。该计划的评估研究显示，青少年与同龄人和成年人建立积极的关系有利于构建具有支持性的人际关系网，并从中获得情感和社交支持，这有助于学业发展（Shek and Chai, 2020）。同样，具备相应的认知和社交能力可以提升他们的自信心和技能，从而提高他们对学习的兴趣和满意度，促进其学业进步。

除学生外，"共创成长路"项目的实施者如任课老师及项目推行者也对项目的效能给予了积极评价，尤其肯定了该项目对那些需要额外支持的学生所展现的巨大助益（Shek and Lin, 2017）。例如，超过90%的前线老师及计划推行者表示，P.A.T.H.S.显著增强了学生的亲和力（99.3%）、在不利条件下的适应力（97.9%）、认知能力（97.9%）、社交能力（97.2%）、情感能力（98.6%）、应变能力和乐观精神（99.3%），以及做出明智选择的能力（97.9%）（Shek et al., 2018b）。这些都对青少年产生积极的影响，因为它们都与生活满意度和学业幸福感呈正相关。因此，这表明PYD的特质不仅有助于提高青少年的学业成功率和幸福感，还能提升他们的生活满意度。

在内地，主流教育理念集中在学业成绩和青少年的认知发展上，大多数人认为学业成绩与个人成就相关。因此，家长和老师通常都非常关注学生的学习成绩，这也解释了为什么学习成绩较差的学生会比较容易表现出抑郁的情绪（Chi et al., 2020）。青少年面临来自家长、老师、同学和亲戚的巨大压力，这导致他们缺乏自信心和动力，表现出消极的自我认知，进而引发抑郁情绪。

2005年以来，由香港研究团队引入内地发展的"共创成长路"田家炳青少年正面成长计划（TKP P.A.T.H.S.），得到了广泛推广，使得学生从各种课程中受益匪浅。许多前线老师及项目推行者认为，TKP P.A.T.H.S.受到欢迎的原因在于它为学生提供了自我探索的机会。通过自我反思，学生可以更深入地了解自己，在时间管理方面进行自我调节，并将其运用到学习当中

（Shek et al., 2022a; Shek et al., 2022b）。TKP P.A.T.H.S. 也为学生提供了一个支持性的环境，使他们感到有归属感和被接纳，让他们能够更安心地表达自己，从错误中汲取经验，从而增强他们的信心。因此，超过 90% 的学生认为，该计划增强了他们的自信心（91.8%），提升了自我意识（93.1%）和社交能力（92.4%）。94.4% 的学生表示，该计划助益了他们的全面发展（Shek et al., 2018a）。超过 90% 的前线老师及计划推行者认为，TKP P.A.T.H.S. 帮助青少年加强了与同学、家人及老师的联系并改善了他们的关系（99.3%），增强了学生的情感表达能力、批判性思维能力和关爱意识（99%）（Shek et al., 2018b）。TKP P.A.T.H.S. 的课程设计和课上互动也改变了学生的学习体验。例如，他们变得更加自信，能够在课堂上自由提问和分享；他们对自己的长处和短处有了更多的自我认识和了解；他们的情绪表达和管理方式得到了改善，能够更好地维护社会关系。也有一些学生表示，TKP P.A.T.H.S. 激发了他们对人生意义、价值观和信仰的思考（Shek et al., 2019），使他们能以灵活的思维方式应对挑战并思考出创新的解决方案，提高了他们的创造力和解决问题的能力，从而改善了他们的学习成绩并增加成就感（Zhu and Shek, 2020）。因此，对于青少年而言，TKP P.A.T.H.S. 不仅有助于提高他们的学业成绩、增强幸福感，还能为他们带来长期的益处。

在本章中，我们精选了 43 篇由学生撰写的日记，旨在分析 TKP P.A.T.H.S. 对学生学校适应和学业成绩的影响。我们发现学生对以下四个主题有明显的正面转变：基本能力、学习环境和氛围的改变、学习兴趣以及学习问题的解决方法。如表 4.1 所示，有 16 篇日记（占比 37.21%）提及，他们从 TKP P.A.T.H.S. 中学习了所需的基本技能，并将其运用到学习中去，从而提高了他们的学习成绩。有 12 篇日记（占比 27.91%）指出，TKP

P.A.T.H.S. 加强了课堂教学，营造了更积极的学习氛围，有助于他们更好地理解各学科的知识。有 10 篇日记（占比 23.26%）提到，TKP P.A.T.H.S. 培养了他们积极的心态和必要的人际沟通技巧，有助于他们与老师和同学建立更好的人际关系。交互式教学方式和体验式学习方法的使用激发了他们的学习兴趣，使他们在课堂上学习更多的知识。最后，有 5 篇日记（占比 11.63%）表示，TKP P.A.T.H.S. 教会了他们解决可能面临的学业问题的不同技巧。从上述结果来看，TKP P.A.T.H.S. 成功地改善了青少年的学习状态并提高了他们的学业成绩。

表 4.1 学生撰写日记的主题

| 主题 | 日记数量 | 比重 |
| --- | --- | --- |
| 基本能力 | 16 | 37.21% |
| 课堂气氛 | 12 | 27.91% |
| 积极心态和沟通技巧 | 10 | 23.26% |
| 学习问题的解决方法 | 5 | 11.63% |

### 案例 1

在"共创"课堂中，我学到了很多。例如，"共创课"对我的学习帮助很大，增强了我对社会的责任感，让我学会了要孝敬父母长辈，促进了我和同学的相处交流。我认为在"共创"课堂中学到的东西很实用，让我们学到了全新的知识，让我们了解了很多以前不明白的东西，让我们渐渐地成长。"共创"课堂对我的学习很有帮助，因为我学到了新的方法和思想。我在

"共创"课堂中最大的收获是学会思考,"共创"课堂让我学会思考一切。"共创"课堂对我的成长很有帮助,我从中懂得了很多。(7年级学生)

### 案例 2

我在"共创"课程中学会了很多人生道理和学习方法。在课堂中,我被鼓励做到最好。举例来说,我背英语单词总是背不好,背了又忘。但在"共创"课程中听了别人给的建议后,我知道应该怎么去做,从此我的英语单词背得很好,背单词的能力越来越强了。我在"共创"课程中最大的收获就是能够更加积极地面对未来,强化做出明智抉择的能力。总体而言,我很喜欢这个课程。老师也很好,鼓励同学们参与课程活动。同学们哪里不明白,老师总是耐心地解释;有需要帮助的,老师也乐意提供帮助。我认为"共创课"特别好!(7年级学生)

### 案例 3

初一,多了一门奇妙好玩的实践课程——品德与心理。在"共创"课堂中,老师给我们讲了关于友谊、亲情、校风、素质、品德和名人的故事。我通过这个课程学会了尊重他人和严于律己,这些品质的重要性不言而喻。"共创课"教会我们要更好地珍惜友谊。此外,学习态度要端正,做到上课认真听讲。

找到合理安排时间的方法,这是很重要的。一个人如果没有时间观念,就等于没有自我。在生活中,我们也要提高胆量,展现自己的勇气与自信。

"共创课"与其他课程不同,课上教学方式丰富多样,例如小组合作、情境教学、寓教于乐等,所以学生更愿意学也更容易懂。"共创"课堂,不仅为我们打开了新的知识世界,还助力我们成长。(7年级学生)

### 案例4

参与了"共创成长路"计划,我的感受颇深。我认为这个课程给我们初一学生的学习、生活带来了极大的影响。课堂上,老师通过分享一些简短的故事来反映生活中关于智力、自信、品格等方面的道理,给我们带来了一些帮助;此外,老师还善于利用多媒体进行教学,使知识点更通俗易懂,这是让我惊喜的一个方面。这门课非常实用。我由衷地感谢"共创成长路"这门课程。除此之外,我真切地希望这门课程能推广到更多学校,让同龄人都能参与。我想把它推荐给身边的人。"共创成长路",我们携手在路上!(7年级学生)

### 案例5

"共创课"教会我们辨别是非,对我们有很大的帮助,并增强了我的自信心。课程的目标很清楚,内容设计得很好,活动安排也很合理。在课堂上,我学到了很多的知识,老师的态度很好,专业水平也很高,我非常喜欢"共创"课堂。(7年级学生)

### 案例 6

我们每次上"共创课"都是快乐的,老师每次讲的都是我们不曾掌握的知识。"共创课"是一门教我们如何做人的课。课堂上大家有说有笑,同学们积极回答问题。如果给我一个讨厌的理由,那只能是课堂时间太短。在课堂上,老师给予我们一片知识的海洋。每次刚进教室,我感觉教室五颜六色的色彩搭配,好看极了,不像其他教室灰沉沉的,气氛都不一样。上课时老师的语言都非常幽默,老师也经常跟我们互动,课堂气氛非常活跃。这门课我想继续参与下去,我相信这会有助于我以后的成长和发展。(7年级学生)

### 案例 7

"共创"课程是一门独一无二的课,课堂内容大多都是关于生活中的事。老师通过分享生活中的事件来揭示一些人生道理,这在生活中对我们有所帮助,能让我们更好地发展。上这门课时,我们能在学中玩,在玩中学,更好地促进学习进步。(7年级学生)

### 案例 8

我对"共创"课堂的感受是,上"共创"课堂让我十分快乐,会让我获得很多知识,同时也让我在快乐中学习。"共创"课堂可以让我们放松,不用在紧张的环境中学习。"共创"课堂里的知识也十分有趣,我非常喜爱"共创"课堂。(7年级学生)

## 案例 9

关于"共创"课程,我的感受是上课方式很有趣、很新颖,上起课来完全没有压力。课堂上,老师一直面带笑容,有时还会讲一些小故事,整个课堂的气氛都是其乐融融的。同学与老师相处融洽,老师上课也是采取寓教于乐的方式。(7年级学生)

## 案例 10

我认为"共创"课堂很有意义,因为老师会讲很多课外知识,会增长我们的学问,促使我们进步。"共创"课堂上大家都有机会发言,这样可以认识其他班的同学。(7年级学生)

## 案例 11

"共创"课堂的老师都非常温柔。上"共创课"后,我学到了很多知识,也学会了认识和管理自己的情绪,更多地了解了不同同学的意见。在小组讨论里大家各抒己见,解决了许多困扰我的问题,我的心情也更加愉悦,与同学们更加了解彼此。我喜欢"共创"课程。(7年级学生)

## 案例 12

我认为"共创"课程是一个结合了多方面的课程,在课堂上,我们可以

在游戏中明白道理。这是一门非常好的课程，能让我们在兴趣中收获知识。我认为这是完美的。（7年级学生）

### 案例 13

"共创"课堂上，老师十分活跃，同学们都十分积极。"共创"课堂可以让我明白许多道理。"共创"课堂的课程设计也很好，各个方面的知识都讲得非常深入，让我逐渐掌握更多的知识。（7年级学生）

### 案例 14

上课时，氛围融洽，同学们都积极勇敢地发言，老师的讲授生动、具体、形象。在课上，我们不仅收获了知识，还无比欢快地在游戏中学习。这样的教育方式、教学方法很受学生喜欢。我认为这种教学方法可以促进师生关系的发展，亦师亦友，让全体同学认识了老师的另一面。上这门课能够让我们劳逸结合，在游戏中成长，在游戏中学习，避免了普通教学的烦闷与枯燥。我认为这种教学方法应该得到推广与发展。（7年级学生）

### 案例 15

通过这个课程，我学到了很多，它对我的帮助也很大。上完几次课后，我开朗了不少，变得更加阳光、自信了。刚刚步入初中时，一切都那么陌生，让我很迷茫也很紧张。这个课程让我渐渐有了希望和目标，也让我学会了如何与新同学相处。课上有趣的游戏进一步拉近了同学之间的距离，加深了同学之间的感情，同时也促进了师生关系的发展。课堂上，老师的讲解生动有趣，同学们也十分积极，上课气氛很活跃，在游戏中学习也并不枯燥。我很喜欢这个课程，希望它的未来会越来越好！（7年级学生）

### 案例16

上过一段时间的"共创成长路"课程后，我有了一定的收获。第一次上这门课时，我很好奇，不知道这是一个怎样的课程，怀着激动的心情，想知道这个课程的目标是什么。我后来才知道，这门课程是在交流中学习，在游戏中学习，在一个轻松的环境下以一种非同寻常的方式学习。老师通过讲故事、玩游戏的方式把一些人生道理告诉我们。这样的方式有助于我们更好地学习，并能高效地掌握知识，让我们在交流沟通中建立联系。这个课程的确给人一种不一样的感觉，这样的课堂环境更利于我们学习和成长。（7年级学生）

### 案例17

"共创成长路"这门课教会了我勇于承担责任，做事要三思而后行，要多考虑后果。上这门课后，我掌握了正确的学习方法，也提高了学习效率，这对我的学习和生活大有帮助。比如在"谈谈我的学习方法"一课中，我们积极发言，相谈融洽，分享各自的学习方法、学习特点、学习技巧和学习上克服的困难，有几次听得我茅塞顿开。现在我用了新的学习方法，学习更轻

松了。"共创成长路"这门课内容很丰富，我希望这门课继续开设下去！（7年级学生）

### 案例 18

"共创成长路"这门课对我来说是一个新的挑战，是前所未有的。它不仅教会我如何学习，更教会我要坚强奋斗，日常生活要自律，要乐观面对生活，勇敢面对困难。在课堂上，老师会用讲故事的方式告诉我们某个人生道理，活泼生动的课堂氛围也让我爱上了"共创"课堂，爱上了学习。同学们在课堂上互相交流，增进了感情，对彼此的影响都十分深刻。"共创成长路"课程使我的性格开朗了起来，我整个人也乐观了不少，从不爱学习转变成了爱学习。每上一次"共创课"，我都会受益颇深，收获满满，同时我也期待着下一次"共创课"的到来。现在，我认为我的学习和生活已经离不开"共创"课程了，它变成了我学习生活中不可分割的一部分。我喜欢"共创"课堂！（7年级学生）

### 案例 19

"共创"课堂让我们了解了更多的知识，虽然时间短暂，但是课上的内容却十分丰富，课堂氛围生动活泼。在课堂上，我们将比较好的内容直接记录下来，课堂中可以玩游戏，可以学习历史知识，老师还教给我们更有意义的内容，比如介绍田家炳、雷锋等人有多么伟大。我非常喜欢"共创"课堂，它不仅能促使我们学习，同样也能让我们开心快乐。我希望下个学期能

安排几节和"共创课"一样的课,这样就可以在玩中学,在学中玩,真是一举两得。(7年级学生)

### 案例 20

我们这个学年上过"学习全攻略""扭曲怪兽屋""思维性格大揭秘""创世纪""在他方的生命""知心人"等几堂"共创课"。其中,我感触最深的一节课是"学习全攻略"。那节"共创课"的目标很清楚,课堂气氛也不错,老师分享了他的学习技巧后,许多同学都受益匪浅,他们也纷纷加入讨论,所有人都十分享受。在那一节课中,同学们有了很多交流,然后,老师鼓励我们分享各自的学习方法与学习心得。每个人都十分投入。这更激励我去做到最好。"把学习当作乐趣是成功的关键",这是我感触最深的一句话。是啊,如果一味地埋头读书,做"书呆子"是没用的。于是,我也上台分享学习经验,这更激发我对学习的兴趣。"共创"课堂不仅要求老师对课程内容有充分准备与掌握,而且还需要学生积极配合。整体而言,我很喜欢"共创课",它让我们学到了课堂之外的内容,让我们有了更多的交流,希望学校能多开设此类课程。(8年级学生)

### 案例 21

"共创"课堂学习总结:老师将课程内容设计得很好,教学活动安排得很有条理,看得出来老师是做了很多准备的。课程进行时氛围很好,同学们都积极参与课堂上的活动,我们都学到了很多方法,方便以后去解决生活和学习上遇到的难题。"共创"课堂通过游戏等方式来激发我们学习的兴趣，使我收获颇多。例如，它强化了我面对逆境的能力，提升了我分辨是非的能力。总而言之，"共创课"促进了我的全面发展，让我能更积极地面对未来的人生道路。（8年级学生）

### 案例22

"共创"课堂扩大了我的知识面，在课堂上，同学和老师之间有了更多的交流，让我学习到了许多化解烦恼的办法。在上课之前，老师会认真备课，PPT上精美的图画和易懂的文字，让我们更容易理解内容、融入课堂。学生当课堂主持人之前，也要做好充足的准备，上台后熟练地主持，带动同学们的积极性，让整个教室充满青春阳光的气息。（8年级学生）

### 案例23

上这个课程很好，里面的内容有助于青少年的健康和成长，还帮助同学们增长知识。有时老师还能分析同学们的心理活动，当某一同学说出某一时间段的心理变化和表现时，老师就会从出发点开始讲，从根本原因和间接原因上层层推导，为同学排解压力。老师讲课也有很强的趣味性，常把学生逗乐，这样做的目的更多是让同学们了解自己。老师上课时也会提出一些小问题，同学们答不上的话老师也会稍加提示。老师讲课的内容丰富有趣，大多数同学都喜欢上这种课程。（8年级学生）

## 案例 24

本学期的"共创课"比上个学期要少很多节。我们第一次上"共创课"的时候,已是7年级下学期了。虽然"共创课"变少了,但我还是蛮珍惜上"共创课"的时光的,从中能得到不少感悟呢!我的收获如下:

1. 增强了我与老师、同学及家人的联系。
2. 增强了我面对逆境的能力。
3. 提高了我与他人相处的能力。
4. 增强了我表达及处理事情的能力。
5. 提高了我抗拒不良影响的能力。
6. 增强了我的自信心。
7. 提升了我对自己的认知。
8. 促进了我的整体成长。
9. 加强了我做出明智抉择的能力。
10. 帮助我积极面对未来,使我对未来生活充满向往。
11. 帮助我将打游戏的时间、精力都用在学习上。
12. 培养我对他人的怜爱之心。
13. 课程目标很明确。(8年级学生)

## 案例 25

"一寸光阴一寸金,寸金难买寸光阴。"时光飞快流逝,转眼间,初一、初二就过去了,在这两年里,陪伴我们的不仅仅只有那八门主课程,还有那带来欢声笑语的"共创"课堂。我们虽然上的"共创课"不多，但却能放下心中沉重的学习负担，轻松愉悦地享受这门课，我觉得这样就够了。更重要的是，"共创成长路"这门课还能让我们轻松地学习，使我们在学校的学习生活不会显得枯燥乏味，我想这也是学校开设这门课的用意吧！学校想让我们在"共创课"里学习更多关于校外世界的知识。最后，我真的很不舍，虽然只是两年的相处时间，但在此时我有太多太多的话想对"共创课"说，谁让我们相遇了呢！相遇和离别是注定的，而我现在该做的不应是因为离别而伤心，而是为我们下一次的相遇而祈祷。谢谢"共创课"，感恩这两年短暂的陪伴，我永远也不会忘记曾经学过的这门课。（8年级学生）

## 案例 26

"共创"，对我来说是一个崭新的词语。在上这门课之前，这是一个闻所未闻的词语，所以，刚听到有"共创课"时，我的心里涌出了许多问题：什么是"共创"？"共创"代表什么？"共创"课堂的上课模式是什么？于是，带着这些问题，我迎来了第一节"共创课"。上课过程中，我的一些疑问得到了解答，同时也体验到了全新的教学模式。在这堂课上，没有平时繁杂的知识，没有平时凝重的上课气氛。在这样的环境中，我不仅放松了心情，也学到了学习的方法、做人的道理、待人处世的原则。"共创课"让我学习了一些平时无法在其他课堂上学到的知识，让我在无形中学到了宝贵的知识，让我变得更善于与人交往，学习效果更好，学习效率更高。好了，该收笔了，学生不才，只总结了这些，但我相信，两年的"共创课"，一定在同学们的心中有了不可替代的位置。我希望"共创课"能帮助更多的学生！（8年级学生）

### 案例 27

我们在第 16 周才第一次上"共创课"。在"共创课"上,我们认真听课,老师叫我们讨论,我们就跟小组的同学一起交流。"共创"课堂上的知识听着都很有趣,我们在课堂上学到了很多知识,有很多人在发言,也有很多人在安静地听老师讲课。(8 年级学生)

### 案例 28

我的看法:课程很好,受益很大,对人生的启迪有很多。

我的收获:亲情、友情。

我的感受:"共创成长路"这门课,不仅增进了师生、同学之间的感情,最重要的是,从中学到的东西可以使自己的灵魂得到升华。在课堂中享受学习的乐趣,是一件再快乐不过的事了。我希望这门课以后还能继续开设下去。(10 年级学生)

### 案例 29

我们上了初中后,除了平常的语文、数学、英语、生物、政治等科目外,又新增了一门课程——"共创成长路"。在"共创课"上,我们被分成六组,每一组互相帮助,互相学习;在"共创"课堂上,我们积极发言,认真学习;课后我们帮助老师打扫教室。我们喜欢"共创"课堂,爱"共创"课堂,希望在以后的高中、大学里也有"共创"课堂。(7 年级学生)

### 案例 30

我们已经上了差不多一年的"共创课"了,"共创课"已经进入了我想象中的完美课程表。"共创课"讲授的不仅是课本知识,这让我完全投入到了课堂中。"共创课"能助力我的身心成长,提升了我与人相处的能力,鼓励我增强与老师、同学及家人的联系,"共创课"对我的帮助是极大的。在小学的时候,我们一直都是学习语文、数学、英语等科目的课本知识,都没有像现在这样帮助我们身心全面成长的课程。之前学的东西都很无趣,渐渐地也会夺走我们对学习的兴趣。到了初中,有了"共创成长路"这样有趣的课程,我对学习又有了期待和兴趣,我渐渐地对所有课程都有了期待,期待这个星期又能学到什么新知识。共同协作树理想,创造机会助飞翔,成长全面能互谅,长进自爱展心窗,路遥奋进要自强。(7年级学生)

### 案例 31

学校的课程设置科学合理。在主科目之外,学校还开设了一门能让我们稍微放松的课,即"共创课",我们从中能学习到其他的知识。我印象较深的一节"共创课"是关于大学里的专业介绍,这对现在这个阶段的我们来说很重要。老师人也很好,上课时不带个人情绪,努力引导我们积极参与课堂活动。我希望"共创课"能继续开设下去。(11年级学生)

第二篇 "共创成长路"田家炳青少年正面成长计划"开花结果"：助益青少年积极发展

### 案例 32

"共创"课堂总有很多不一样的主题，有关心理、未来规划的，还有感情、婚姻之类的。"共创"老师还特别帅。上"共创课"时，我们都比较放松，希望以后还可以参与"共创"课堂。这门课让我们了解更多知识。"共创"课堂轻松有趣。让我印象特别深刻的是，老师让我们通过画画来判断一些东西，具体不细说，但的确让我思考了很多。此外，老师还给我们介绍了大学的专业类别，教我们如何规划未来等。我希望以后能继续上这样的课程，就算我不能再上这门课，也希望它能继续开设下去。（11年级学生）

### 案例 33

高一生活已接近尾声，我们即将迎来崭新的高二生活，这也意味着我们将要告别"共创"课堂。对我而言，"共创"课堂意义重大，它教会了我尊敬师长，教会了我感恩父母，教会了我与同学和睦相处，也教会了我如何从容面对来自生活和学习的压力。老师教我们如何表达自己的情绪。那个时候我与我的舍友发生了一点点矛盾，通过上那一节"共创课"，我明白了很多，于是主动找她和解，我们的问题最终得到了解决。后来，我们有一个活动叫"我的未来我做主"，是关于规划自己未来的一节课。通过这节课，我对自己有了更深的认识，也反省了自己，对未来做出了谨慎的规划。老师还让我们从社会环境、家庭环境和职业环境三个方面对自己进行分析，让我们清楚自己更适合哪一种职业。另外，老师让我们制定自己的计划，我通过分析自己，认识到了自己适合干什么、不适合干什么。在上"共创课"的过程中，老师并不是干巴巴地给我们讲大道理，每节课都会准备与主题相关的视频给我们看，也有游戏环节，这样一来，极大地提高了同学们的积极性。通过"共创课"的学习，我懂得了许多，因此，我觉得每一位同学都应该重视"共创课"。（10年级学生）

## 案例34

我一直都觉得自己是一个足够幸运的人，我有一个幸福的家庭，从小到大，我的身体都很健康。更为重要的是，我获得了田家炳基金会的资助，来到了XXX学校就读。在这所省级重点中学里，我每天都像一只勤劳的小蜜蜂，在老师和同学的帮助下奋斗着，收获很多东西。而给我带来很大影响的，便是由田家炳基金会资助的"共创课"。"共创课"陪伴我度过了高中一年的时光。"共创课"给了我鼓励和安慰，也教给了我很多以前根本就不在意的东西，比如做人要有自信和梦想。刚开始的高中生活，由于我没有很好地适应学习环境，成绩曾倒退得一塌糊涂，一次也就罢了，关键是连续两三次的不如意曾令我一度对自己感到失望。幸好，总还有爱我的人，我们的"共创"老师专门为我们准备了关于学业的课题，他认真耐心地开导了我们。从那以后，我认识到只要坚持，总还会有挽回的余地。后来，我也慢慢有了进步，并且一直在进步，这一切都源于"共创课"对我的启发和鼓励。眨眼间，高一这一学年也要结束了，陪伴了我们一年的"共创"课程也将结束了，很不舍，但总要面对。不过，"共创课"带给我的东西已经成为我生命中的一部分，我会带着它走遍人生的每一个角落。（10年级学生）

## 案例 35

通过一学期的"共创"课堂学习,我喜欢上了"共创"课堂。在课堂上,老师向我们分享了许多激励我们前进的小故事和小视频,让我们懂得应该做什么。例如《不奋斗,你要青春干什么》这篇小文章,让我改变了学习态度,坚定信念以学习作为强有力的武器,通过学习来提升人生的价值,向着梦想一点点前进。我坚信通过不断努力,一定可以摘下梦想这颗星星。"共创"课堂不仅激励我们,也让我们学会与朋友交往、团结协作。在"共创"课堂上,老师让我们小组合作,任务是让一张纸飘在空中三秒以上。完成这个任务后,我们懂得了朋友之间应该团结合作。我希望以后可以多上"共创课"。(7年级学生)

## 案例 36

自从学校开设"共创课"以来,我就非常喜欢此课程。老师对待事物有独到的见解,总能使我们豁然开朗,也让我们的眼界更加开阔。无论是情绪管理、性格、思维方式,还是学习态度,我们都有了很大改变,这为我们的成长之路开通了新航道。"共创"课堂,也激励着我们学习、前进,它总能让我学到很多,收获很多!"共创"课堂,也提高了我上课的积极性。其中的"你拖延吗""情绪的作用"等课程都让我检视到了自己的不足,并做出了改变。老师对于许多问题,都有独到的见解,使人听了恍然大悟,从而让我在迷惘之时找到方向。"共创"课堂让我收获了很多,也激励着我不断进步,加油!(7年级学生)

## 案例 37

"共创"课堂让我们开阔了视野,了解了许多名人的成长之路,有些事例让我们受益终身。通过"共创"课堂,我们的品格得到了涵养,我们的情感更加丰富,我们的学校生活也更加绚丽多彩。"共创"课堂上分享文章的环节也极其重要,有些感人的事件给了我们学习的动力,培养我们人际交往的能力,促使我们思维更加活跃,身心得到发展。(7年级学生)

## 案例 38

"共创成长路"课程感想:在进入初一后,除了新增加的各种课程外,我们还增加了一门我从未听说过的全新课程——"共创课"。初次接触"共创课"时,我还是有些陌生,等到上了第一节课后才慢慢地熟悉起来。"共创"课堂本身的实验性和操作性较强,并且是以体验式为主的,能让我们在体验中得到启发,而不是一味枯燥地说教。这种启发式的学习方法更容易受到学生的喜欢,教育的效果也会更好,我认为这是一个十分有意义的课程。在这个学期的"共创课"中,我们学习了很多内容,其中一节课的主题是"为什么要学习"。课堂上,老师向我们提出了一个问题:"为什么要学习?"对于这个问题,我们班内也开展了一系列的讨论。最后,老师也给出了他心目中的答案:"为了能有说走就走的底气。"(7年级学生)

## 案例39

在我看来,"共创课"是一门不同于其他科目的课程,虽然一个星期只有一节课,但我已经很满足了。上课时同学们积极讨论着各种问题,而这些问题比其他学科更加烧脑,但我们都积极讨论,宁愿死一堆脑细胞也要解决各类问题。老师先是提出"什么是学习?""为什么要学习?"这类问题,然后让我们去讨论。同学们各有各的说法,但我们的理解都不完全正确,场面有些混乱,这时老师出马,最后经过老师的讲解,我们才真正意识到原来学习是如此的重要,就连总是自以为是的我也自觉惭愧。这门课对我们真的很有用。(7年级学生)

## 案例40

本学期一周一次的"共创课"结束了,我感觉我在"共创"课堂中学到了很多东西,重要的是让我懂得了一些人生道理,培养了一些优良品德。比如,我们需要有足够强的自制力,要学会控制自己的情绪和行为。我还懂得了我们要合理安排时间,要多加利用好时间。"共创"课堂让我学会的这些东西,我认为是很有益的。(7年级学生)

## 案例41

我觉得学校这次开展的"共创"课程对我们中学生非常有利,既让我们学到一些可贵的品质,又能让我们融入集体、寻找快乐、愉悦身心、减轻学习所带来的压力，这些优点让我们逐渐喜欢上了"共创"课程，并且期盼能够继续上"共创课"。"共创"课堂符合国家的教育理念，宗旨是发展学生素质，培养德行良好的新一代青年人。"共创"课堂的任课老师都准备了相关的PPT，图文并茂，有时还有一些小短片，这些设计会使我们集中注意力，丰富了我们的课堂内容。学生和老师一起参与课堂活动，增进了师生之间的关系，课堂气氛也十分活跃。总而言之，"共创"课堂是我们校园生活中不可缺少的一部分，能让我们放松，让学习不再枯燥乏味，使我们的德智体美劳全面发展。有了这些必要的基础，我们的中国梦看起来也不再遥远。（7年级学生）

### 案例 42

每次上"共创课"，同学们都能学到不少的知识，也可以明白别人的善心，我觉得这个课程开展得非常好，课堂气氛也很活跃。在这里，学生也可以表达自己想要说的话，还可以促进师生之间的交流，而且还有很多小游戏，可以让同学们很放松。我希望"共创"课堂陪伴我们的时间能够长久一些。（7年级学生）

### 案例 43

"共创"课程是初中的新课，只不过不需要考试。"共创课"带给我新鲜感，让我产生好奇心。我心中总是带着疑惑：什么是"共创"课堂？"共创"是干什么的？这门课想让我明白一个什么样的道理？关于"共创成长路"的含义，我认为是让我学会与同学互相合作、互相帮助、共同学习。"共创课"让我融入课堂，并且对学习产生了浓厚的兴趣。我们上课的气氛非常活跃，没有过多的约束，老师让我们自由发挥，增强了我们的创造力和想象力。"共创"课堂让我在学中玩，又在玩中学，两者结合，具有很大的吸引力，使人如痴如醉。（7年级学生）

## 参考文献

BASCH C E, 2011. Healthier students are better learners: a missing link in school reforms to close the achievement gap[J]. Journal of school health, 81(10): 593-598. DOI:10.1111/j.1746-1561.2011.00632.x.

BENNER A D, GRAHAM S, MISTRY R S, 2008. Discerning direct and mediated effects of ecological structures and processes on adolescents' educational outcomes[J]. Developmental psychology, 44(3): 840-854. DOI:10.1037/0012-1649.44.3.840.

BREW E A, NKETIAH B, KORANTENG R, 2021. A literature review of academic performance, an insight into factors and their influences on academic outcomes of students at senior high school[J]. Open access library journal, 8: e7423. DOI:10.4236/oalib.1107423.

BRUNER M W, MCLAREN C D, SUTECLIFFE J T, et al., 2021. The effect of sport-based interventions on positive youth development: a systematic review and meta-analysis[J]. International review of sport and exercise psychology, 16(1): 368-395. DOI:10.1080/1750984X.2021.1875496.

CHI X, LIU X, HUANG Q, et al., 2020. Depressive symptoms among junior high school students in southern China: prevalence, changes, and psychosocial correlates[J]. Journal of affective disorders, 274: 1191-1200. DOI:10.1016/j.jad.2020.05.034.

CONTE E, CAVIONI V, ORNAGHI V, et al., 2023. Supporting preschooler's mental health and academic learning through the PROMEHS program: a training study[J]. Children, 10(6): 1070. DOI:10.3390/children10061070.

DEMIRTAS-ZORBAZ S, ERGENE T, 2019. School adjustment of first-grade primary school students: effects of family involvement, externalizing behavior, teacher and peer relations[J]. Children and youth services review, 101: 307-316. DOI:10.1016/j.childyouth.2019.04.019.

DI LORENZO R, VENTURELLI G, SPIGA G, et al., 2019. Emotional intelligence, empathy and alexithymia: a cross-sectional survey on emotional competence in a group of nursing students[J]. Acta biomed for health professions, 90(4-s): 32-43. DOI:10.23750/abm.v90i4-S.8273.

DURLAK J A, TAYLOR R D, KAWASHIMA K, et al., 2007. Effects of positive youth development programs on school, family, and community systems[J]. American journal of community psychology, 39(3-4): 269-286. DOI:10.1007/s10464-007-9112-5.

FRASER-THOMAS J, COTE J, 2009. Understanding adolescents' positive and negative developmental experiences in sport[J]. The sport psychologist, 23(1): 3-23. DOI:10.1123/tsp.23.1.3.

GAN X, WANG P, XIANG G, et al., 2023. Positive youth development attributes and cyberbullying victimisation among Chinese middle school students: a longitudinal moderated mediation model involving internet gaming disorder and depression[J].

PLOS ONE, 18(6): e0287729. DOI:10.1371/journal.pone.0287729.

HOLT N L, NEELY K C, SLATER L G, et al., 2017. A grounded theory of positive youth development through sport based on result from a qualitative meta-study[J]. International review of sport and exercise psychology, 10(1): 1-49. DOI:10.1080/1750984X.2016.1180704.

NEELY K C, HOLT N L, 2014. Parents' perspectives on the benefits of sport participation for young children[J]. The sport psychologist, 28(3): 255-268. DOI:10.1123/tsp.2013-0094.

PATALAY P, O'NEILL E, DEIGHTON J, et al., 2020. School characteristics and children's mental health: a linked survey-administrative data study[J]. Preventive medicine, 141: 106292. DOI:10.1016/j.ypmed.2020.106292.

ROMER D, HANSEN D, 2021. Positive youth development in education[M]//KERN M L, WEHMEYER M L. The palgrave handbook of positive education. Cham: Palgrave Macmillan: 75-108.

SANTANA C C A, AZEVEDO L B, CATTUZZO M T, et al., 2017. Physical fitness and academic performance in youth: a systematic review[J]. Scandinavian journal of medicine & science in sports, 27(6): 579-603. DOI:10.1111/sms.12773.

SANTOS A C, SIMOES C, MELO M H S, et al., 2023. A systematic review of the association between social and emotional competencies and student engagement in youth[J]. Educational research review, 39: 100535. DOI:10.1016/j.edurev.2023.100535.

SHEK D T L, CHAI W, 2020. The impact of positive youth development attributes and life satisfaction on academic well-being: a longitudinal mediation study[J]. Frontiers in psychology, 11:2126. DOI:10.3389/fpsyg.2020.02126.

SHEK D T L, DOU D, ZHU X, et al., 2022a. Benefits of a positive youth development program for students in China's mainland: Tin Ka Ping P.A.T.H.S. project[J]. International journal of child and adolescent health, 15(3): 215-228.

SHEK D T L, DOU D, ZHU X, et al., 2022b. Benefits of a positive youth development program (Tin Ka Ping P.A.T.H.S. project) for program implementers: a qualitative study[J]. International journal of child and adolescent health, 15(3): 229-243.

SHEK D T L, LEE T Y, MA L K, 2018a. Subjective outcome evaluation of the Tin Ka Ping P.A.T.H.S. project in China: views of the students[J]. International public health journal, 10(1): 71-79.

SHEK D T L, LIN L, 2017. Project P.A.T.H.S. for adolescents with greater psychosocial needs: evaluation based on the program implementers[J]. International journal of child and adolescent health, 10(2): 153-163.

SHEK D T L, WU F K Y, 2016. The influence of positive youth development and family functioning on adolescent academic adjustment in families with parental divorce or separation[J]. International journal on disability and human development, 15(4): 443-453. DOI:10.1515/ijdhd-2017-5011.

SHEK D T L, ZHU X, LEUNG J T Y, 2018b. Evaluation findings of Tin Ka Ping P.A.T.H.S. project implemented in junior secondary schools: implementers' views[J]. International journal of child and adolescent health, 11(1): 99-108.

SHEK D T L, ZHU X, LEUNG J T Y, et al., 2019. Evaluation of the project P.A.T.H.S. in China's mainland: findings based on student diaries[J]. Research on social work practice, 29(4): 410-419. DOI:10.1177/1049731517745994.

VAN RYZIN M J, GRAVELY A A, ROSETH C J, 2009. Autonomy, belongingness, and engagement in school as contributors to adolescent psychological well-being[J]. Journal of youth and adolescence, 38: 1-12. DOI:10.1007/s10964-007-9257-4.

WANG M, WALKINGTON C, ROUSE A, 2022. A meta-analysis on the effects of problem-posing in mathematics education on performance and dispositions[J]. Investigations in mathematics learning, 14(4): 265-287. DOI:10.1080/19477503.2022.2105104.

WATERS S, CROSS D, SHAW T, 2010. Does the nature of schools matter? An exploration of selected school ecology factors on adolescent perceptions of school connectedness[J]. British journal of educational psychology, 80(3): 381-402. DOI:10.1348/000709909X484479.

ZHU X, SHEK D T L, 2020. Impact of a positive youth development program on junior high school students in China's mainland: a pioneer study[J]. Children and youth service review, 114: 105022. DOI:10.1016/j.childyouth.2020.105022.

# 5

## 助益家庭关系、亲子关系及家庭功能

◎罗绮雯　石丹理　龚梓仟　张婷丹

家庭对于每个人的成长都十分重要，家庭功能及家人间的互动关系在每个家庭成员的精神健康中更是扮演着举足轻重的角色。

学者Bronfenbrenner（2000）提出的"家庭生态系统理论（Ecological System Theory）"，强调了家庭对于青少年发展的重要性。家庭是儿童及青少年最早接触和互动最频繁的环境，也是他们学习社会规则和树立正确价值观的重要场所。家庭成员的行为模式、价值观念，以及他们之间的互动方式，都会对青少年的心理、社会和情感发展产生重大而深远的影响。亲密及正面的家庭关系可以让家庭成员在面对外来压力时将其转化为强大的支持力量，从而帮助家庭成员积极地面对问题。

以往研究证实，家庭关系在一定程度上塑造了青少年的社会互动模式及人际关系技巧，并对青少年的心理健康和社会适应性有着深远的影响（Keliat et al., 2019; Peterson, 2005）。在一个和谐的家庭环境中，父母的支持可以帮助孩子建立自尊（James et al., 2003），同时建立克服生活困难的自我效能感（Olatunji et al., 2020）。良好的沟通及亲子关系也可以帮助青少年增强自信，建立正面的身份认同，有助于青少年习得如何处理人际关系和解决问题的能力（Nakhaee et al., 2017）。然而，在家庭关系紧张或经常发生冲突的环境下，青少年的不安感、心理和行为问题都会增加（Cummings et al., 2015; Forman and Davies, 2003），长期下来，他们的心理健康和学业成绩会受到负面影响。此外，亲子关系对青少年的发展同样至关重要。良好的亲子关系可以帮助青少年建立安全感，提高他们的社会和情感技能，促进他们的认知发展（Grusec, 2011）。具体而言，父母的理解和鼓励可以帮助青少年更好地应对青春期的挑战，如身体变化、社交压力和学业压力等。Oliva 等人（2009）研究发现，父母与青少年的良好关系可以帮助青少年免受来自生活中压力事件的负面影响，更积极地面对负面情绪及压力，使他们更倾向于深入地表达情绪而非内化，从而避免了更多心理问题的出现。

在青少年发展的研究中，正面的青少年发展属性和家庭功能被视为两个重要的衡量标准（Shek, 2016）。正面的青少年发展属性被视为衡量个人幸福的标准，而家庭功能则被视为衡量家庭生活质量的指标（Shek, 2016）。家庭功能的强弱会影响到家庭成员的幸福感和生活质量，并且家庭功能也对青少年的发展有着重要影响。一个功能良好的家庭可以提供必要的物质和情感支持，帮助青少年成功地完成学业，发展必要的生活技能，促进其心理健康发展，减少行为问题（Shek, 1997）。

青少年正面成长项目（Positive Youth Development Program）是一种旨在帮助青少年发展技能，提高自我效能感、自我身份认同和自尊心的项目。这些项目通常包括教育、社区服务、体育活动和领导力培训等。通过参与这些项目，青少年可以获得新的经验，学习新的技能，从而增强他们的自信和提高生活满意度（Curran and Wexler, 2017; Zhou et al., 2020）。这些项目不仅可以促进青少年的个人发展，也可以改变父母和孩子之间的互动模式，改善亲子关系，有助于建立更和谐、功能更良好的家庭环境。

青少年正面成长项目在促进家庭关系、亲子关系和家庭功能方面具有显著的有效性（Durlak et al., 2007）。这些项目提供了一个平台，让家庭成员可以共同参与活动，共享经验和感受，增进理解和尊重。例如，家长可以参与孩子的社区服务项目，或者与孩子一起参加社区组织的活动，这样的共享经验可以增强亲子关系，健全家庭功能。

在中国，"共创成长路"项目是被广泛应用的青少年正面成长项目。该项目结合 15 个青少年正面成长的构念，并通过一系列的活动和课程，帮助青少年培养积极的个人品质，如责任感、同情心、社交能力等。研究结果显示，参与"共创成长路"项目的青少年在个人发展方面表现出了显著的进步（Zhu and Shek, 2021）。除此之外，通过参与"共创成长路"项目，青少年和家庭成员可以共同学习、共同成长，从而增强家庭关系，提高家庭功能。通过研究多个学年学生参与"共创成长路"项目的日记，研究者发现，参与该项目的学生在个人、人际、家庭关系和社会适应等方面的能力都有显著的提升，这表明该项目对改善家庭关系产生了积极的影响（Shek, 2010; Shek et al., 2019; Shek and Sun, 2012）。其他研究也表明，提升正面青少年发展属性可以改善家庭关系。例如，有研究显示情绪智力与家庭功能（family functioning）存在显著的正相关关系（Ghanawat et al., 2016）。

许多学生在日记中表达了他们在课程中如何学习与父母进行有效沟通的经验，如一位学生写道："通过这节课，我学到了许多，知道了如何与父母进行良好的沟通，要理解父母的用心良苦，要时时刻刻想着父母……"此外，学生也学会了换位思考，更能理解和体谅父母的难处和良苦用心："我们更应该去体谅他们，体会他们的感受，不要老是跟他们顶嘴。我们常常说父母不懂得孩子的世界，可实际上我们又何尝体会过父母的心呢？"

在行为上，学生也有了显著的改变。例如，一名学生在日记里写道："还没踏入中学之前，我每天都非常晚回家，爸妈总是说我，我很不理解。上了这节'共创课'后，我明白了很多。尽管我现在有时会犯错，但比之前要好很多。"另外一名学生也分享了他的转变："以前的我很是叛逆，不明白老师、父母的良苦用心，上了一次'共创课'后，我明白了父母的辛劳，开始主动和父母沟通。"有一名学生分享了他课后的巨大改变："在此之前，我和父母的关系特别不好，每天都是冷眼相对且总是吵架，这使原本开朗的我变得孤僻。但有一次，上了一节关于与父母交流的课，我发现我真的没有一次和父母真心交流过，因此，他们不理解我的想法。后来，我与父母认真交流了一次，我知道了他们总和我吵架的原因，我也和他们说了我的想法以及他们的不足。那天，我第一次感觉到，原来我的父母这么好相处。从那以后，我经常与父母交流，我和父母的关系也越来越好了。"

总的来说，"共创成长路"田家炳青少年正面成长计划（TKP P.A.T.H.S.）在促进家庭关系和谐和增强家庭功能方面具有显著的效果。这个计划可以帮助青少年和家庭成员建立积极的互动模式，增强彼此的理解和尊重，从而提高家庭的整体幸福感。大量参与过该计划的青少年表示，该计划让他们学会了如何和父母沟通，增进了他们与父母的交流和感情，他们对父母的言语行为有了更多的体谅，亲子关系的质量有所提升。在本章中，我们选取了一些学生的日记，这些日记生动地反映了参与者如何看待和感受到"共创成长路"田家炳青少年正面成长计划（TKP P.A.T.H.S.）在促进家庭关系方面的积极作用。

### 案例1

自从参与"共创成长路"这门课以来,我学会了如何与同学交流、与父母沟通。这一课程让我学会了遇到挫折时要怎样面对,不屈服于挫折,不向挫折低头;同时也让我跟同学们之间的友谊变得更加深厚,让我感受到了集体的力量有多么伟大。"共创成长路"这门课不仅加深了我对自己的认识,更增强了我积极面对未来的能力!"共创成长路",几个简简单单的字,却承载着更多的爱、更多的机会、更好的未来!让我看到了更好的明天!非常感谢"共创成长路"这一课程!之前不懂事的我很容易因为妈妈的唠叨而跟她吵架,自从上了"共创课"后,增进了我与妈妈的感情,让我意识到妈妈的唠叨是为了我好!(7年级学生)

### 案例2

我上过六节"共创课",感悟颇深。在这短短的六节课中,我学到了许多,也懂得许多。在"我值得赞赏"这节课中,我也真正重新认识了自己,其实每一个人都有许多优点,只不过自己本身没有发觉而已。在"谅解父母心"这节课中,我也深刻懂得其实父母平时责骂我们,是情有可原的,只不过我们不听他们的话,父母都会有几分恨铁不成钢的感觉,似乎天下的父母都望子成龙,望女成凤,他们之所以责骂我们,其实也是因为爱我们,我们更应该去体谅他们,体会他们的感受,不要老是跟他们顶嘴。我们常常说父母不懂得孩子的世界，可实际上我们又何尝体会过父母的心呢？

我印象最深刻的是，当初从香港来的那些哥哥姐姐们给我们上的"共创课"，因为人数有限制，每个班只能有20个学生可以参加，我有幸被老师选中去参加。这节课的主题是"团结的力量"，课上我们玩了好几个游戏，最让我印象深刻的是搭高台和二人三足。搭高台就是说我们要想方设法利用报纸、胶布和剪刀等可利用的工具，搭成一个塔，搭的高台要超过它所限制的高度，并且要屹立三秒不倒方可过关。那时，我们相互合作，有人在想方法，有人在递剪刀，有人在折报纸，历经千辛万苦，搭的塔终于超过了限制高度并屹立三秒不倒。成功那一刻，我们都开心地欢呼起来。二人三足，需要我们把绳子绑在脚上，两两相接，之后要共同走过指定地点，并走回原位。我们小组非常有默契，不一会儿就走完了，完成任务的那一刻，开心的笑声围绕在四周。

我非常喜欢"共创课"，它让我懂得许多，也学会许多。"情绪的管理"这节课使我有了一个更明确的目标，"网上情缘"这节课也让我知晓不要随意在网上交友……我希望"共创课"能够继续开设下去。（7年级学生）

## 案例3

在我们上过的"共创课"中，我对"谅解父母心"这个活动感触最深。

这个活动主要教我们理解父母的良苦用心，体谅父母。首先，老师让同学们在黑板上写自己的父母在生气时常说的话，同学们轮流上去写了许许多多的话语，从中可以看出同学们还没有真正理解父母，我也一样。

课上，同学们十分积极，想要跟大家分享自己在家里受的委屈，想让同学们给予他最好的帮助。其中，有一位同学说道："我的父母在家经常让我写很多家庭作业，一写就写到很晚，还责骂我。"其实，我们现在有这样好的成绩，还不是因为父母对我们严格要求，想让我们变优秀。正当同学们都在诉苦时，老师站了出来，语重心长地告诉我们："孩子们，你们长大了，应该学会为父母着想，更不应该埋怨自己的父母。父母对你们要求严格，就是为了让你们以后的生活能过得好。父母辛辛苦苦把我们养大，还要受我们的气，你们说我们是不是应该理解父母？"同学们深受感触，低下头，思考了许多……

通过这节课，我学到了许多，知道了如何与父母进行良好的沟通，要理解父母的用心良苦，要时时刻刻想着父母，用自己的行动践行对父母的体谅！"共创课"是一个很好、很励志的课程，我希望学校一直开设，我也相信同学们会深受感触，并且越来越喜欢这个课程！（7年级学生）

### 案例4

"共创课"是我最爱的课程，通过它，我学到了许多对我有益的东西，也觉得特别有趣。自从上了初中，懵懂无知的我接触了"共创课"。其中有一节课名为"理解父母心"，在这节课上我知道了爸妈的良苦用心。还没踏入中学之前，我每天都非常晚回家，爸妈总是说我，我很不理解。上了这节"共创课"后，我明白了很多。尽管我现在有时会犯错，但比之前要好很多。在有趣的"共创课"里，我们一起交流，分享更多重要的知识，在小游戏中领悟大道理。在上了"我值得赞赏"这一节课后，我发现自己竟然也有这么多的优点，我很开心，回家与父母交谈，感觉棒极了。在"天生我才"这课中，我明白了团结的力量，有些小组能让一张纸在半空中飞很久，有些小组却不能。后来老师让成功的小组说出方法，他们自信地说："成功的方法就是小组成员互相配合。"之后老师讲解了原因，我大有感悟。

在"共创课"里能学到很多东西，所以我喜欢"共创课"！（7 年级学生）

## 案例 5

我觉得，"共创课"给我带来了快乐的同时也教会了我很多人生道理。

要孝顺父母这个道理，我在上"共创课"前从未真正意识到。我平常对父母充满着叛逆心理，对爸爸说的话，我总是故意反着做，做错了事也不说"对不起"，甚至还和爸爸吵了起来。我曾无数次想，为什么我会变成这样？当年那个孝顺的女孩去哪里了？

当我上了"共创课"以后才明白，父母有多不容易。"共创课"在我成长的过程中给我带来了很多的帮助，通过它我明白了很多道理，我也渐渐成长。每一次的"共创课"，都让我收获了不少的知识，让我学会"己所不欲，勿施于人""百善孝为先"，更使我明白了要学会换位思考，每个人都有缺点和不足，而我们需要做的是学习别人的优点，"择其善者而从之"。（7 年级学生）

## 案例 6

在上"共创课"前，我是一个郁郁寡欢、不与同学交流的人，不懂得生命的价值，拿生命当儿戏，不懂得尊敬长辈，不懂得如何孝敬父母。上了

"共创课"后，我变得活泼、开朗、有趣、幽默，知道与同学交流的重要性，懂得珍惜生命。我忏悔曾徒手扼杀那些微小的生命。

我懂得如何尊敬长辈，懂得如何孝敬父母，知道百善孝为先。说了这么多，我就拿实际行动来表达吧！

在父母洗脚时帮他们端洗脚水；在他们吃饭时，懂得帮他们盛饭；在他们洗锅时，懂得帮他们洗碗。

在"共创"课堂上，我看到了一些吸引我的句子，这些充满哲理的句子让我对"共创"课堂产生兴趣，让我感受到兴趣的可贵，让我懂得面对困难时要冷静。

"共创课"上的气氛活跃，让我沉迷于其中，我也喜欢我们的"共创"教室。（7年级学生）

## 案例7

第一次走进"共创"教室，我的第一感觉就是新鲜。新颖的教室、课桌、板凳、黑板报，吸引我的眼球。

"共创课"可以让一些自卑、腼腆的同学展现出开朗的一面，也能帮助同学们舒缓心情。"共创"课堂的教学方法，让我觉得温暖；"共创"教室让我有家的感觉，我觉得很温馨。以前的我很是叛逆，不明白老师、父母的良苦用心，上了一次"共创课"后，我明白了父母的辛劳，开始主动和父母沟通。"共创课"教会了我们共同协作更能获得成功。

"共创课"教我们用正确的方式打开心灵之窗，是我人生的航标。（7年级学生）

### 案例 8

虽说"共创课"并不是一门主课，但我却最喜欢它，原因是上完"共创课"后心情十分愉悦，即便心情不好也可以立即变得开朗许多。

"共创课"给我带来了欢乐，还让我明白了很多人生道理。在此之前，我和父母的关系特别不好，每天都是冷眼相对且总是吵架，这使原本开朗的我变得孤僻。但有一次，上了一节关于与父母交流的课，我发现我真的没有一次和父母真心交流过，因此，他们不理解我的想法。后来，我与父母认真交流了一次，我知道了他们总和我吵架的原因，我也和他们说了我的想法以及他们的不足。那天，我第一次感觉到，原来我的父母这么好相处。从那以后，我经常与父母交流，我和父母的关系也越来越好了。

我真的喜欢"共创课"，因为它给我带来了很多很多，非常感谢"共创课"。（7年级学生）

### 案例 9

让我们参与"共创成长路"这门课吧，成长之路我们一起走。我的计划是：一要好好学习，努力向上，成为国家栋梁；二要学会长大，在家里多帮爸爸妈妈的忙，多做家务，成为小大人，好好保护他们，让他们知道我不再是一个小孩；三是懂得体贴照顾人，因为爸爸妈妈每天上下班都很辛苦，但他们也没说什么，还无微不至地关心我。记得有一次我过生日的时候，我爸因为我喜欢吃西红柿炒鸡蛋，但家里没有西红柿，他大晚上还去给我买，所以我想学会照顾人。（7年级学生）

### 案例 10

成长的路，总有艰辛和辛酸，但是只要我们心情开朗，困难总会过去，之后就只有幸福和快乐。有一句话说："没有过不去的坎。"

原先我心里一直有个疑问，直到上了"共创"老师的课，我才解开了这个疑问。面对家长发怒的问题，我该怎样做呢？我是和她对着干吗？原先我一直都是这样对待问题的，可是我发现我错了，我不应该和家人对着干，应该听听父母对我的意见，并加以改正。老师，您让我明白了怎样做好一个女儿，怎样对待家人。课堂上我一直聆听着您说的话，我知道了应该怎样对待家人的意见，我应该慢慢改正自己不好的行为。我想告诉大家，不要伤害家人，因为他们总是为你着想。（7年级学生）

### 案例 11

我印象最深的一节"共创课"是"独立难'知'"。在那一节课上，我理解了父母以前那些让我不能理解的做法，明白了父母的不善言辞却爱在心中。我给父亲写了一封很长很长的信，用书信的方式把我十三年里所有藏在心中的话告诉了父亲。我写着写着就突然发现那些话是我心里最不可触碰的不堪，一碰便会落泪，很感谢也很开心有"共创课"这个机会让我可以表达，告诉父亲我的难过不堪和我有多爱他。感谢"共创课"，让我可以表现出最真实的自己，可以处理很多我很难处理的人际关系，可以让我找到什么才是自己。感谢田家炳中学，感谢我的老师，感谢"共创课"。（8年级学生）

## 案例 12

当我看到桌面上零散的成长拼图时，我便回忆起从前的美好时光，因为今天这节课是这学年最后一节"共创课"了。"共创课"使我们开心，放松，我们在开心的环境中既可以学习到东西，又十分愿意去学习。2016—2017学年的"共创"课程，让我明白了只要自己想去做并且努力去做，目标就不会实现不了。在"共创课"中没能大胆地表现自己，我为之感到遗憾。令我印象最深的一节"共创课"是"知心人"，因为在现实生活中能够真正懂你的人并不多，正所谓"知音难觅"，所以我希望以后会有真正理解我的人，"寻寻觅觅，会寻到你"。"共创课"让我感受到自己的变化，让我从不理解父母到体谅父母，明白他们那么做都是为了我。我还把我写给父母的书信贴在日记上，我想永远记得那份美好。所以我感谢"共创课"，不仅感谢这门课让我们开心，更感谢它让我明白了许多人生道理。我希望这种类型的课程继续发扬光大，让更多人感受到这种开心，明白这些道理。想到要离开你许久，我的心情就久久不能平复。"共创课"，I miss you！（8年级学生）

## 案例 13

"共创课"在我心中，并不仅仅是一门课那么简单，它让我收获了精神财富，伴我成长。

还记得在那次课上，班里举行了"共创"活动——"孝亲敬老"，等到每个小组的参赛选手都在台上演讲完，许多同学都流下了感动的眼泪。尤其是在课堂末尾，全班同学一起合唱《父亲》这首歌时，被歌词感动到流泪的人更多了。是啊!"总是向你索取,却不曾说谢谢你,直到长大以后,才懂得你不容易。"

我想,我们不要等到长大成人时才想起父母的辛劳,应该从现在开始就学会体贴父母,与父母"共创"成长,才不会在成长路上留下遗憾。(8年级学生)

### 案例 14

这门课对我来说很有用处,我觉得它可以帮我们解决平时生活中一些看似小实则很大的问题。

平时,我们太过任性,总认为父母的爱是取之不尽的,总认为他们对我们的付出是理所应当的,总认为我们是他们的最爱,就应当得到所有的呵护。

可是,我们错了,大错特错,我们是他们养育的,我们的全部生命、幸福都来自他们。

我们究竟有什么资格去忤逆、去放纵,甚至去伤他们的心呢?

曾经的我也是如此,总听不懂、不明白他们严厉背后的温柔。可通过这门课,我似乎明白了一些道理:与人相处,必须诚心诚意,善于和对方沟通,读懂对方的言外之意,不能光凭感觉做事。(8年级学生)

### 案例 15

从初一开始上"共创课"以来,我感觉"共创课"相对于其他科目来说很轻松,课上想说什么就说什么,大家可以畅所欲言,在快乐中学到知识。

"共创课"可以让我们反省自己，认识到自己的不足之处，并改掉坏习惯。进入青春期后，我经常向爸爸妈妈发脾气，我明显感觉到自己发脾气的次数变多了。上了"共创课"后，我学会了如何控制自己的脾气，知道怎样与父母沟通，我开始对爸爸妈妈敞开心扉，我和爸爸妈妈的关系更加亲密了。通过这个课程，我比以前更自信了，上课回答问题的声音变大了，也有了更多的好朋友，自己也比以前成长了很多。

我还学会了关心他人，关爱小动物；增强了班级责任感、荣誉感；和同学在一起更加团结，积极地帮助他人。

"共创课"让我的各个方面都有所改变，也让我看到了自己不一样的一面。如果将来有机会，我一定会再次参加这类课程。（8年级学生）

## 案例 16

我在"共创课"的课堂上收获了很多知识，"共创课"让我受益匪浅。

我很快就要上初三了，马上就没有"共创课"了，我很失落。"共创课"的内容都是关于我们的生活的，主要是让我们在生活中可以知道如何交友，如何与父母交谈等。

在课堂上，我最大的收获就是学会如何与父母交谈。平时我在家里经常耍小脾气，不听话。但是自从上了"共创课"后，我知道父母努力工作都是为了我，所以我应该努力学习并报答他们。

"共创课"让我明白了人与人之间要交流才能收获更多。（8年级学生）

## 案例 17

"共创课"在我的心里,并不是一门课那么简单。在"共创"课堂上,我感受到了温暖,"共创课"的光芒伴我成长。你不经意地来到我的生活里,让我收获了精神财富。你只是我初中的一门课,却让我很快乐,这将成为我永恒的记忆。

在"共同协作的力量"这节课上,我们学会了团结协作。我们需要完成一个小游戏,了解游戏规则后,我们觉得很简单,所以刚开始我们一个个都不在意,但都完成不了。最后,我们统一听指挥,才成功地完成了任务,那时每个人都露出了阳光般的笑脸。

在"批评的话让我们自由飞向天空"这节"共创课"上,我学会了体谅父母、理解父母,父母才是我能拥抱的温暖臂膀,然而最怕"子欲养而亲不待",因此孝顺不能等待!这些话语虽然平淡,有些乏味,但这正是我们不懂父母心的孩子最应该说出口的。

在"我愿意"这节课上,老师说假如我们的生命只有三个月时间,我们会选择怎样度过呢?有些同学说会先看家人,陪伴家人,给家人买好吃的。我想,一旦我决定了,无论怎么样、做什么,我都不害怕,更不会后悔!有愿望就去行动,成长是快乐的过程,但有时也会悲伤,这才是人生的真谛。

(8年级学生)

## 案例 18

对于我而言,"共创课"就是一门全新的体验课。经历十多年传统课堂教育的我，对这种全新模式的课堂充满了好奇。我满怀着好奇心，第一次走进这个教室时，内心是万分激动的，就像一个刚出生的婴儿对外面的世界充满了无限的好奇和探索的欲望。关于第一堂"共创课"的内容，我依旧历历在目，仿佛事情就发生在上一秒。这一堂课，老师给我们讲了家庭成员的日常交流、常见的矛盾及解决方法。其实，此时的我们处于青春期、叛逆期，与父母之间的矛盾尤为突出，这是因为我们与父母之间缺少沟通交流，才使得问题日渐严重，有少许孩子为此而离家出走，甚至轻生。面对这些问题，"共创课"的老师给了我很好的解决办法。我以前羞涩地与父母交流，而上了一堂"共创课"以后，我懂得了如何更好地和父母交流，共同解决问题。在上过几次"共创课"以后，我发现我有了很大的变化，变得更加自信，我希望以后能够继续上"共创课"。（12年级学生）

## 案例 19

我觉得"共创课"是很有必要的课程。对于老师们来说，它能够锻炼老师的上课能力，同时也能够最大程度地帮助老师了解学生的想法，这对于他们改进上课方式也会起到作用。对于学生而言，也受益颇丰。例如，我们曾上过关于青春和未来的"共创课"，上课时，同学们都勇于说出自己的想法，也更加明确自己的目标，这对于同学们的成长来说又何尝不是一大助推剂呢。而给我印象最深的便是关于如何与父母相处的那一节课，通过那一课，我理解了父母平时的唠叨、父母对我们的期望，都是对我们的爱。我们也更应该学会用适当的方式与父母沟通。通过"共创课"，我们能够明白这些道理，这是我们的幸运。我认为"共创课"对于学生来说是很必

要的。(10年级学生)

### 案例 20

我是一个处在青春期的孩子，能深刻体会到心中对父母那份时而稍显笨拙的爱。我爱他们，这是毋庸置疑的，但是我总会用一些不恰当或不正确的方式来表达。通过这次的"共创课"，我不仅聆听了同学们与父母平日里相处的有趣故事，也分享了一些自己的想法和感受。与此同时，在老师的帮助和引领下，我学到了可以跟父母更好沟通和交流的方式，明白和理解了子女与父母之间的相互期盼、爱意和正常的情感摩擦。这节关于爱的"共创课"，让我充分明白了什么是"父爱"，什么是"母爱"，我相信它也会让今后的我受益匪浅。(10年级学生)

### 案例 21

让我依依不舍的，不只是积累的感动；让我流下眼泪的，不只是"共创课"上的惊喜……迷途还要走多久，我这梦中人才能明白那千言万语都说不尽的爱意。

我偶尔会觉得妈妈很让我心烦，妈妈为什么总要给我寻那么多难以企及的远方？我不过是一个连顾及眼前都已非常费力的孩子。对眼前的生活虽不满，但为了应对这忙忙碌碌的世界，我实在没有过多的精力去遥望诗和远方。

直到上了这门"共创课"后，我才明白，妈妈想成全的人，是我啊，一直以来都是我，我却误以为妈妈做的一切，只是想实现她当年未实现的愿望。人怎样才能真正变得强大？不是成全自己，而是一心成全别人。好不容易，在妈妈的不停安慰中，我终于长到了可以安慰妈妈的年纪，却因过分懂事，适应了环境，适应了别人把我当大人看的目光，例如"谢谢你"和"我爱你"这类常挂心间的话，却怎么也无法脱口而出。现在我终于能够勇敢地说出这些话，能够在理解的基础上与妈妈交流。

我相信，岁月带不走的，只有爱。（10年级学生）

## 案例 22

课程分很多种，但真正能给我启发的只有"共创课"，不得不说它激发了我对学习的一种新的热爱，让我深切地感受到学习的魅力，它给了我更大的发挥空间。

或许亲情对大家来说已是再熟悉不过的话题，而"共创"课堂让我对亲情有了更深刻的理解，也让我更加深刻地体会到了父母的不易。"共创课"开启了一个全新的世界，它让我明白原来可以以如此创新、如此互动的方式解决亲情间的问题。当然，亲情只是"共创课"的内容之一，还有很多其他的内容。许多感悟早已被我收归心间。

"共创"课堂，独辟蹊径，给我打开了另一个世界的门！（10年级学生）

## 案例 23

上了"共创课"后我才知道学校居然有这么优质的课程。这门课程促使我了解社会、了解自己、了解他人。我印象最深刻的一节"共创课"是初一上的"我爱家人"主题课。我一直以为爸妈是坚强的,上完那节课后,我才试着去了解他们,试着去关爱他们。我发现,其实他们的内心也很脆弱,也像我们一样,需要鼓励和关心。只是,他们需要在我们的面前表现得更加坚强,给我们最坚定的支持。他们责骂我们,只是想让我们别再犯错,是想让我们长大后比他们还有出息。(8年级学生)

## 案例24

在"共创成长路"中我收获了许多,这是一次美丽的旅行。我在这次美妙之旅的所见所闻,经历的许多事都是前所未有的,我深深地被它吸引,踏上这个旅程,我发现了一个全新的自己。例如,我发现了自己的优点和缺点,更全面地审视自己,也认识到自己有能力完成许多事情。烦闷的心情、烦恼或许在这趟旅行中得以很好地排解,"共创成长路"就像一家别样的"解忧杂货店"。在"共创成长路"中,我发现自己也是可以和父母好好交流的。因为处于青春叛逆期,我总是不能与父母好好说上一通话,一点小事就接受不了,父母随便说我一句我就会顶嘴。那时的我十分烦恼,明明自己不想那样做,可总克制不住自己乱发脾气。幸好在上初中时能遇上"共创"这个课程,它让我学会了如何与父母好好交流沟通,面对与父母的矛盾时需要怎样处理。我知道了与父母交往的最好方法是换位思考而不是默不作声,不能用与父母吵架或冷战的方式来解决问题。这些都是我在"共创课"上所学到的,而且内向的我也能积极地投入"共创课"中……"共创成长路",伴我前行!(9年级学生)

## 案例 25

在田家炳中学这三年中,我感恩"共创课"带给我的人生感悟和道理,感恩田中,感恩"共创课"的老师们,让我在每一节"共创课"上都学到了新知识,学会了团结协作、关爱父母、奉献社会。在迷惘的岁月中,时光悄然流逝,曾经如幼苗般的我已经成长为小树。如今我面临新的选择,在即将离开之际,写下这篇日记。我感悟最深的一节课,是老师教我们如何跟父母沟通,怎样解决与父母的矛盾。在老师的引导下,我成长了许多,我学会正确解决与父母的矛盾,学会为他人着想,感恩父母,在行动上帮助父母。我们的任课老师具有专业素质,在课堂上热情大方,善于帮助同学,我十分喜欢她。谢谢一路帮助我的老师和同学们,或许以后我再也接触不到"共创课"了,但这段记忆我永生难忘。(9年级学生)

## 案例 26

"共创课",我亲爱的"共创课"啊,不知不觉我和你已经一同度过半年多的时光。自从上了这门课,我的烦恼、负担都消失了,随之而来的是轻松、快乐,我无可救药地喜欢上了这门课。这门课让我在家中更加懂事、孝顺。今天,已经是最后一节"共创课"了,我真的好舍不得,一想到以后就没"共创课"了,我就很伤感。(8年级学生)

## 案例 27

"共创课",我已经学习这个课程快两年了,这两年当中我学会了许多东西,也成长了很多。

之前我一直抱怨老天的不公,因为同学们的父母都十分开明、善解人意。而我的父母呢?他们天天说我这方面不如人家,那方面不如人家,真的很烦!我知道爸爸妈妈都是为了我,为了我的未来,所以他们才不得已做出那些令我甚至令他们自己也讨厌的事情来。为了让我成长,他们不得已做了那个"坏人",那个令我讨厌的"坏人"。这些道理虽然我都明白,但每次爸妈来管我的时候,我都十分厌烦,甚至希望他们最好永远别管我了。

自从上完"共创课"后,我开始理解父母,开始体谅他们,所以我十分喜欢"共创课",或许是因为它教会了我许多过去不明白的道理吧!

如果可以,我希望"共创课"可以一直陪着我成长,做我的灯塔,指引我前进的方向,让我不会在茫茫大海中迷失方向。(8年级学生)

## 案例 28

开学以来,我们学习了一门新的课程——"共创课"。通过这门课,我学到了许多,比如怎样去结交朋友,如何去分析性格给人带来什么影响。学习了"同耀心××"这一课后,我知道了××有许多的风景胜地,土特产十分丰富。通过这一堂又一堂的"共创课",我的感受非常深刻。在这么多次课中,我感触最多、印象最深的是"我值得欣赏"这一课。在现实生活中,我最欣赏的人是我的父母,我曾在"成长拼图"反思纸中回答"父母有什么值得我欣赏或感谢的"这一问题。我说:"父母为我们做了很多,当孩子生病时,父母十分担心,不顾自己的身体,只想着怎样让孩子好起来。有时候,我觉得父母十分劳累,很担心孩子,孩子出一点事,他们就会心疼。哪个家长不是刀子嘴、豆腐心呢?他们常常责怪孩子,也只是想让孩子快速成长而已。"怎样让父母更欣赏我?我考试考得好一点,父母会十分高兴。原来的我不会因为成绩下降而烦恼。通过这一次的"共创课",我意识到有许多我欣赏的人,他们各有所长的同时,也有不足之处。我希望"共创成长路"这门课越来越好,人人都知道有这门课程。(7年级学生)

## 案例29

一个学期很快就过去了,这学期的"共创成长路"课程也落下了帷幕。这学期的"共创成长路"课程给我最大的感受就是气氛和谐、相处平等。在这个环境中,每个人都是平等的,每个人都可以敞开心扉。在这当中,我有一个比较特殊的经历——因为我脾气比较急,听不得那些闲言碎语,所以面对家人的唠叨总会发脾气,学习了"共创成长路"课程后,我学会了忍耐,学会了沟通,之后面对家人的唠叨,我总能用恰当的方式解决矛盾,也缓和了我与家人的关系。总之,"共创成长路"益处多多,我也希望它越办越好。(7年级学生)

## 案例30

我们学校开设的"共创成长路"课程,让我有很深的感悟。我们的"共创"老师长得十分清秀，脸上不施粉黛。她待人十分温柔，从来都不会凶我们，即使我们犯了错，她也会包容我们。她上课也很有方法，课堂很有趣，常常和我们互动，让我们更加深刻地领悟道理。有一次，我们上了"感恩父母"这节课，我感悟最深。父母总会在我们最落魄的时候帮助我们，给予我们勇气。我们还要感谢父母把我们带到这个世界上，并把我们养育这么大，给我们吃好的、住好的、穿好的。我们每个人都说着要感恩父母，但是很多人一次都没有关心过他们。感恩父母，需要用实际行动去表达：可以给他们捶捶背，做一些家务事，让他们少劳累一点。通过"共创成长路"的学习，我感觉自己成长了许多。（7年级学生）

## 案例 31

我上的"共创课"意义非常深刻，让我懂得了如何去行动、如何去感恩、如何去表达、如何去回报、如何去面对困难等。之前我在成长之路上遇到许多迷茫，上了"共创课"后，我透过迷雾看到了一缕缕光彩夺目的阳光，它帮助我找到了人生路上正确的方向。课堂上，老师会以视频或小故事的形式让我更加深刻地记住某个人生道理，这些道理使我受益匪浅。最令我印象深刻的是在母亲节到来之前，老师给我们上了一节关于母亲的"共创课"。老师和往常一样，播放了一个小视频，那个视频体现了一位母亲从年轻时的貌美如花到有了子女时的朴素温婉，再到子女长大后的年老体衰、头发苍白。我确实看哭了，我真的怕有一天母亲不在我身边了，我要怎么继续生活。那天以后，我为妈妈分担了许多家务，当然我的父亲也参与其中，我们一起"共创"这个家。我很感谢"共创课"，它让我明白了人生的大道理，也让我渐渐从懵懂无知一步步走向成熟。

上"共创课"时，我的思想进一步升华，不再那么幼稚。就比如"母爱"和"生命"这两个话题，为什么会把母爱和生命联想到一起？这是因为所有人都是从母亲的肚子里出来的，母亲便是那生命之源。在上"共创课"之前我一直很桀骜不驯，总认为照顾我是父母的义务，后来我才明白他们呕心沥血、不辞辛苦地照顾我是因为他们爱我，而这种爱便是基于生命的纽带。从现在开始，我要拼尽全力去做我能做的事，学习怎么去报答为我无私付出的父母。（7年级学生）

### 案例32

"共创课"中，我印象最深刻的就是"能变则变"这一课。青春期的我们面临太多家庭矛盾，自己又不知道如何解决，所以这个课程很有意义。首先，这一课要求同学们在一周内"准做一、不做一"，即在周五前，每天必须完成一件之前从未做过的事，如给父母洗脚、早晚道安、洗刷碗筷等；另外必须不做自己经常做的错事，如吃垃圾食品、天天玩游戏等，并写下每次做完事后父母的反应和自己的感受。百分之九十的学生都照做了。老师让每一个小组派一个代表讲述。有位同学说，她第一天晚上给妈妈洗脚时，母亲问她有什么目的，这让她感到很失望，但她选择了忍耐。第二天，母亲什么也没说。直到第四天晚上，母亲死活不让她洗了，非要一起洗，洗着洗着娘俩就抱着大哭起来。母亲流着眼泪，再不骂她了，也不把她和别人进行比较了。她知道妈妈只有她一个宝宝，妈妈太爱她了。这个同学感受到了浓郁的母爱，并深受感动，她和母亲在这一刻冰释前嫌。（8年级学生）

 案例 33

"共创成长路",在我心中,并不仅仅是一门课那么简单。它温柔细腻,伴我成长。它悄然来到我的生活里,让我收获了精神财富。它虽然只是我初中阶段的一门课,却让我记忆深刻。感谢"共创课"教会我体谅父母。有一次,家长来观看我们上"共创课",每一个同学、每一对父母都流下了最动人的眼泪。我还清楚地记得那个场景:许多同学写下父母批评他们的话,并用乒乓球拍拍打黑板上父母批评他们的话语。在同学们的解释下,父母感受到了子女的爱。虽然同学们解说的言语有些平淡,甚至乏味,但这正是我们这些孩子对父母说的最有情的话啊!这节课所有的同学都绽放出了光芒,让我感受到了十足的温暖。(8年级学生)

## 参考文献

BRONFENBRENNER U, 2000. Ecological systems theory[M]//KAZDIN A E. Encyclopedia of psychology. Oxford: Oxford University Press: 129-133.

CUMMINGS E M, KOSS K J, DAVIES P T, 2015. Prospective relations between family conflict and adolescent maladjustment: security in the family system as a mediating process[J]. Journal of abnormal child psychology, 43(3): 503-515. DOI:10.1007/s10802-014-9926-1.

CURRAN T, WEXLER L, 2017. School-based positive youth development: a systematic review of the literature[J]. Journal of school health, 87(1): 71-80. DOI:10.1111/

josh.12467.

DURLAK J A, TAYLOR R D, KAWASHIMA K, et al., 2007. Effects of positive youth development programs on school, family, and community systems[J]. American journal of community psychology, 39(3-4): 269-286. DOI:10.1007/s10464-007-9112-5.

FORMAN E M, DAVIES P T, 2003. Family instability and young adolescent maladjustment: The mediating effects of parenting quality and adolescent appraisals of family security[J]. Journal of clinical child and adolescent psychology, 32(1): 94-105. DOI:10.1207/S15374424JCCP3201_09.

GHANAWAT G M, MUKE S S, CHAUDHURY S, et al., 2016. Relationship of family functioning and emotional intelligence in adolescents[J]. Pravara medical review, 8(2): 10-14.

GRUSEC J E, 2011. Socialization processes in the family: social and emotional development[J]. Annual review of psychology, 62: 243-269. DOI:10.1146/annurev.psych.121208.131650.

JAMES R, THAMES J, BHALLA M, et al., 2003. Relationship among adolescent self-esteem, religiosity, and perceived family support[J]. Psi chi journal of undergraduate research, 8(4):157-162. DOI:10.24839/1089-4136.JN8.4.157.

KELIAT B A, TRIANA R, SULISTIOWATI N M D, 2019. The relationship between self-esteem, family relationships and social support as the protective factors and adolescent mental health[J]. Humanities & social sciences reviews, 7(1): 41-47. DOI:10.18510/hssr.2019.715.

NAKHAEE S, VAGHARSEYYEDIN S A, AFKAR E, et al., 2017. The relationship of family communication pattern with adolescents' assertiveness[J]. Modern care journal,

14(4):e66696. DOI:10.5812/modernc.66696.

OLATUNJI O A, IDEMUDIA E S, OLAWA B D, 2020. Family support, self-efficacy and suicidal ideation at emerging adulthood: a mediation analysis[J]. International journal of adolescence and youth, 25(1): 920-931. DOI:10.1080/02673843.2020.1779762.

OLIVA A, JIMÉNEZ J M, PARRA Á, 2009. Protective effect of supportive family relationships and the influence of stressful life events on adolescent adjustment[J]. Anxiety, stress, & coping, 22(2): 137-152. DOI:10.1080/10615800802082296.

PETERSON G W, 2005. Family influences on adolescent development[M]//GULLOTTA T P, ADAMS G R. Handbook of adolescent behavioral problems: evidence-based approaches to prevention and treatment. New York: Springer: 27-55.

SHEK D T L, 1997. The relation of family functioning to adolescent psychological well-being, school adjustment, and problem behavior[J]. The journal of genetic psychology: research and theory on human development, 158(4): 467-479. DOI:10.1080/00221329709596683.

SHEK D T L, 2010. Using students' weekly diaries to evaluate positive youth development programs: are findings based on multiple studies consistent?[J]. Social indicators research, 95(3): 475-487. DOI:10.1007/s11205-009-9532-8.

SHEK D T L, 2016. The role of positive youth development and family functioning in Chinese adolescent well-being: theoretical considerations and empirical evidence[M]// MAGGINO F. A life devoted to quality of life. Cham: Springer: 43-58.

SHEK D T L, SUN R C F, 2012. Evaluation of the project P.A.T.H.S. based on students' weekly diaries: findings from eight datasets[J]. The scientific world journal, 2012: 354254. DOI:10.1100/2012/354254.

SHEK D T L, ZHU X, LEUNG J T Y, et al., 2019. Evaluation of the project P.A.T.H.S.

in China's mainland: findings based on student diaries[J]. Research on social work practice, 29(4): 410-419. DOI:10.1177/1049731517745994.

ZHOU Z, SHEK D T L, ZHU X, 2020. The importance of positive youth development attributes to life satisfaction and hopelessness in China's mainland adolescents[J]. Frontiers in psychology, 11: 553313. DOI:10.3389/fpsyg.2020.553313.

ZHU X, SHEK D T L, 2021. Subjective outcome evaluation of a positive youth development program in China's mainland[J]. Research on social work practice, 31(3): 285-297. DOI:10.1177/1049731520980802.

# 6

## 助益人际关系：增进同伴关系、增强社交能力

◎石丹理　黎翔　陈希雯　俞含露

社交能力是一系列人际沟通能力的体现，帮助青少年整合情感、思考和行动，以实现特殊的社交和人际目标（Catalano et al., 2008）。过去的研究发现，社交技能的发展能让青少年与成年人及朋辈有更好的人际关系，更能加强青少年在其他方面的发展，如社会责任感（Benson et al., 2007）。从生态系统理论的观点来看，社交技能对青少年的成长具有重大影响。Benson（1997）将个人的优点和环境资源定义为"发展性资产"（developmental assets）。他综合了来自不同领域学者的研究成果，提出了一个包含 20 个内部资产（internal assets）和 20 个外部资产（external assets）的发展性资产框架，社交能力是其中的一种内部资产。这种技能指的是青少年在建立有效的人际关系和应对具有挑战性的情境时所需的能力，包括规划和决策能力、人际关系能力、文化适应能力、抵抗能力和和平解决冲突的能力。Lerner 和他的同事（2005）提出了 5C 作为青少年正面成长的重要指标，分别为能力（competence）、自信（confidence）、联系（connection）、品格（character）和

关爱或同情心（caring/compassion）。其中，"联系"指的就是青少年在个人或社交环境下与其他人或组织间建立正面关系。青少年正面成长（Positive Youth Development, PYD）特质在促进青少年正向发展方面扮演着重要角色。PYD计划通过一系列的活动和资源，旨在帮助青少年建立积极和健康的人际关系。这些活动可以让青少年学习如何有效地表达自己、倾听他人、理解不同观点并学会解决冲突的技巧。同时，青少年还能发展共情能力，学会尊重他人的观点，并建立具有包容性和多元化的人际关系。此外，通过团队项目和合作活动，青少年还能学习与他人合作、互相信任、欣赏他人的贡献等重要技能。

不少国外的研究也反映PYD计划对青少年社交能力的正面影响。例如，Catalano等人（2002）回顾了25个PYD计划的成效研究，发现这些计划能有效地提升青少年的自我控制能力、人际沟通技巧以及与朋辈和成年人的关系。Durlak等人（2011）研究了213个校本社交情绪学习计划对参与学生的影响，结果显示这些计划有助于改善学生的社会情绪、学习技巧、态度、行为和学业成绩。Lewis等人（2016）研究了一个名为Positive Action的PYD计划，发现计划对参与者在自我控制、朋辈关系、与父母的关系及亲社会互动上都有明显的正面效果，而在道德发展如利他主义及同理心的培养上亦有轻微成效。Taylor（2017）分析了82个校本社交情绪学习计划，结果显示这些计划使参与者在社交情绪技能、幸福感方面都得到提升，证明了这些计划对青少年的发展具有明显的帮助，而且后续的研究还发现，这些效果能够持续到计划结束之后。

"共创成长路"赛马会青少年培育计划（P.A.T.H.S.）就其效用收集了参与学生及教员的意见，并进行了量化和质性的研究，结果显示，参与学生认为该计划对他们的社交能力发展有正面的帮助。学生认为这些计划让他们学习到社交技巧和认识到情绪控制的重要性，这有助于他们建立更好的朋辈关系、改善与家人的沟通方式，并改善人际关系（Shek and Sun, 2012a; Shek and Sun, 2012b）。另外，Shek（2012）综合了 P.A.T.H.S. 2005 年到 2008 年间参与者的质性研究结果发现，许多参加者认为该计划改善了他们与朋辈的关系，也提升了他们的合作性，使他们更愿意表达自己。此外，超过九成的教师认为该计划提升了学生的社交能力，这也证明了该计划对青少年在社交方面的正面帮助。另外，在中国内地展开的"共创成长路"田家炳青少年正面成长计划（TKP P.A.T.H.S.）效用评估良好，研究者收集并分析由 2015 年到 2018 年间参与者对计划的评价。问卷调查的结果显示，超过九成的参与学生认为该计划提升了他们的社交能力、提高了他们处理和表达情绪的能力，以及令他们更加关怀别人和具有同情心（Zhu and Shek, 2021）。

计划团队亦整合了学生的参与日记做质性研究，学生表示计划增强了他们的人际交往能力及培养了同学间的团队精神。通过计划的一系列活动和愉快的学习气氛，学生有更多机会了解彼此，这有利于他们建立归属感和增强凝聚力。此外，学生亦学会如何更好地处理人际关系，例如尊重持有不同观点的人，建立诚信及互信，跟同伴建立互相理解和信任的友谊。在项目的早期，学生日记显示，该计划能够提高学生的社交能力和人际交往能力（Shek et al., 2008; Shek and Sun, 2010）。在对收集的学生日记的分析中，研究结果还表明，该计划能够改善他们与同龄人的关系，提升他们的沟通技巧（Shek and Sun, 2012b）。例如，有学生在日记中分享道："我学会了如何与他人沟通，并且意识到自己需要改变思维方式，多为别人考虑。"亦有学生表示参与计划后"交到了更多朋友，并与他们相处得非常好"（Shek et al., 2019）。

## 第二篇 "共创成长路"田家炳青少年正面成长计划"开花结果":助益青少年积极发展

总而言之,青少年参与 PYD 计划可以提升他们的社交技能,改善其人际关系。这些计划提供了一个平台,让青少年学习和培养与他人有效沟通、解决冲突和合作的能力。通过这些活动,他们能够发展共情能力,学会尊重他人观点,建立包容性和多元化的人际关系。过去的研究也支持 PYD 计划的结论,以往研究结果显示,这些 PYD 计划对青少年的社交发展具有积极的影响。因此,为青少年提供参与这些计划的机会和资源是非常重要的,有助于他们建立健康、积极的人际关系,并为未来的发展打下良好的基础。在本章,我们将分享一些参加了"共创成长路"田家炳青少年正面成长计划(TKP P.A.T.H.S.)的学生在社交能力上的感想。 总体来说,学生认为该计划能帮助他们更有效地提高社交能力。

 **案例1**

正值莺飞草长之际,也是欣欣向荣之时,这便是初见。

北方有佳人,绝世而独立。一顾倾人城,再顾倾人国。这虽不是北方,却也有如切如磋、如琢如磨的君子。

那便是你了——"共创课"。

这是一门新课程,带给我的却不仅仅是那一时的新奇,还有课上游戏的欢乐、明辨是非的讨论,以及与组员们有趣的互动。这些,都让我与同学们的友谊更深厚了。也正因为这些,班级更加团结,也更有凝聚力了。

因为老师布置的任务,我们各自分工,准备组排,大家一起努力的时候很美好。当你心生倦意想放弃时,瞥眼身边挥汗如雨的同伴,看看窗边青葱的叶影,这座如树上玻璃屋的教室是如此美丽……于是你勾起一抹微笑,继续努力。

如此美好，一如《诗经》中所言："青青子衿，悠悠我心。""既见君子，云胡不喜？"（7年级学生）

### 案例2

眼睛眨了又眨，这一学年我最爱的"共创课"结束了。我学到了许多，每一节课都令我感触很深。三言两语也说不清这一学年的欢声笑语。我还依稀记得刚进入这个课堂时，我们都十分羞涩，如今我们却是那样的快乐与开朗。

这一学期，我学会了如何与父母沟通。记得不久前，我才和爸爸吵了一架，自己也不知是怎么了，常常感到烦闷。通过老师的心理辅导和与爸爸沟通，我和爸爸的关系缓和了许多。这一学期，我与同学们一起学习，一起成长，有过快乐，有过心酸。虽然我们小组不善言辞，但是每一次我都能感觉得到他们的心声。我们每一节课的合作都十分的棒，作为组长，我也为这些同学感到骄傲。每一节课，他们都以崭新的第一步开启征程。有时，我也会感到些许惭愧，因为我觉得我们组的组员那么信任我，但是我没有为这个组争取到更多的荣誉。看到他们的笑容，我的心里便有了一些安慰。我只希望我们不分离、不放弃，一起成长，一起快乐，一起经历风雨。能认识这些很棒的朋友，我倍感荣幸。

相信我，下一节课我们的表现会更精彩、更出彩！（7年级学生）

### 案例 3

懵懂、互不相识的我们，因为一门课而相识，并逐渐变得更加熟悉，更深入地了解彼此。刚开始上"共创课"，我们就按座位号坐好，XXX老师给我们上课，还让我们完成一些有趣的任务，想让我们更深入地了解对方。就这样，经过几节课后，我们就越来越了解对方，也产生了许多共同话题。我们也会很认真地完成老师交给我们的任务，大家开始围在一起讨论问题，有说有笑地完成任务。也许，我们会因为一个小小的问题而闹得不开心，也会因为一件小小的事情而被逗得哈哈大笑，就是因为这样，才构成了我们的大家庭。我喜欢和老师、同学相处的时光，我会好好珍惜这些记忆！我希望"共创课"越来越好！（7年级学生）

### 案例 4

刚来到这个学校时我很兴奋，我很想知道初一有什么课。我在课程表上看到有"共创课"，便产生了疑问。这是什么课呢？是大家一起学习、思考、玩游戏吗？是设计类的课程吗？还是需要在户外进行活动？应该都不是吧。说不定是一门很奇妙的课呢，我满怀希望地等着星期五的到来。

星期五终于来了，我在教室里等着上这门奇妙的课。"老师来了！老师来了！"我越发兴奋。这时，老师跟我们说带上笔和本子跟她走，这让这堂课显得越发"奇妙"了。

一进"共创"教室，映入我们眼帘的是干净整齐的圆课桌、明亮宽敞的教室和一位漂亮的老师。这堂课十分奇妙、有趣，而且总能启发我们去思考，这让我对课程越发喜欢。

最让我印象深刻的一节"共创课"是"与朋友交往"。

这节课改变了我以前不恰当的想法，让我知道了与朋友相处要用心，要宽容，不欺负比我弱小的人，我要帮助同伴，与同伴互相学习，不欺凌、嘲笑同伴。（7年级学生）

## 案例5

自从我来到这个学校，学习了"共创成长路"这门课程，我感受到了这门课的许多好处。这门课的全称是"共创成长路"，每一个字都有特别的意思，即共同协作树理想，创造机会助飞翔，成长全面能互谅，长进自爱展心窗，路遥奋进要自强。

这门课程让我明白了许多道理，使我变得更加成熟稳重。我也非常喜欢这门课程，这门课相当于心理课。在这门课上，我从原先的内向、不爱说话，渐渐变得较外向，能向最好的朋友吐露心声。每次上完"共创课"后我总是感到十分满足。每节课都让我有所收获。

在所有的课程中，我最喜欢"共创课"。"共创课"不仅伴我成长，还教给我做人做事的道理。总之，我爱"共创课"。（7年级学生）

## 案例6

我觉得这门课很新鲜，因为以前从没接触过，一开始的时候还不太明白这门课的用意，后来明白了，它教会我如何处理人际关系，让我明白了遇到事情要冷静。"共创课"的老师也很和蔼，每节课的准备也很充分。

这门课教会了我怎样与他人更好地沟通，让我明白了要孝敬父母、孝敬长辈，也让我明白了做什么都不容易，一定要认真。

以前的我做什么都不用心，也不认真，但是学了这门课后，我觉得这门课对我有很大的帮助，我也应该认真学这门课，我认为这门课很重要。

还有一年我们就要升初三了，初三以后就没有这门课了，这还是让我有些小失落的，所以现在更应该珍惜这门课。"共创课"让我明白应该处理好人际关系，应该孝敬长辈，对人友善，所以我很喜欢这门课。（7年级学生）

## 案例7

课堂上，班主任给同学们分析了人与人之间的性格要素以及怎样与他人交往，让我们学会有礼貌、尊重他人以及大胆表达自己心中的看法。其实与人交往看起来是件容易的事，但做起来并没有那么简单。一个情商高、人品好、守诚信、有礼貌的人，身边肯定有不少朋友。除了朋友，家人也需要我们关心，我们往往把最好的一面展示给陌生人，却忽略了家人，就好似自己要在陌生人心中留下个好印象，不经意之间却给家人留下了深深的伤害。与老师的相处也很重要，正所谓"一日为师，终身为父"，老师是我们人生道路上的导航者，引领我们前进。其实老师并没有那么遥不可及，对此我深有感触，因为经常有同学到办公室和老师聊天。特别是家长会结束后，老师回到办公室，就会发现整个办公室就好像菜市场一样，大家和老师一起聊天，就好似把老师当作了自己的知己。

"共创成长路"的课程真是让我受益匪浅！（7年级学生）

### 案例 8

在"共创课"中,我学到了要关爱他人,与家人多交流。当与朋友或同学闹矛盾时,我们应该理性处理。我认为这门课程很实用,因为它让我学会了更多去关心朋友和同学,我与家人也有了更多的交流。

"共创课"对增进朋友之间的友情很有帮助。以前我是一个整天嘻嘻哈哈的人,有什么说什么,没有经过大脑思考,言语总是会伤到别人,但我的出发点是好的。现在我学会了说话前要经过大脑思考,想一下说出来的话会不会伤到别人。

这门课加强了我和我朋友XXX的感情,因为在"共创课"中我学会了理解他人、关心他人,之后我越来越理解我的朋友,越来越关心她,所以现在我们的友情比以前深厚了不少。

非常感谢"共创课",它让我学习了太多太多,让我获得了非常多的东西。还有很多,我就不一一说出来了,哈哈!(8年级学生)

### 案例 9

在成长的过程中,我们会遇到这样或那样的困难,学校为了让我们少走一些弯路,从初一开始就开设了一门"新鲜课"——"共创课"。通过"共创课"的学习,我们学到了很多知识。课上生动有趣的小游戏,让我在玩乐中学到了许多有用的知识。

虽然每周只有一节这样的课,但这不会影响同学们的热情。"共创课"让我们正确地认识心理、生理上的变化,让我们懂得如何正确看待这个世界,让我们理解了父母、老师、亲友的良苦用心,它教会了我们快速、简单地了解、明白别人的心理活动,让我们学会了尊重他人。

"共创课"涉及的内容特别多,也让我们知道了更多的心理知识,让我们掌握更多领域的科学概念。我们要感谢学校,感谢"共创课",感谢"共创"老师。

"共创成长路"让我们知道了成长中的艰辛与困难,谢谢"共创成长路"。(8年级学生)

### 案例 10

在成长的道路上,我们需要很多人的帮助,有老师、同学、朋友、家人,他们给我们温暖,给我们支持,他们关心爱护我们,这使我们在成长道路上减少很多曲折。

转眼,我长大了,我告别了小学,与陪伴我六年的老师和同学分离,尽管有太多的不舍,我还是微笑面对。我想起在黄桷树下琅琅的读书声、操场上欢快的身影。黄桷树见证了我的成长,我对这里有太多的不舍和留恋,我在这里度过了最美好的求学时光。

来到了初中,我们多少有些叛逆,但是我们要学会忍让、坚持!每到五月,黄桷花开放的时候,妈妈总喜欢买点黄桷花放在家里,满屋子的清香,让人放松。成长路上,有朋友相伴,我能坦然面对生活中的起伏。当我因考试不及格而沮丧时,朋友们给我鼓励;当我因做错事而烦恼时,朋友为我排忧解难;当我校足球队获得名次时,我们为之欢呼雀跃……

在成长的道路上,我们缺少相应的应对技巧和必要的支持,以及自身的抗逆能力，从而产生心理和行为上的问题，进而影响身心健康，个人成长也会受到挫折。我们很难适应环境，难以与人相处，这无疑在很大程度上影响我们的学习和生活，所以老师的教育是对的，我们不要叛逆，要听家长、朋友、老师和一切关心我们的人的话！

谢谢老师和家长教育我，让我的成长路不再困苦坎坷！（8年级学生）

## 案例 11

当我第一次去上"共创课"的时候，我的心中是带着疑问的：这门课是教什么的？到底重不重要？

随着时间的推移，我的心中渐渐有了答案：这是一门旨在提高中学生心理素质的课，也是一门十分注重实践的课。从第一节课随机分出组别，到把心中的烦恼写在纸飞机上，抛向同学，并让同学帮你走出困境；从整组合作用报纸搭建高塔，到让你体验"盲人"走路……每一节课的活动都不一样，也都十分有趣。心理素质的提高对我们而言是很重要的，它不仅能使我们勇敢地面对困难，还能引导我们走出困境；它不仅能助力我们结交朋友，还能让我们分辨真正的朋友……

因此，我认为这是一门十分重要的课，应该继续开设下去，让更多的中学生受益。

但愿不久以后同学们的脸上都洋溢着笑容，散发出青春的活力，走出一条生机勃勃的青春之路，让青春之花完美绽放。（8年级学生）

## 案例 12

我上这个"共创课"已经两年了，刚开始时，我属于慢热型，不太擅长与人交流，或者是交朋友。但一上这门课，老师就安排我们六个人坐在一起，我也开始慢慢和同学们说话了。这门课上下来，我就慢慢变成了"话痨"，交流环节中一旦开始说话就根本停不下来，课下也多与同学交流。课上，老师总是在讲不同的内容，几乎不重样，有一些内容是前一次课的延续，衔接得很好。每节课老师都会或多或少地安排一些小游戏，有时候整节课都在做游戏。通过这些游戏，老师逐步引导我们领悟人生的道理，帮助我们培养一些重要的品格，而我们也很愿意配合老师。因为这个课十分有意思，总让人忍不住期待下一节课会有什么"惊喜"等着我们去发现。我希望这门课可以一直办下去，并且越办越好！（8年级学生）

## 案例 13

这学期的"共创课"已经结束，回想在课堂上的点点滴滴，是那么美好。

"共创课"的气氛不会像其他课程那么严肃、那么拘束。通过这个课程，我可以缓解压力，使身心得到充分的舒展。我还在其中学会了很多道理，如要孝敬父母、学会怎样去赞美别人以及人际交往的技巧。课上，老师经常让小组共同完成一项任务，这使我们团结协作的能力得以提高。"共创课"安排在每周四的下午，晚上我躺在床上时，总会想想"共创课"讲的内容，这会使我受益匪浅。

我喜欢"共创课"，因为它使我学会了倾诉，学会了表达，学会了微笑，

学会了生活。(8年级学生)

## 案例 14

"共创课"虽然结束了，但在我的心中却留下了深刻的印象。

第一，它富有趣味的内容吸引了我们。不同于传统课堂的古板教学，它变为了生活中的大千课堂，内容丰富，受众面广，同时涉及青少年在成长中面临的诸多问题，让我们在欢乐中学习与成长。

第二，通过"共创课"，我们学会了如何解决生活中的真实矛盾。课程内容丰富多样，贴近生活，教给了我们一些做人做事的道理。同学们在课堂上分享各自的意见和经历，并得到老师的点评，大家的关系更加亲密了。大家互相帮助，分析对错，气氛十分融洽，我感到非常幸福。

第三，同学们在课堂中不是一言不发、死气沉沉，而是相互帮助。在课堂上听别人的分享，也会让人受益匪浅、如沐春风。大家此时都活跃了，你一言我一语，形成了和谐、有趣的课堂氛围。这样的景象，实在是不可多得。

因此，我在此向教师们致以诚挚的谢意，也为今后想好了规划：我定要努力在生活中做到三思而后行，使"共创课"所倡导的道德作风真正在我心中生根。(8年级学生)

## 案例 15

这学期开学以来，我们已经上过很多堂"共创课"了，例如"情绪的变化""谁先上车"等。"共创课"全称叫"共创成长路"，旨在引导我们青春期的心理健康发展，助力我们在成长道路上走得更加顺畅，让我们的青春没有烦恼。

在这个课堂中，我们学到了很多，首先就是如何调控自我情绪。情绪好比一个气球，越吹越大，最后会爆炸。

"共创课"中，"谁先上车"这一课给我留下了深刻的印象。"公平"是这个社会最有力的裁决者，也是最有说服力的依据所在。然而，除了"公平"，还有一个词叫作"情理"，"情理"同样十分重要。在这节课上，我们学会了"处事公平，情理兼顾"的道理。

我个人认为，课堂中学到的东西恰恰是适用于生活中的。开设"共创课"的目的就是让我们更好地生活，更好地融入社会。"共创课"对我最大的帮助，是让我知道了为人处世的重要，如果不学习为人处世的道理，以后在社会上将很难立足。

如果说社会是一个大家庭，那么为人处世的原则就是家规；如果说社会是一个大花坛，那么为人处世的原则就是一只传播花粉的蝴蝶。可见，学会为人处世是多么重要。这一学期即将结束，"共创课"上讲的内容也会深深地烙在我的心中。（8年级学生）

## 案例16

回首"共创课"的点点滴滴，我在成长的路上收获了快乐、幸福，与老师、同学间的互动，每每想起总会嘴角上扬。不仅如此，我还学会了如何与人相处，学会了坚强，学会了鼓励，学会了感恩……记得第一次上"共创课"时，老师告诉我们，他将给我们上一堂不一样的课。我们都很兴奋，在那一节课上，我们一改平日的严肃，老师也展现了他最美的一面，于是我们与老师成为最亲密的朋友。我们班的每一个人都将自己内心的想法吐露出来，就连害羞的我也发现了不一样的自己。那节课，我感到无比轻松和自在。上了"共创课"后，我们觉得校园不再陌生，同学和老师也成为好朋友，我们手牵着手相互帮助，拉近了彼此的距离，一切都变得快乐起来了！处于青春期的我深知在这个特殊时期，我的内心很复杂，充满矛盾，幸而有"共创"老师的帮助和正确指导，感谢他们，我爱他们。回顾我的成长旅程，我认为人生的道路没有捷径，只有在实践中学习，在健康快乐的道路上行走，我才能成为一个对社会有用且能实现自己人生价值的人。（12年级学生）

## 案例 17

"当你们出门，到世界上去走走，最好还是手拉手，紧挨在一起。"这是"共创课"后我最深刻的感悟。平等、尊重、合作、共享是"共创课"的理念。我们的"共创课"老师像一位和蔼可亲的知心阿姨，她带领我们做游戏，让我们感受到团队的力量。同学们互相了解对方的困惑后，都给予对方帮助。我认为这已经不是一门课了，而是一场聚会，一场同学与同学之间敞开心扉的聚会。你有了困难，我们同心协力来帮你；我有了难处，你们不遗余力地来帮助我。这促进了我们之间的感情，增强了我们之间的默契，使班级更像一个大家庭。温暖，是"共创课"的特点。"共创课"真好啊！（10年级学生）

## 案例 18

在田家炳中学的这段日子里,我是初次到异乡念书,虽然离开了自己的家乡,但是我到这陌生之地后并没有感到孤独,因为我有着许多兄弟姊妹,更有几位"共创课"的老师陪伴。"共创成长路,XXX中学在行动。"有了"共创课",我仿佛就有了一位陪伴成长的解闷之友,仿佛在异地中有了一丝家的温馨,仿佛在黑暗中找到了一盏明亮的灯塔。"共创课"就像一位挚友,我们能够把自己心中的感想、梦想通通都说给它听。"共创课"老师已经陪我们度过了一个春秋,所谓"一日为师,终身为父",正是你们的教导,让我们能够在异乡筑起心中的城堡,能够以更好的心态去战胜困难。"共创"课堂是一块宝地,也是一块"净土",在那我们可以享受平时未有的欢乐,各位同学还能聚集在一起融洽地交流。我希望以后能够有更好的心态去面对一切。"共创课"的作用是无法估量的!(10年级学生)

## 案例 19

进入田中后上的第一节"共创课",我感受到了这个课程的精彩与乐趣,从向老师问好的方式到上课的游戏,都让我在不经意间感受到了家的温馨。我们上课做的游戏虽然简单,但我感受到了前所未有的责任感和使命感,意识到自己的举动可能会影响整个团队。也是在那时,我感受到了自己在团队中的重要性。在"共创课"上,我不仅感受到了游戏的乐趣,还学会了许多处理事情的方法和为人处世的态度,这些虽然与我们的学习关系不大,但这是我们将来必修的一门课程。在这些小小的游戏中,我们会遇到困难,但不是一个人单打独斗，更多的是团队协作，大家互帮互助，携手并肩，走向成功。

我感受到了这门课程的重要性，我很感谢学校。在"共创课"上，我听到了许多有趣的故事。在我心中，"共创课"已经不仅仅是一门课那么简单，它是启迪人类智慧的载体，是我们的精神食粮。人生长路漫漫，一眼望不到头，但只要理解人生的真谛，那么希望之光就会在不远处闪耀，指引着未来的方向。（8年级学生）

## 案例20

"共创课"内容丰富，意义深刻。老师通过小事情来揭示深刻的人生道理。课堂氛围浓厚，同学们都踊跃举手发言，勤于思考。老师教学经验丰富，声情并茂地向我们讲述一个个小故事，在短时间内就把我们带入了课堂状态。有一次，老师让我们玩了一个团队游戏，每组派出两个人，其中一个人蒙上眼睛，走在布满"地雷"的路上，另一个人则指挥队友前进，比一比哪组踩到的"地雷"最少，用时最短。

每当队友接近"地雷"时，指挥员的心里都会变得忐忑不安，指挥也越加谨慎。"向左迈一小步，再向前迈一小步。"我们这群吃瓜群众也都目不转睛地看着，生怕错过精彩内容。路程过半时，每组队员配合得越来越默契，前进的速度也大幅度提高了，表现得越来越游刃有余。每组队员都为了团队荣誉而奋力拼搏，尽全力追赶别人或努力保持领先地位。最终，大家都获得了不错的成绩。

这个团队游戏让我明白了团结的重要性。英语中有句谚语"Many hands make light work."，只要我们团结一心，力往一处使，就能发挥出意想不到的力量，"1+1"就能大于 2！

其实在"共创课"中，我们还明白了许多道理。比如，要珍视友情；珍惜当下时光，不浪费光阴；要坚持不懈，坚信"风雨过后就有彩虹"；要细心对待每一件事，相信"铁杵磨成针"。让我们了解"共创成长路"的内涵，喜爱"共创"课程，快乐畅游在"共创"课程中！（8 年级学生）

## 案例 21

一开始进入这个班级，我对一切是那么陌生，我曾想过离开这里，可因为一节课，我又重新认识了这个班级。其实一开始我并不喜欢"共创课"，但是某一节课发生了这样一件事：老师给我们布置了一个任务，让我们用纸折出最值得回忆的一样东西，让我没想到的是我们这个组竟然心有灵犀。虽然我们折的东西不是那么新奇，但却都是我们童年时所拥有的，例如纸飞机、千纸鹤、纸船、纸帽子等，这些折纸玩具都是我们小时候的回忆。过后，每人拿着自己折好的东西，跟同学们分享，我们便开始介绍自己的折纸作品。就这样，我们渐渐地熟悉起来，一张小小的纸，就让我们的距离缩短了，也让我们有了更深厚的友谊。虽然我们组的手工折纸不如其他组，但这些都是我们用心去折的，通过这些折纸，我们的思绪又可以回到童年那段美好的时光中。我很感谢"共创课"，让我拥有了最深厚的友谊，让我对一个陌生的环境逐渐熟悉起来，让我感受到前所未有的幸福，也让我懂得了怎样更好地与同学沟通和相处，让我感受到了同学之间的友情是多么纯洁，遇到困难时表现出的团结力量，多么让人羡慕！感谢"共创课"让我收获了无穷无尽的财富，那是别人所给予不了的。（8 年级学生）

### 案例 22

这个学期的"共创课"让我收获了许多,这些收获就如秋天时果农摘下的一个个饱满的果实。这学期之前,我是一个并不懂得怎么与同学交流的人,常常会因为某句话让整个氛围陷入尴尬。对此,我感到十分苦恼与自责。自从上了一次"共创课"后,我学会了与同学、朋友交流的技巧。那一节"共创课",让我之后的学习发生了翻天覆地的变化。那节课后,我与同学们在交流和讨论时更加放松,更加阳光向上,学习效率也提高了许多。今年秋天,这个果实成熟了,要离开这棵孕育它的树了。"共创课"不仅带给我们欢声笑语,还让我们有很多收获。"一分耕耘,一分收获。""皇天不负苦心人。"只要我们把这些收获无限放大,就可以走向成功,不负自己和未来。

(8年级学生)

### 案例 23

"共创课",可以说是我们学习之中难得的一点闲暇时光。第一次接触"共创课"时,我一开始觉得很无聊,就随便听听老师说话而已。可当我真正融入进去之后,我发现它并不简单,因为它教会了我许多。它教会了我什么是亲情、友情、爱情,它教会了我在困难时不要放弃,教会了我怎么去结交朋友……我认为"共创课"是"共同创造的课程",那么它又让我们创造了什么呢?我觉得,它让我们同学之间的友情更加深厚,让我们与家人的联系更加紧密,让我们变得更加活泼、开朗、阳光,还让我们的思维更加灵活。上"共创课"时,老师时不时就提问我们,有时还让我们小组回答问题。为了一个答案,我们绞尽脑汁,但这个答案生成的过程使我们之间的同学情谊更加深厚了。可以这么说,如果没有"共创课",我可能不会认识我那些好友。"共创课"是我成长中一门重要的课程,它让我认识了许多朋友,它为我们创造了共同的记忆。(8年级学生)

## 案例 24

在田家炳中学的这几年,我学到了很多东西,交到了很多朋友,认识了好多人。刚到这个学校时,我充满好奇,但是因为陌生而不敢与其他人有太多交流,就一个人在班里坐着看书或者发呆。看到一群伙伴在玩耍,我很想跟他们交朋友,但又因为害怕和害羞,不敢过去和他们打招呼。这个学校很大,老师对新生很热情。我上小学的学校规模是不大的,来到这个中学的小学同学也很少。我们班就两个人来到这所中学,但我和她也不怎么交流,也没有分到同一个班级。第一节课老师让我们同学间互相认识,但我又不敢主动向他们打招呼。忽然,同桌问我从哪个学校毕业的,我就跟他讲了我的故事。我们聊得很来。下课了,有很多女生过来跟我说话,我特别开心。一转眼我就要升初三了,要好的同学们也都分散到各个班级,我又开始了新的生活,和不一样的人学习、玩耍,体验很多以前没有体验过的东西,但我很开心。我真幸运能到这个学校学习。(8年级学生)

## 案例 25

此时此刻我感悟深刻,在这最后一节"共创课"上,我想说:"共创课"

使我成长，"共创课"让我收获巨大！感谢"共创课"给我带来喜悦、成长和欢乐。通过"共创课"，我学会了怎样与别人相处、怎样解决问题、怎样互相合作、怎样互相帮助，深刻体会到团结就是力量，要有团队精神！"共创课"上，我从开始的腼腆、不知所措，到现在的敢于提出问题、回答问题，并努力去完成任务和游戏……在这学期中，有一节"共创课"让我印象最为深刻。这节课的目标是学会团结、互助、分工合作。老师让每个小组成为一队，各队之间进行绘画比赛，最后画出的作品最好看的队伍获得胜利！我们组每个人都全心投入，最后我们胜利了！

谢谢"共创课"，谢谢"共创"老师，是你们让我有所收获！（8年级学生）

## 案例 26

"共创课"是我非常喜欢的课程。在课堂上，同学们围成一桌又一桌，大家你说我笑，气氛十分融洽。课堂纪律良好，老师会调动大家的兴趣，让大家积极发言。课堂上，老师还会发布一些小任务，让每组同学进行讨论，大家也会积极参与活动、讨论。在课堂上，我很喜欢发言的感觉，在大家面前发表自己的意见的时候，不论说什么，心中总会有一种畅快的感觉，很舒服。这令我在与他人交流时胆子也逐渐大了起来。我最喜欢课堂上的游戏，不论是表演还是讲故事，课堂气氛总能十分活跃。大家都会在课堂上哈哈大笑，我很喜欢那些快乐的笑声交织在一起，这些笑声宛如一个快乐的乐章，好像我们的心都连在一起了，再无那面"屏障"。我们走进对方心里，分享每一份快乐。我爱"共创课"，让我们共同创造未来，共创美好生活。（8年级学生）

 **案例 27**

进入初中后,我第一次接触了"共创成长路"这门课程。"共创成长路"的第一课,我带着兴奋、激动和好奇的心情去上课。虽然每一周都只有一节课,但每一次我都觉得很充实和快乐,每一节课我都学到了很多东西。"共创成长路"的第一课是"亦师亦友",让我懂得了我们可以在遇到困难时寻求老师、朋友的帮助,我们也要学会帮助别人,而且老师和朋友是成长路程中的重要财富。老师的教诲、朋友的陪伴都能使我们受益匪浅。在这节课中,老师为我们准备了丰富的课程内容,我们彼此互动,不懂的问题老师会给我们解释,大家都过得很愉快,下课后大家的脸上还洋溢着笑容。一学期的"共创成长路"课程不知不觉已到了最后一节课——"如何启齿",这是我受益最大的一节课,上了这节课后,我知道了伤害了朋友该如何弥补。我们应该诚恳地、发自内心地表达歉意。"共创成长路"让我的压力得以释放,让我不好的心情得以排解,让我从郁闷变得轻松愉快,也让我明白了许多道理。我希望"共创成长路"可以给更多的人带来帮助。(7年级学生)

**案例 28**

刚步入初中的时候,我意外地发现课程表上有了"共创成长路"这门课程,同学们都争相猜测这到底是怎样的一门课。还记得第一次上课的时候,老师给我们讲了一个故事,内容大概是:一个农村的小女孩在当地的成绩是比较优异的,但到了新的学校,成绩一落千丈,之后经过不懈的努力与坚持，终于把成绩赶了上来。然后老师开诚布公地说那个女孩就是她自己，这让我颇受触动，我发现我在不知不觉中已经很崇敬这位老师了。后来，我们上了很多节课，让我最受益匪浅的是"友谊"那一课。刚来到这个陌生的学校时，我比较害羞和慢热，不知道怎样去与人相处。在"共创"课堂上，我都是以聆听者的身份去上课的。下了课后，我知道必须要主动地去和别人交朋友。之后，我在班上认识了许多的新朋友，我们的相处也十分融洽。因此，我深感这门课带给了我许多帮助，并且我十分感谢学校开设了这门课，它不仅让学生的心理更健康了，还可以帮助学生克服在生活方面的难题。未来我可能会遇到更大的难题，但我会正确运用老师所教的方法去克服一切难题！（7年级学生）

## 案例29

我认为"共创成长路"是一门很好的课程，它教会了我自信、勇敢和坚强。以前，我也有几个玩得很好的同学和朋友，但当时的我们只要遇到一点儿事情就会生对方的气，所以当时我们之间的友情一点也不坚固。之后，我就认为朋友这些也不算什么，只是不让自己无聊，就没有把友情当回事。可是当我上了"共创成长路"这个课程以后，我深受触动，我明白了朋友是我们生命中不可或缺的一部分，有了友情，我们的生活才会更美好。感谢您，石丹理教授，您用您的方式给了我自信和勇敢，也感谢XXX老师！（7年级学生）

### 案例 30

我认为"共创成长路"是一门新奇有趣的课程，能让大家受益匪浅。课堂上，学生举手发言也很积极，老师会通过一些小游戏来讲述某些道理。

我也从中明白了许多道理，比如见面要问好等；要大方地去交新朋友，而不是畏畏缩缩。刚进入初中，我还有点认生，但是听了老师的话后，我立刻向同学们"自荐"。于是，我凭借大方的性格，交到了不少好朋友。本来，以为索然无味的初中生活会这样持续下去，可是我的伙伴们让我的初中生活增添了一抹闪亮的荧光，让我每天都对未来充满了新的期待。（7年级学生）

### 案例 31

我刚接触这门课时，才刚上高一，转眼间，两个学期已经过去。在这两个学期的"共创"课堂上，我也有许多收获。

说实话，我对这门课程的态度经历了三个阶段：刚开始，觉得新颖，感觉很不错；可后来因为学业繁重，我开始讨厌这门课，觉得上课还不如睡个好觉，养足精神好好学习；随着上课次数的增加，我渐渐地喜欢上了这门课。

虽然这门课耽误了我睡觉的时间，可是它带给我的却很多。它教会我们如何与同学更好地相处，使我们这个集体更加团结；教会我们如何克服生活中的困难，让我们变得更加坚强；教会我们怎样处理好学业和生活上的事情，让我们朝着光明前行；教会我们要懂得感恩、孝顺父母，做一个有素质的好学生……

它带给了我们很多很多，就像深夜里的明灯、严寒中的火炉，让我们的成长因它而变得更加精彩。"共创课"已接近尾声，我希望以后还能参加这类对人生有着重要意义的课程，也希望学校能够多开设这种有意义的课程，让更多的中学生获益。（10年级学生）

### 案例 32

在"共创课"上，我学到了一些与人交往的方法。无论是与亲人还是朋友交往，我们都要把握好方法，要学会换位思考，要用一颗宽容的心去待人，这样我们才能处理好与亲人和朋友的关系，使我们身边减少许多争吵，增加许多的爱与温暖。"共创课"的老师很用心，教育方式也不同，他教我们从不同的角度看待一些事，教我们怎样对待父母的争吵。这样的"共创课"，不仅让我们增长知识，还让我们得到新的感受。上"共创课"，我学会了很多知识和道理，我知道当彼此产生误会时，要换位思考、宽容待人、理解他人，也要把自己的一些事情坦然地说出来。我喜欢"共创课"这种教学方式，我觉得人与人之间要及时沟通，我们与父母之间要敞开心扉，不要制造矛盾。在我心中，"共创课"并不是一门课那么简单，它温柔细腻，伴我成长。"共创课"悄然来到我的生活中，让我收获了精神财富。尽管这只是我初中阶段的一门课，但它将让我永生难忘。感谢"共创课"教会了我团结协作，教会了我体谅父母，教会了我自信地生活。（7年级学生）

### 案例 33

我们已经上了一年的"共创课"了。在这一年的学习中，我学会了很多，也懂得了很多。老师也给我们上了很多次课，教会了我们如何尊老爱幼，如何在一个班集体中互帮互助。"共创"这个词，最能突出要点的字就是"共"，"共"这个字就是告诉我们一定要团结，一定要友好。其实这个"共"字真的很奇妙，就像一个个小音符一样，紧紧关联在一起，缺谁都不行，就像我们的大家庭一样，我们都是不可分割的一部分。当然了，对动物来说也是一样的，就拿我们最常见的蚂蚁来说吧！一只蚂蚁很小，但是如果一群蚂蚁团结在一起，力量是很大的。生活中有很多缺乏"共"字意识的人，他们瞧不起穷人，瞧不起长得难看的人，有的人还对穷人进行侮辱和诋毁。大家同样是人类，都是生活在地球上的人，为什么就不能尊重彼此呢？"共创课"让我成长，使我懂得了很多，也让我明白了很多，它让很多天真无邪、懵懂无知的邻家小妹妹变成了懂事、活泼、乖巧的"小大人"。"共创课"，我很感谢你，你让很多人变得不再无理取闹。是你，让我们成长。（7年级学生）

## 参考文献

BENSON P L, 1997. All kids are our kids: what communities must do to raise caring and responsible children and adolescents[M]. San Francisco: Jossey-Bass.

BENSON P L, SCALES P C, HAMILTON S F, et al., 2007. Positive youth development: theory, research, and applications[M]//DAMON W, LERNER R M. Handbook of child psychology, vol 1. New Jersey: John Wiley & Sons, Inc: 894-941.

CATALANO R F, BERGLUND M L, RYAN J A M, et al., 2002. Positive youth development in the United States: research findings on evaluations of positive youth development programs[J]. Prevention & treatment, 5(1): 15. DOI:10.1037/1522-3736.5.1.515a.

CATALANO R F, HAWKINS J D, TOUMBOUROU J W, 2008. Positive youth development in the United States:history, efficacy, and links to moral and character education[M]// NUCCI L P, NARVAEZ D. Handbook of moral and character education. New York:Routledge:459-483.

DURLAK J A, WEISSBERG R P, DYMNICKI A B, et al., 2011. The impact of enhancing students' social and emotional learning: a meta-analysis of school-based universal interventions[J]. Child development, 82(1): 405-432. DOI:10.1111/j.1467-8624.2010.01564.x.

LERNER R M, 2005. Promoting positive youth development: theoretical and empirical bases[R]. Washington D.C.: National Research Council.

LEWIS K M, VUCHINICH S, JI P, et al., 2016. Effects of the positive action program on indicators of positive youth development among urban youth[J]. Applied developmental science, 20(1): 16-28. DOI:10.1080/10888691.2015.1039123.

SHEK D T L, 2012. Qualitative evaluation of the project P.A.T.H.S.: an integration of findings based on program implementers[J]. The scientific world journal, 2012: 591816. DOI:10.1100/2012/591816.

SHEK D T L, SUN R C F, 2010. Effectiveness of the tier 1 program of project P.A.T.H.S.: findings based on three years of program implementation[J]. The scientific world journal, 10: 1509-1519. DOI:10.1100/tsw.2010.122.

SHEK D T L, SUN R C F, 2012a. Participants' evaluation of the project P.A.T.H.S.: are findings based on different datasets consistent?[J]. The scientific world journal, 2012: 187450. DOI:10.1100/2012/187450.

SHEK D T L, SUN R C F, 2012b. Evaluation of the project P.A.T.H.S. based on students' weekly diaries: findings from eight datasets[J]. The scientific world journal, 2012: 354254. DOI:10.1100/2012/354254.

SHEK D T L, SUN R C F, LAM C M, et al., 2008. Evaluation of project P.A.T.H.S. in Hong Kong: utilization of student weekly diary[J]. The scientific world journal, 8: 129604. DOI:10.1100/tsw.2008.2.

SHEK D T L, ZHU X, LEUNG J T Y, et al., 2019. Evaluation of the project P.A.T.H.S. in China's mainland: findings based on student diaries[J]. Research on social work practice, 29(4): 410-419. DOI:10.1177/1049731517745994.

TAYLOR R D, OBERLE E, DURLAK J A, et al., 2017. Promoting positive youth development through school-based social and emotional learning interventions: a meta-analysis of follow-up effects[J]. Child development, 88(4): 1156-1171. DOI:10.1111/cdev.12864.

ZHU X, SHEK D T L, 2021. Subjective outcome evaluation of a positive youth development program in China's mainland[J]. Research on social work practice, 31(3): 285-297. DOI:10.1177/1049731520980802.

# 7

## 助益内在能力：
## 认知能力、问题解决能力与行为能力

◎石丹理　朱小琴　陈希雯　唐一婷

青少年的认知能力是一个内涵丰富的概念，包括知识和认知两部分。知识是指存储在长期记忆中的三种信息结构：陈述性知识、程序性知识和概念性知识（Byrnes, 1999）。而认知能力则包括但不限于推理能力、学习能力、批判性思维、创造性思维、决策能力等。青少年的认知能力是青少年发展结构中的一个重要维度，对青少年的学习表现和心理健康都有积极的影响（Sun and Hui, 2012）。

在学习与工作方面，认知能力能帮助儿童及青少年在不同年龄阶段更好地过渡和适应，同时在考试、升学，甚至未来进入社会时，都发挥着不可小觑的作用（Lerner et al., 2011; Veas et al., 2015）。与此同时，认知能力能够帮助青少年面对并解决人际烦恼、扩大社交圈以及建立亲密关系。认知能力不仅有利于青少年的终身学习和全面发展，更能帮助青少年成为未来社会的领导者，解决社会问题，为世界发展做出贡献（Sun and Hui, 2012）。

问题解决是一个自我导向的认知行为过程，即一个人试图识别或发现日常生活中遇到的问题的有效或适应性解决方案（Nezu et al., 2010）。问题解决与应对压力、克服挑战密切相关，问题解决能力也是领导力的一个重要组成部分（Nelson and Squires, 2017）。例如，在服务领导模型（Service Leadership Model）中，问题解决能力就是通用的衡量领导能力的指标之一（Shek et al., 2023; Shek and Chai, 2019）。

行为能力往往也与认知能力高度相关，认知是一切行为的基础（Ma, 2012）。青少年的行为能力指的是采取有效行为的能力，包括三个维度：非语言交流（通过面部表情、语气、着装风格、手势或眼神交流）、言语交流（提出明确的要求、有效地回应和接受批评、清楚地表达感受）、采取行动（解释他人的行为或想法、摆脱消极情况、参与积极活动）（Catalano et al., 2004）。

在某种程度上，这两种能力指的都是青少年采取行动以解决问题的能力，是一种通用且有效地应对各种压力的能力。实证研究表明，缺乏问题解决能力与攻击性以及犯罪行为相关（Jaffee and D'Zurilla, 2003）。相反，有效的问题解决可以带来高质量的人际关系，提高生活质量（Wallander et al., 2001）。在生活中主动采取行动，有利于青少年建立自尊自信、处理抑郁情绪、参与校园生活，以及关注社会环境等，从而为他们的生活带来积极的转变（Switzer et al., 1995）。特别值得注意的是，行为能力对于帮助青少年远离问题行为（例如药物滥用）非常重要。从本质上讲，如何说"不"对于帮助青少年拒绝不良的同伴影响至关重要。

在认知方面，青少年正面成长（Positive Youth Development, PYD）项目可以提升包括学习、逻辑和分析思维、问题解决、决策、计划、目标设定和自我对话等能力；而在行为技能方面，PYD项目能够教授青少年行为技能并且强化有效的行为选择和行动模式（Catalano et al., 2004）。在香港，"共创成长路"赛马会青少年培育计划（P.A.T.H.S.）根据青少年认知能力的发展进程，并参考香港青少年的背景，设计了能够提升创造性和批判性思维的学习课程，并引导青少年们使用这些思维技巧来处理日常生活中遇到的问题（Sun and Hui, 2006）。参与过该计划的学生、教师，以及该计划的实施者都给出了积极正面的回馈与评价。对参与计划的学生的日记和主观研究结果的分析发现，青少年普遍认为自己在参加 P.A.T.H.S. 后，感觉到自己的心智更加成熟，学会了如何辨别是非，并掌握了很多在日常生活中有用的知识和技能（Shek and Sun, 2013）；而客观结果分析则证明青少年的问题解决能力和行为能力得到了显著提升（Shek and Ma, 2012）。P.A.T.H.S. 在香港取得的成功在内地也得到延续。参加该计划的内地学生对该计划课程持有非常积极的看法，并且他们认为在参与该计划后，自己各方面的能力都得到了提高（Shek et al., 2019; Zhu and Shek, 2020; Zhu and Shek, 2021）。

在本章中，我们将呈现 37 个案例来说明"共创成长路"田家炳青少年正面成长计划（TKP P.A.T.H.S.）在内地如何帮助青少年在认知能力、问题解决能力和行为能力这些方面实现积极发展，并再次展现了以该计划为代表的 PYD 课程对于内地儿童及青少年的正面影响。

## 案例 1

整体来说，我认为"共创成长路"这门课程对我还是有一定的影响与帮助的。这门课程很有趣，采用小组学习法，增强了我们的创造能力与动手能力。老师通常会让我们做一些小游戏，营造轻松欢快的学习氛围，让我们感到放松,从而起到了让我们在学习之余缓解压力的作用。老师还经常让我们进行小组讨论,每个人都参与,每个人都开动脑筋思考。我也从这门课程中学习到了很多,最突出的应该就是在课堂上积极发言,向大家讲述我的观点,我还是我们小组的组长呢!这增加了我的荣誉感,也让我有了些许自信。这门课程还大大提高了我的创造性和批判性思维,让我学会从另一个角度想问题。任课老师也是很负责任的!

我很支持这门课程继续开设下去!(7年级学生)

 **案例2**

时光飞逝,从第一节"共创课"到现在,每节课的内容都让我受益匪浅。

课堂上,不仅有许多新奇的事物,更多的是培养我们的动手能力和思维能力。每一次老师都让我们展示自己的能力,进行情景表演。上台之前虽然有过紧张、忐忑和不安,但表演结束后却如释重负。每节课的内容都不一样,既新奇又有趣。其中我最喜欢"排队"这一主题课,它让我明白了人与人之间要有秩序,这样我们的世界才会更美好。

"共创成长路",让我们的思维更活跃!(7年级学生)

**案例3**

这是有特色的"共创课",课堂的环境很安静,氛围也很好,使我们能融入美好的环境中进行学习。经历过风雨的一棵小树定能茁壮成长,受过素质教育的我们一定会品德美好。

在"共创课"上，我们积极回答问题，努力思考问题，并愉快地玩耍。

通过我们的不断努力，我们的心灵变得高尚，变得美好。"共创课"不断锻炼我们的思考能力，使每个学生都能独立思考。

无私奉献、独立思考、勤劳勇敢等美好品德出现在我们身上。

爱生活，爱我们，爱"共创"，爱学习。（7年级学生）

### 案例4

随着期末的来临，最后的一节"共创课"也结束了。而在这许多节"共创课"中，我们学会了许多道理和方法。上了"共创课"后，我明白了许多，也成长了许多，我知道了世界上许多人的困苦和迫不得已，与此同时，我也了解了世界上的善良和正义。"共创课"让我知道如何解决一些问题，让我更好地去化解矛盾。每节"共创课"都会有不同的内容，而且每节"共创课"都会带给每个人不同的收获和体验，这些收获让我可以更好地和父母沟通，更好地和同学相处。"共创课"教给我辨别是非的能力，教会我遇到困难时的处事方法，让我更加意识到父母的不易与艰辛，也让我更加珍惜和热爱现在的生活。这十几节"共创课"让我明白了许多，知道了友谊的意义、父母的艰辛、生活的不易，也让我收获了许多技能方法，让我成长了许多。（8年级学生）

### 案例5

上了两个学年的"共创课"，我受益匪浅。在课堂上，同学们积极讨论，课堂气氛活跃。在老师的指导下，我们一步一步地走向成熟。课堂上，我发现自己是"侦探型"的人，喜欢分析、评论问题，并发表意见。老师教导我们要让自己变得更好，扬长避短，了解自己经常运用的各种思维模式，可增加自己处理事情的灵活性，而不是只会运用自己最强的思维模式。思维模式亦可学习和培养，要在日常生活和学习中用不同的思维方式去处理事情。老师还以一些山区孩子的生活环境为例，让我们明白了生命在于奉献，要珍惜时间，珍惜当下的幸福时光，好好学习，长大后为祖国做贡献！一节主题为"知心人"的"共创课"，让我彻底明白了如何处理人际关系，明白了父母是多么不容易。父母也希望能做我的倾听者和知心人，我们应该相互理解、相互交流，不放弃彼此交流的机会，拉近彼此心的距离。老师在"学习攻略大检阅"课堂中，给我们介绍了多种学习方法，帮助我们找到适合自己的学习方法以及提升学习效率的方法，同时教会我们如何管理好自己的时间，从而更有效地学习。"共创课"是一个很棒的课程，它让我的心智一点点变得成熟，让我变成了一个更好的自己。如果可以，我希望"共创课"能一直伴随我成长。（8年级学生）

## 案例 6

"叮铃铃……"上课铃响了，这节课是"共创课"。"上课""老师好""坐下""谢谢老师"。老师开始播放 PPT 了，在关于成长的课上，同学们积极发言，解决了老师出的一道道难题。

在成长路上，我们会遇到很多难题，其中，有让我们迷茫、害怕的，也有让我们勇敢地一直向前走的。

关于学习。学习是每个人必须经历的一个过程，学习很枯燥无味，但是可以把人带到另一种境界。知识就是力量，所以你学习知识，你就有了力量前行；也要把知识和生活实践结合起来，这样才不会死读书、读死书。学习固然重要，但成为一个书呆子，那就不好了。不能像书呆子一样一天只会死读书，到后来一些基本的常识都不知道了。

关于成长。成长也是每一个人必经的一个过程。成长的道路有趣丰富，但也会让人迷失。在成长路上我们会遇到很多未知的领域，所以我们一定要坚定自己的初心，不要让太多的未知成为主宰我们内心的东西。

成长是一个有欢笑、有泪水的过程，成长中一定要坚持自我。不要害怕，要勇敢地学习，我们一定会完成属于自己的蜕变。（8年级学生）

## 案例7

学校开设的"共创成长路"课程，让我们这些处在叛逆期的学生明白了要理性分析事情，不能意气用事，提升了我们分析事情的能力，加深了我们对生命的认识。

"共创课"让我们明白了人生处处是考场，每个人都会面临各种各样的问题，所以我们要学会理性分析和努力克服问题，不轻易放弃；要从各个角度来看待事情，不能单凭直觉。

"共创成长路"课程，让我明白了很多事情，也让我学习了如何对待扭曲心理，解决心理上的问题，这样能促进身心健康发展，加强对内心世界的防护。我希望这一课程能够继续开设下去。（8年级学生）

### 案例 8

"共创课"上,老师积极热情,学生认真活泼,这无疑是一门很好的课程。

在"共创"课堂上,老师轻启唇,细言语,总能适时召唤出我们的理性,压制住我们内心不好的情绪和冲动。

"共创课"让我们看见父母的付出与爱,让我们看见朋友的体谅与包容,它让我们变得善良。

这是一门既有趣又有意义的课程,我希望以后还能继续上这门课。(8年级学生)

### 案例 9

上了"共创课"后,我个人认为每个活动都给我留下了很深的印象。通过这门课,我受益很多,学会了团结、自信、尊重他人等等。这些品质是处于青春期的我们为了适应环境所必需的,与此同时,拥有这些优秀的品质也可以推动我们更好地成长和发展。

游戏是"共创课"中必不可少的部分,在玩游戏的过程中,我们更深刻地体会到了那些老师们常说但不好做到的事。然而,课堂设置游戏并不是为了玩,而是让我们在玩游戏的过程中增进理解,同时可以锻炼其他方面的素质,比如合作与反应速度等。

老师还设置了其他活动,旨在告诉我们如果真的面临相应的事件应该怎么办。

成长之路免不了风雨,而不断学习、完善自我的过程就如同为自己撑起一把小伞。

总而言之,"共创"课程如同甘露一般,滋养了我们的成长之路。我希望还能有机会参加该课程。(8年级学生)

### 案例10

在两年的"共创成长路"课程学习中,我认为这门课程不仅为我们提供了学习知识的平台,也给我们传授了一些人生的经验。在两年的学习中,我学到了许多,也改变了许多。这个课程增强了我与他人相处的能力,使我更加了解自己,提高了我的综合分析能力与理解能力,最终促进了我整体的心理成长与素质提高。课堂上有老师精心准备的游戏,能让我们快速融入课堂;同学们也经常讨论与辩论,这使我们的思想在碰撞中擦出火花。下课后,我们会写下当天的成长感悟,总结当天所学的知识。我们觉得"共创成长路"这门课程真的非常有意思,也非常有意义,它总能让我们在趣味之中启迪智慧。这确实是一门很好的课程。(8年级学生)

### 案例11

自从上了"共创课"以后,我感觉自己更加开朗了,以前我的朋友寥寥无几,但现在我拥有了很多朋友。更重要的是,我明白了人生中的许多道理,例如一定要坚持,无论是大事还是小事,无论多么困难,必须要坚持才能获得最后的胜利。还有,这门课让我们学会了一定要孝敬父母,回报父母,是父母给了我们生命;让我们学会了为人处世;让我们健康成长,所以一定要好好学习。此外，通过这门课，我意识到朋友的重要性，只有互帮互助、共同进步的人才算是朋友，那些见利忘义的人算不上朋友。我们思考问题时，一定要从多方面考虑。比如我们小学学过的一课——《画杨桃》，我记忆很深刻：杨桃从正面看就是一个五角星，从侧面看又是一个长方形，所以我们一定要从多方面去看待问题，说不定另一个思路就能帮我们解决问题。这门课不仅让我们学到了很多的人生道理，还促进了我们与老师、同学之间的关系，让我们上课时不用那么拘束；加强了小组间的合作能力，让我们更加团结；提高了我们的动手动脑能力，让我们的思想更活跃，双手更灵活。（8年级学生）

### 案例12

参加了这门课程后，我提高了对不良影响的分辨能力，并改善了与他人相处时所用的语调、语气和方法等。这门课程不单单提高了我原有的能力，还激发出我许许多多的潜力，使我能自主地抉择一些重要的事情，临危不乱。

通过学习这门课程，我感到自己长大了，也更有自信了，学会了如何思考问题，如何更乐观地让自己成熟起来，不再幼稚。"共创课"有效地培养了我在学习生活中的团队合作能力，我学会了融入集体，学会了爱护和关心他人，在团队合作中与组员的交流也变得更有默契了。同时我也意识到了我的不足，即不能很好地处理个人的情绪问题。这门课程使我更好地去自主学习，把个人的潜力激发出来，努力做一个具有创造性和创新思维的人。

我希望在不远的将来，会有更多这样的课程普及到各个学校，进而培养出更多具有创新意识的青少年人才。我希望这门课程能继续开设下去，让更

多学生提高自己并感受生命的美好。（8年级学生）

## 案例 13

经过两年的学习，我已经学到了在我们这个成长阶段中最为需要的生活技能，包括学习、社交、娱乐等。可以说，这个课程的开设达到了它的目的，同时也实现了我们的学习目标，是圆满的、成功的。

这个课程除教学内容外，最大的亮点是同学们可以进行思想上的交流，这是我在上这门课程时最触动的一点。这门课拓宽了我的思维视野，使我在倾听他人观点时能够博采众长，展现出包容、理解的态度，进而丰富自己的思想内涵。这是我上这门课程后的最大收获，我相信这些收获将使我受益终身。

就内容而言，本课程的目的是健全学生心理，事实证明它是成功的。通过学习，我打下了坚实的理论基础，有了这个基础，我在行动时势必减少很多心理压力。对于我未来的人生路来说，这起到了很好的铺垫作用。（8年级学生）

## 案例 14

通过"共创课"，我懂得了解决问题的正确方法，学会了与同学、老师沟通的技巧，知道当自己情绪不好的时候应该怎样去排解，当自己面对困难和挫折时应有怎样的心态，怎样面对学习，如何合理安排时间等。不仅仅是在学习、生活上，还有在家庭关系中，"共创课"告诉我们如何处理青春期时与父母之间的矛盾，如何对待父母。我们要抱有一颗感恩的心，在家中要为父母分担家务。我们要积极向上，多角度地看待问题；在与他人交往时，要大度，包容对方，不在小事上计较；要多参加社会活动，帮助弱势群体；要爱祖国、爱社会。

我认为"共创课"是有益的，它让学生明白自身的价值，使学生奋力前进，做一个有理想、有智慧的中学生；同时让学生从中反省自身缺点，从而不断完善自我，做一个文明懂礼的中国人；还能让学生感受到交流的魅力和奉献精神，做一个亲社会的青少年。（8年级学生）

## 案例15

初二结束了，"共创课"也结束了。两年中，我学到了很多。可能学到的东西现在不一定用得上，但随着身心日渐成熟，我总有一天会用得到的。两年的蜕变是多方面的，我从任性到学会体谅，从稚气未脱到逐渐成熟，不变的是初心，改变的是心境。"共创课"涉及的内容很全面，我们从中学到了很多。例如调节情绪、独立解决问题、朋友间的相处方式、学习的态度等，每一堂课都充满了趣味。老师也像大朋友一样，对我们很友善，仿佛这不是上课，而是和朋友促膝长谈，点点滴滴的回忆我都记在心中。以后我可能没有机会上"共创课"了，但是我相信在未来的生活中，一定会多一把保护我的大伞，永远陪伴着我。（8年级学生）

## 案例 16

时间犹如脱缰的野马,我们再也触不到那逝去的时光。细细想来,2016年8月3日,是我第一次与家人来到这所学校的日子,我对学校的一切都充满着好奇。第一次上"共创课"的场景历历在目。转眼,我已在XXX中学生活了一年,两个学期的"共创"课程也已结束。在"共创课"上,我学会了更好地控制自己的情绪,学会了更好地与别人交流。在这基础上,我与家人、朋友的关系更加亲密了。通过"共创课",我足以看出沿海城市比我们山区更发达。中国贫困地区之所以富不起来,其根源是教育的落后,各地区在经济、文化、教育等方面的水平差异明显,而我能做到的便是抓住现在的机会,走出山区到大城市发展。而要弥补教育水平的差异,只能更加努力地学习。"共创课"给我带来了思想上的巨大变化。如果以后有机会,我一定还会再上这门课,为思想更上一个高度,为赶上沿海城市的教育水平,为成为更好的自己。(10年级学生)

## 案例 17

时间就这样匆匆流逝,两学期的"共创课"马上就要结束了。这个课程让我们学到了许多东西,我们学到了如何去管理时间,如何给自己制定一个合理的目标。我们的手抄报依旧贴在"共创"教室的墙上,但上面仿佛有了岁月的痕迹,透过手抄报仿佛能看到我们欢声笑语的画面,以及我们一起度过的美好青春岁月。一开始我们只是抱着好奇的心态去那间教室,后来我们才开始慢慢发现这个课程对我们的成长是有很大帮助的。老师也非常的和蔼、平易近人，认真细心地给我们讲课，我们的态度也发生了根本的改变。我认为对我意义最重大的一节"共创课"是"如何合理规划时间，规划自己的人生"。我们已经是高中生了，学习生活非常紧张，学习压力很大，我们一定要合理规划时间，以最有效的方式来学习；同时也要培养自己的兴趣爱好，锻炼好身体，因为身体是革命的本钱！（10年级学生）

### 案例18

通过"共创课"的学习，我对"共创课"有了新的认识。我觉得它主要是为了实现教学过程的最优化和教学效果的最大化，促进师生的共同进步以及知识和素质的共同提高。课上，老师教会了我们如何发现自己的天赋。整节课中，同学们主动参与，老师也采用这种促进学生主动学习和灵活机动的教学策略，调动学生的积极性，引导学生积极思考，给予学生更多的时间和机会进行必要的合作和展示，使全班同学共享彼此的学习成果，也能够让同学们从更多方面去思考问题。老师还在班内实行小组互助学习制，把若干个学生分成一组，同学们被分成六组。同时，老师通过小组学法指导和激励性评价，进一步提高学习小组的自主学习效果，最大限度地面向全体学生，做到因材施教，以提高课堂教学效率。这门课让我受益匪浅，让我明白了学习就要深入探索，敢于创新，善于反思，总结提高。（10年级学生）

### 案例19

在我看来，"共创成长路"是一门真正意义上的开放课程。整个课堂以游戏、讨论的方式有序进行，它可以锻炼我们的思维能力，同时帮助我们放松，缓解学习压力。

"共创课"包括多个主题，我对其中一节关于"让我们写梦想职业"的课印象最深。老师让我们写了十个职业，并列出各个职业的要求。"共创课"让我定下了学习目标，让我想为自己的将来而奋斗。从初一到现在，我还坚持着当初的学习目标、学习方式，这让我的成绩逐渐提升，让我感到成长的快乐。

总之，这门课程带给我很多，让我能发现生活中的美，也使我养成了一种乐观的生活态度。这段美好的记忆，我会一直铭记在脑海里。

我想，这门课不应该只给我带来快乐，它还可以给更多的人带来快乐，我希望它能在各个学校开展，让更多学生受益。这个高效的课程顺应世界教育的潮流，同时这也是田家炳中学教育能力和高端实践的体现。我衷心祝愿田家炳中学越来越好，成为教育界的典范。（8年级学生）

## 案例 20

"共创课"是一门新兴课程。进入初一，我们怀着好奇的心情走入"共创"教室，一晃已经两年过去了，从我刚开始上第一节"共创课"，到现在的最后一节，这个过程给了我很大的帮助。我还记得第一节课分组时，作为组长的我定下了口号："路遥奋进要自强，我们共创成长路"。这其实是"共创"歌中的一句话，"共创课"就像歌词中所说的那样，引导着我们、教育着我们。在这里，我学会了与同学交流感想，从而使思想渐渐成熟；我学会了要守时，与他人说话时要注意别出口伤人，从而使自己与朋友交往时更加开心和愉快。在这里，我看到了当今世界上发生的许多事，学习到了许多防灾、救灾知识，充实了自己。在这里，我与同学们编故事、演讲、交流、抢答问题，从而锻炼了想象力；对于老师的提问我更有勇气回答，更有勇气登上讲台，面对全体师生。两年的时间里，"共创课"给予我们的帮助是多么大啊！两年来的点滴会让我永远铭记，如有机会再上"共创课"，我想，我一定会开心地继续去上课。（8年级学生）

## 案例 21

对于这门课程，我感到既兴奋又遗憾。兴奋的是它给了我们许多知识与欢乐，让我从实践中得到真理。正如中国传统教育里所提出的"格物"和"致知"，这门课程充分展现了这一理念，不仅培养了我们的实践能力，也让我们从实践中记牢知识，让我们乐此不疲。遗憾的是，初三临近中考，在学习成绩和实践课程的权衡之中，我们不得不放弃这门课程，对此我们感到十分无奈与惋惜。刚开始，我们对这门课程并不在意，因为没有什么比主课更重要的了，但慢慢地我们才发现这门课程的重要性。当我与其他学校的同学进行辩论时，我才真正意识到"共创课"让我受益匪浅。（8年级学生）

## 案例 22

两年前，刚刚小学毕业的我们来到了田家炳中学。一次，老师走到教室里叫我们去"共创"教室上"共创课"。"共创课"？这是什么课程呢？我们对该课程充满了好奇。我们来到"共创"教室，很多人发出了"哇"的叫声，这个教室很不一样，课桌不是方桌，而是圆桌，老师很早就坐在了圆桌边。接着老师说："我们将要进行分组，每个组大约有八人，给你们五分钟时间，你们自己选出组长、副组长、报告员、调查员。"在这五分钟里，同学们站起来围成一个圈，尽情地讨论着。五分钟终于过去了，这五分钟我觉得像是好几个小时，因为我很好奇这门课程，所以迫不及待地想知道它是什么样的课程。终于，老师开始上课了。啊！好好玩，感觉"共创课"的课堂上不会那么严肃，课堂上的笑声也多了。这堂课给我留下了很深的印象。课上，老师并不是讲课本上的知识，而是提及我们身边的一些事，教我们如何解决问题，这是在其他课堂上所学不到的。转眼间，两年过去了，总共上了几节"共创课"我已不记得了，但我总能将学到的知识运用到日常生活中。感谢这门课程，在我们叛逆的青春期来到我们的学习生活中。（8年级学生）

## 案例 23

从入学开始，我们走过三年风雨，初中生活仿佛就在昨天。"共创成长路"是我三年里印象最深的课程，它是一门我从来都没接触过的课程，让我觉得很新颖，慢慢接触后我就对它从有好感上升到了喜欢，后来再听到上"共创课"就会两眼冒星星了。这门课真的很神奇，它能从各方面渗透到你的思想中。比如，上课时面对问题，"共创课"的氛围总能让我们积极发言；做游戏时，我们主动上场，和同学密切配合。课堂里到处都是欢声笑语，老师也被我们感染了。"共创课"能增强我的分析能力、交际能力和学习能力，真是百利而无一害。我很怀念参与"共创成长路"课程时与老师、同学共同

学习的日子，希望让更多人加入这条"路"，让我们一起成长。（9年级学生）

## 案例24

今年我就要毕业了。在这三年里，是"共创课"一直陪着我成长，带给了我许多快乐，让我在成长过程中有了正确的引导方向，让我知道遇事要沉着冷静、分析判断、勇敢面对。这一门课在我看来是非常好的，我就是一个例子。我从一个懵懵懂懂的小孩子逐渐成长为一个成熟、稳重的中学生，"共创课"在我成长的过程中起着关键性的作用。我们上过一节主题为"损友与益友"的"共创课"，它在我们成长的过程中起着不同的作用，让我明白"近朱者赤，近墨者黑"这句名言的含义。的确，跟着好的朋友便会共同进步，跟着坏的朋友便会陷入泥潭。所以，我要感谢"共创成长路"这门课程，也要感谢我的学校。"共创课"引导着我走向正确的道路，让我学会如何适应这个社会，锻炼了我幼稚的心灵，让我逐渐成熟，让我的生活少了许多烦恼，也让我意识到遇到每一件事情，都要从多方面去思考问题，不要局限于某一层面。在未来，我也会继续发扬在"共创课"上学到的品质，让更多的人学到知识。想到这里，我的心中不由得感到自豪。"共创"伴我成长。（9年级学生）

## 案例25

从初一上学期到现在，"共创成长路"课程陪伴了我们一年。老师教给了我们许多道理，增强了我们表达及处理情绪的能力，帮助我们更积极地面对将来，培养我们对他人的关爱之心。

记得有一次，老师让我们看一幅画，问我们这幅画上有几个人。我们每个人的答案都不同，最后的答案是无数个。这道题蕴含着很深刻的道理，那就是要从不同的角度去看事情。

一天下午上课时，我们组的一位同学上台参加老师组织的游戏，他说到一半，眼泪就掉了下来，他的故事很令人感动。

在这一年里，我们经历了很多，也学到了很多，看了很多，玩了很多。虽然不知道下学期还有没有这个课程，但是这一年里我们经历的所有事情我都会铭记于心。

如果下学期还有"共创成长路"课程，我一定会继续参加。

感谢老师，感谢父母，感谢"共创成长路"，大家一起携手创造成长之路吧！（7年级学生）

## 案例 26

这是一门有效的新课程，让我学会了很多，也让我知道了很多，给我的成长添加助力，让我改变了原来的面貌，迎接新的生活。

在课堂上，我由原来的内向逐渐变得外向，每一节课我都会学到许多有用的知识，知道在人际交往中如何与他人友好相处，因此，我的朋友圈变得更大了。"共创课"还教会了我如何用批判的眼光去看待问题，要有自己独立的见解，有自己的新思维，让自己的大脑大部分时间都处于思考的状态。学习这门课后，我学到了很多，也懂得了很多，下一节课我希望能学到更多知识。（7年级学生）

## 案例 27

"共创成长路"在我心中,并不是一门简单的课程,它悄然来到我的生活中,让我收获了很多精神财富。

课堂上,我们玩了很多小游戏,都感到十分愉悦,但我印象最深的还是"点线相连"这个需要动脑的游戏。

老师一来就给我们讲了游戏规则:用十二个点和六条线画一个圆形,其中每条线上必须有四个点,这个任务需要在二十分钟内完成。一开始,我就不知所措,看见周围的同学都在一个劲地画,我却一点头绪也没有。时间一分一秒地过去了,突然一个同学举手说:"老师,我有方法了!"老师看见后让那位同学上去画了出来。我也恍然大悟似的朝这个方向思考,却一无所获。时间快结束了,黑板上也陆陆续续多了几个答案,可没有一个是我写的。最后老师又为我们揭晓了几个答案,笑着说:"同学们,这题有很多种答案,我们不应该把思维局限在一个图形上。"

上这门课还让我结识了一位新朋友——"共创课"老师。这位老师年轻漂亮,经常给我们讲一些故事,我们心里有烦恼时也可以去找老师诉说,老师会耐心地为我们解答。上"共创"老师的课,同学们总是很开心、很放松,因此同学们也很喜欢这位老师。

上这门课,我学会了去理解、去关心,学会了宽容,学会了面对困难不气馁,还学会了理性辨别,学会了太多太多。我感谢这门课给予我的一切!

(7年级学生)

### 案例28

我们刚来到XXX中学时,就已经开始接触到"共创课"了。开始时"共创课"让我十分兴奋,因为课上有许多活动,这些活动一改以前上课时沉闷的气氛,使课堂氛围活跃起来。在课上,我们能够经常与同学一起交流、学习,这也使我更喜爱这门课。

不仅如此,每一节课上,我都会有许多收获,这些收获有些是对学习有帮助,有些是对生活有帮助,而更多的便是对未来规划有帮助。在课上,老师会利用自己对生活的感悟来给我们传授知识,传授一些能帮助我们的方法。不仅如此,我们也可以与小组内的同学们一起去讨论、去总结每个人的想法,并且我们也可以通过做一些老师布置的活动,来更好地理解课堂主题。在一节又一节的"共创课"上,我所获得的将会使我终生受用。勇敢、坚强、开放自我、了解自我、放眼未来……这些都是"共创课"让我学到的。如果没有"共创课",我将缺少很多应对困难的方法。

现在的我们已经上了数十节"共创课","共创课"也已接近尾声,而我却十分不舍,在"共创课"上所收获的已经大大超出我所期望得到的。我希望能够再次获得上"共创课"的机会,因为"共创课"给予我们的并不是言语所能表达清楚的。(10年级学生)

### 案例29

"共创课"是我在初中才接触的一门新课程,我对此非常感兴趣,总是盼望着上"共创课"。我喜欢"共创课"的氛围,老师和学生的互动也很有意思，主题都很符合实际生活、贴近现实，一定程度上增强了我学习的动力。"共创成长路"，顾名思义就是一起创建成长的道路，将成长中遇到的问题作为每节课的主题。我印象最深的一堂"共创课"是"学习是为了什么"。那段时间我一直很迷惘，学习究竟是为了什么？"共创课"给了我答案。每次上"共创课"，我都认真听课，拿笔记录。于是我找到了方向，有了学习的动力，在很长一段时间内都保持着兴奋的状态。"共创课"，使迷失方向的我找到了目标；"共创课"，使面对难题的我找到了解决问题的方法；"共创课"，使我的思维开阔起来。我想，"共创课"会指引我实现最终的目标。（7年级学生）

## 案例 30

"共创课"是一门有趣的课，它给我带来了很多乐趣。在"共创课"上我们都认真地与老师互动，积极参与活动。我们做过手工，完成一些开拓思维的题目以及自测的考题，类似"你拖延吗？"。每一节"共创课"我都会学到一些新知识。"共创课"不仅帮助我掌握了一些生活常识，并且让我知道自己应该怎么做，避免一些不应该发生的事情。此外，在"共创课"上，我还可以放松心情。这门课让我们的思维更加灵活，让我们主动去思考很多问题。因此，在我看来，"共创课"是一门有趣的课。（7年级学生）

## 案例 31

"金无足赤，人无完人"，每个人都会有性格弱点，性格弱点会影响我们的人际关系，所以我们要"己所不欲，勿施于人"。我们也要学会倾听，倾听既是一种重要的学习方式，能借助他人智慧解决问题，也是人与人沟通的桥梁，学会倾听才能收获信任与友谊。我们要展开思维的翅膀。事物是具有多面性的，看待事物不要只看一面，还要看另一面。思维分为理性思维、创造性思维和批判性思维，我们要从不同的方向、角度和途径去思考问题，探求多种答案。（7年级学生）

### 案例 32

步入初中，新增的课程像洪水一样涌来，沉重的学习负担也使人喘不过气来，此刻的我们最需要的就是精神上的放松，而"共创课"就满足了我们的需求。开设"共创课"的意义，不仅在于为我们营造了一个轻松的环境，最重要的是为我们解决了许多学习生活中的疑惑，就像是驱散了前方的浓雾，使我们的目标变得清晰明了。"共创课"上，同学们通过交流传递了美好的情感，通过阅读开拓了视野，通过参与活动丰富了精神世界，通过社会实践为生命增添养料。可以肯定地说，"共创课"是一门新颖的课程，且十分有意义，我希望其他学校也可以开设此类课程。（7年级学生）

### 案例 33

这门课不仅给了我们心理上的指导，还增强了我们对集体生活的向往，涵盖团体力量培养、手工能力提升、道德认知塑造、人性思考启发等诸多方面。这门课丰富了我们的情感体验，强化了我们的语言表达能力、交流讨论能力与动手操作能力。课堂上，老师让我明白了电影中的镜头是如何产生的。这种课不需要我们死记硬背，而是强化了我们的发散思维，丰富了我们的社会体验，让我们直观地感受到了社会中的种种现象。这门课增加了我们对人性的思考、对人生的思考，也使我们更加热爱生活。我要好好学习，为国家做贡献，选 XXX 中学果然没错。（7 年级学生）

### 案例 34

从初一开始，我们不仅增加了文化课，也多了一门心理课程，就是"共创课"。这门课程可以帮助我们放松大脑，也使我们懂得了许多人生道理和许多关于人类的奥秘。有一节课让我感触颇深，主题就是"为什么学习"。对于这个问题，我也是想了很久，但终究还是想不明白。那一节课老师告诉了我们两个答案：1. 要有说走就走的底气。2. 改变你所处的现状。在这个学期的"共创"课程中，我们有很多专题，每一个板块都有其丰富的意义与道理。在课堂中，老师和同学们交流互动，小组积极讨论，每一节课的气氛都十分活跃，调动了每一个同学的积极性。老师鼓励我们发散思维，让我们放松心情。这门课程既有趣又有意义。有的时候老师让我们以小组为单位，表演一个情景剧，然后分析人物性格特点和心理特征；有时也会让我们思考开放性的题目，开发创造性的潜力，张开思想的翅膀。（7 年级学生）

### 案例 35

在我看来，"共创课"是一门不同于其他学科的课程。在"共创课"上，我们既不用绞尽脑汁地去想某一道题的解法，也不用死记硬背某些知识点，而是可以发展其他方面的技能。这一年来，我们学习、探究、思考了许多主题："亲情""为什么学习""生命的感悟""情绪"等。学习这些可以帮助我们控制自己的情绪，保持乐观的心态。课堂上，老师会设计一些生动又有创意的活动，这不仅能调动我们学习的积极性，还能活跃课堂气氛，促使我们在行动中积极主动地表达自己。有时调查问卷能让同学们互相了解，打开心扉来讨论；有时表演一些小情景剧，能让同学们提高自信和语言表达能力；有时课堂的活动能让同学们学会学习、探索与创新。"共创"课程是一把钥匙，是一把能打开学生心灵的钥匙，是一把助学生成长的钥匙。（7年级学生）

## 案例 36

"共创成长路"是为我们青少年开设的一门课程，也是一门十分特殊的课程。"共创课"中的每一节课都十分有意义，每一节课都有一个主题。上了"共创课"后，我们对一些事物的看法会有所改变。"共创课"中，老师有时会给我们一些讨论时间，一到这个时间，每个"共创"小组成员便会热火朝天地进行讨论，发表自己对这个问题的看法和理解。老师提出的每一个问题都值得深思后再回答，老师会采用一问一答的形式，同学们回答后老师也会为我们补充意见。"共创课"使我们的思维方式更灵活，使我们得以健康成长。我们因"共创课"而开心，我们的思想因"共创课"而改变。如果可以的话，我想在下一学期的课表中还能看到"共创课"这三个字。（7年级学生）

 **案例 37**

今日,我的初一生活已接近尾声,我不仅收获了生活技能,感受到了同学的热情,体会到了老师的亲切,还学到了许多有意义的知识,并上了很多很有趣、很有意义的课程,其中就包括每周一次的"共创课"。一开始我以为"共创课"和政治课相似,后来我才发现"共创课"上讲的都是非常有趣且有意义的内容。在"共创课"上,我们都会用心去思考每一个问题、回答每一个问题。每一次上完了"共创课",我们都像是在冬天喝上一碗热气腾腾的鸡汤,在夏天喝上一杯冰镇的甘菊茶。"共创课"让我明白了许多事情的意义和道理,正因为这些,我才得以成长。(7年级学生)

## 参考文献

BYRNES J P, 1999. The nature and development of representation: forging a synthesis of competing approaches[M]//SIGEL I. Development of mental representation. New York: Psychology Press: 273-294.

CATALANO R F, BERGLUND M L, RYAN J A, et al., 2004. Positive youth development in the United States: research findings on evaluations of positive youth development programs[J]. The ANNALS of the American academy of political and social science, 591(1): 98-124. DOI:10.1177/0002716203260102.

JAFFEE W B, D'ZURILLA T J, 2003. Adolescent problem solving, parent problem solving, and externalizing behavior in adolescents[J]. Behavior therapy, 34(3): 295-311.

DOI:10.1016/s0005-7894(03)80002-3.

LERNER R M, LERNER J V, LEWIN-BIZAN S, et al., 2011. Positive youth development: processes, programs, and problematics[J]. Journal of youth development, 6(3): 38-62. DOI:10.5195/jyd.2011.174.

MA H K, 2012. Behavioral competence as a positive youth development construct: a conceptual review[J]. The scientific world journal, 2012: 568272. DOI:10.1100/2012/568272.

NELSON T, SQUIRES V, 2017. Addressing complex challenges through adaptive leadership: a promising approach to collaborative problem solving[J]. Journal of leadership education, 16(4): 111-123. DOI:10.12806/v16/i4/t2.

NEZU A M, NEZU C M, D'ZURILLA T J, 2010. Problem-solving therapy[M]//KAZANTZIS N, REINECKE M A, FREEMAN A. Cognitive and behavioral theories in clinical practice. New York: The Guilford Press: 76-114.

SHEK D T L, CHAI W Y, 2019. Psychometric properties of the service leadership attitude scale in Hong Kong[J]. Frontiers in psychology, 10: 1070. DOI:10.3389/fpsyg.2019.01070.

SHEK D T L, CHUNG P, ZHU X, 2023. Service leadership in the service era[M]//POFF D, MICHALOS A. Encyclopedia of business and professional ethics. Cham: Springer: 1633-1639.

SHEK D T L, MA C M S, 2012. Impact of the project P.A.T.H.S. in the junior secondary school years: objective outcome evaluation based on eight waves of longitudinal data[J]. The scientific world journal, 2012: 170345. DOI:10.1100/2012/170345.

SHEK D T L, SUN R C F, 2013. Evaluation based on weekly diaries written by the students[M]//SHEK D T L, SUN R C F. Development and evaluation of Positive

Adolescent Training through Holistic Social Programs (P.A.T.H.S.). Singapore: Springer: 193-205.

SHEK D T L, ZHU X, LEUNG J T Y, et al., 2019. Evaluation of the project P.A.T.H.S. in China's mainland : findings based on student diaries[J]. Research on social work practice, 29(4): 410-419. DOI:10.1177/1049731517745994.

SUN R C F, HUI E K P, 2012. Cognitive competence as a positive youth development construct: a conceptual review[J]. The scientific world journal, 2012: 210953. DOI:10.1100/2012/210953.

SUN R C F, HUI E K P, 2006. Cognitive competence as a positive youth development construct: conceptual bases and implications for curriculum development[J]. International journal of adolescent medicine and health, 18(3): 401-408. DOI:10.1515/IJAMH.2006.18.3.401.

SWITZER G E, SIMMONS R G, DEW M A, et al., 1995. The effect of a school-based helper program on adolescent self-image, attitudes, and behavior[J]. The journal of early adolescence, 15(4): 429-455. DOI:10.1177/0272431695015004003.

VEAS A, CASTEJÓN J L, GILAR R, et al., 2015. Academic achievement in early adolescence: the influence of cognitive and non-cognitive variables[J]. The journal of general psychology, 142(4): 273-294. DOI:10.1080/00221309.2015.1092940.

WALLANDER J L, SCHMITT M, KOOT H M, 2001. Quality of life measurement in children and adolescents: issues, instruments, and applications[J]. Journal of clinical psychology, 57(4): 571-585. DOI:10.1002/jclp.1029.

ZHU X, SHEK D T L, 2020. Impact of a positive youth development program on junior high school students in China's mainland: a pioneer study[J]. Children and youth services review, 114: 105022. DOI:10.1016/j.childyouth.2020.105022.

ZHU X, SHEK D T L, 2021. Subjective outcome evaluation of a positive youth development program in China's mainland[J]. Research on social work practice, 31(3): 285-297. DOI:10.1177/1049731520980802.

# 助益内在能力：道德能力、树立正确价值观

◎石丹理　窦迪娅　陈希雯　杨邦林

　　道德能力是青少年评估与应对道德困境、情感挑战及社会公正问题的能力。青少年正面成长（Positive Youth Development, PYD）计划通过教学、讨论和实践活动鼓励青少年思考道德问题和进行自我反思，理解正确和错误之间的区别，促进青少年的自我效能、亲社会行为、品格素养等积极特质的发展，也可以帮助青少年塑造良好的价值观和道德意识，学会做出正确的选择（Catalano et al., 2008）。另外，PYD 计划也可以培养青少年的同理心，教导他们关心他人和社会。PYD 计划旨在帮助青少年全面发展，包括社交技能、增长知识、控制情绪等，而这些个体资源的发展不仅能降低风险因素，还可以增强保护因素，并转化为道德能力，从而预防问题行为的产生（Benson et al., 2011）。社交孤立或缺乏正面学习可能增加青少年的危险行为，PYD 计划通过培养社交技能及营造支持性环境，从而降低青少年行差踏错的可能。知识的增长及决策能力的发展可以增强青少年明辨是非的能力，并使其做出合乎道德标准的判断和行动。另外，其他能力，如解决冲突能力、自我控制能

力等都有助于青少年明白关心社会和他人的重要性，促进其道德能力的发展（Catalano et al., 2002）。相关研究指出，青少年正面成长计划对青少年道德观念的建立有很大的帮助。例如，Riciputi 等人（2016）以面谈的方式访问了 24 位 PYD 计划参与者，评估了一项体育相关的 PYD 计划的成效，结果发现，PYD 计划有效促进了参与者在同理心培养和关心他人方面的积极改变。不少参与者也表示，他们对道德行为有更深入的了解，如关怀和尊重他人、辨别是非、增强责任感等。Holt 等人（2012）访问了 8 位老师及 59 位学生，以了解体育相关的 PYD 计划的效用，结果显示，PYD 计划能增加学生的同理心和社交联系。Catalano 等人（2004）总结了 77 个在美国进行的 PYD 计划并分析这些计划对青少年发展的成效，结果发现，PYD 计划有助于青少年的道德发展，包括改善对长者的态度、提高社会服务参与度等，在预防犯罪及减少危险或问题行为方面亦有明显效用。

在香港，"共创成长路"赛马会青少年培育计划（P.A.T.H.S.）的成效研究问卷显示，参与该计划的学生在道德发展上比未参与学生有更好的发展。其中近八成学生认同该计划能帮助他们进行自我反思、学会关心别人与社会，也提高了他们参与社会服务的意愿（Shek and Sun, 2012a）。此外，基于学生日记的质性研究发现，该计划可以帮助学生在活动中思考人生的课题和社会问题（Shek and Sun, 2012b）。同时，教师问卷的结果也证明了该计划的成效，超过八成的受访教师认同该计划对学生的反思能力、辨别是非能力、同理心培养和对社会及社群的关注度有积极帮助（Shek and Ma, 2012）。此外，在内地展开的"共创成长路"田家炳青少年正面成长计划（TKP P.A.T.H.S.）亦进行了相似的效用研究。问卷调查结果显示，超过九成参与的学生认同该计划鼓励他们关心社会，同时增强了他们服务社会的责任感（Zhu and Shek, 2021）。学生日记亦展现了该计划对学生道德发展的影响，包括学生明白了如何分辨对错、更愿意参与社会事务、了解自身行为对社会的影响等（Shek et al., 2019）。

另一方面，PYD 计划亦能帮助青少年更清楚地了解个人的社会责任和社会规范，从而更好地控制和修正自身的不良行为，预防危险行为的发生（如犯罪及危险药物使用等）。例如，"共创成长路"赛马会青少年培育计划（P.A.T.H.S.）的成效评估调查对比了参与该计划学生和非参与该计划学生在该计划完结后两年在犯罪、危险药物使用及危险行为上的差异，以评估该计划对学生的效用。结果显示，参与该计划的学生在这三方面的增长速度都明显比未参与学生慢（Shek and Ma, 2012）。其他研究，如 Bonell 等人（2015）的综合分析，涵盖了 16 个研究结果，均表明青少年正面成长计划能够提升青少年的自我约束能力和多项发展资本，从而减少青少年使用药物和暴力的行为。类似的结论也见于 Chauveron 等人（2015）的研究，他们发现参与校外 PYD 计划可以降低青少年药物滥用和危险性行为发生的风险。Durlak 和 Weissberg（2007）分析了 73 个课后青少年正面成长计划的成效，结果发现这些计划能有效减少青少年问题行为的发生和危险药物的使用。Catalano 等人（2019）评估了在中低收入国家实施的 35 个 PYD 计划，结果发现有六成计划对减少参与者的危险行为有积极的帮助。然而，Phelps 等人（2007）的研究发现，PYD 计划在减少青少年参与危险行为或行为问题上的效用仍不确定，在参与的 1184 名学生中，只有约六分之一的学生在行为问题上有所改善。Shek and Zhu（2018）的研究表明，道德能力和灵性与青少年犯罪和问题行为意图呈负相关。 Shek and Zhu（2019）还发现，道德能力与青少年外化问题行为之间存在相互关系。

青少年正面成长计划对青少年的道德发展和行为控制具有重要的积极影响。通过教育、实践活动和培养同理心等方式，这些计划帮助青少年树立正确的价值观和道德意识，使他们更好地理解社会责任和社会规范，从而塑造积极的行为模式并预防危险行为的发生。在本章中，我们将展示"共创成长路"田家炳青少年正面成长计划（TKP P.A.T.H.S.）提升学生道德能力并培养学生积极观念的一些例子。

## 案例 1

时光飞逝，转眼间这学期就快接近尾声了，"共创"课堂上的一幕幕浮现在我脑中，也会深深地铭记在我们心中。

"共创"课堂所展现的知识广度让人敬佩。"共创课"像是一个警察叔叔，一直为我们指引前行的道路。我们在"共创"课堂上学到了尊师重道，见到老师要主动问好，见到长辈要自觉尊敬，在公共汽车上主动给老、弱、病、残等特殊群体让座。这些都是与我们生活息息相关的，多亏了我们的老师，让我们将这些道理铭记在心中，守好本分。相较于自己摸索，"共创"课堂传授给我们的知识和经验更加丰富且实用，涵盖了生活的方方面面。在"共创"课堂上，我收获了很多，但对我来说，最大的收获是学会了以礼待人、以诚待人。

这就是我们简单而又朴实的"共创课"，对我们来说，这是一生的记忆！（7年级学生）

## 案例 2

"共创"课程开始时，我对这一门课很是好奇，因为这是我第一次上这种心理课。上"共创课"时，大家都很兴奋。上完第一节"共创课"后，我知道了劳动的艰辛和付出，也懂得了劳动是有魅力的。我发现老师对我们可谓是用心良苦，他们不仅为我们辛勤备课，还费尽心力让我们喜欢上这门课程。

在"共创"课堂上，我结识了一些和我志同道合的同学，知道了人与人之间应该友善相待。我很感激"共创"课程，它让我明白了这些道理。（7年级学生）

## 案例 3

通过一学期的学习，在"共创课"老师的带领下，我们完成了学习任务，我也收获了许多。

我印象最深的就是老师讲的"信任"。有这样一个例子："一次小文向小明借钱，可几周后都没还，这让小明失去了对小文的信任。"我懂得了信任的重要，这可以看出一个人的品格。有一节课，老师介绍我们家乡的景色、美食和人文胜迹等内容，还让我们写了"XXX二日游"的宣传报，小组讨论很热烈，这锻炼了我们的沟通能力。

这学期我收获了很多，学到了许多有用的知识。最后要谢谢老师，感谢您的辛勤付出！（7年级学生）

### 案例 4

我们的青春时光在校园中度过，同学之间的友谊奏响了青春的交响乐，传递生活的正能量。友谊之树扎根于丰富的校园生活，需要我们用心培养、悉心呵护。

老师用知识的甘露滋润智慧的硕果，用心灵的清泉浇灌理想的花朵。我们的学习生活伴随着浓浓的师爱，老师是"人类灵魂的工程师"，深深地影响着我们一生的成长和发展。

我最敬佩田家炳先生，他的一生可谓是几经波折，但他从未气馁，最终成就了一番自己的事业。他把财产都捐给了需要的人，自己却十分节俭，他的高尚品质值得我们学习！（7年级学生）

### 案例 5

这门课程对我影响很大。这种心理课程我从来没有上过，一点都不了解。但真正上过后，我感受到了一种前所未有的充实感。在课上，我们通过互动融入课堂，老师的开放态度没有让我们感到压抑和烦躁。在轻松的学习氛围里，我们更好地学到了课上的知识。我们收获了多方面的知识，这有助于我们在做人、做事方面取得很大进步，使我们感到快乐。我们不仅知道了在以后的生活中什么该做、什么不该做，还增强了对法律的认识。我上完"共创课"总是感觉很快乐。总之，这门课程使我懂得了许多，我想继续上"共创课"。（7年级学生）

### 案例 6

也许有一天你成为亿万富翁后，不会记得初心，也不会大笔捐款做慈善事业。但是，田家炳先生不一样。通过两节"共创课"，我们了解了田家炳老先生，他做过无数公益活动，帮助过许多人。他十分富有，但喝矿泉水总是会喝完，出差也一定会自己带香皂，袜子穿不破洞是不会换新的……田老的行为引人深思。

也许节约只是一件小事，但却很少有人真正地行动。"共创成长路"这一课程，并非枯燥地去传授这一思想，而是通过游戏的方式让你认识到它的重要性，通过数据让你了解，通过实践让你用心记住。这就是这门课程的特点，我很喜欢这门课程！（7年级学生）

### 案例 7

从开学到现在，我们已经上了不少节"共创课"了。我们在"共创"课堂上学了不少礼仪，也表演了一些情景剧。有一个情景剧是这样的：小明和他的朋友到别人家做客，在主人不允许的情况下动了东西，最后还打坏了主人家的一个花瓶。这个情景剧教会了我们一定要尊重他人。我们还在老师的带领下做了一些小游戏，成功地放松了紧张的神经，让我们可以更好地学习。我希望"共创"课程越来越好！（7年级学生）

##  案例 8

"共创"课程告诉我们做错事要勇于承认,做事更不能偷偷摸摸。此外,"共创课"让我知道了一位著名的、有善心的大慈善家。

"共创"课程又好似给了我一片天空,我可以放飞几只小鸟,栽种几株小花,听着鸟儿清脆的歌声,嗅着花儿淡淡的清香,天空像蒙上一层轻轻的白纱。

在我的那一片天空下,那里开满了鲜花,充满了阳光,那里拥有所有的美。

在梦一般的年纪、梦一般的季节、梦一般的课堂,开开心心吧!在课堂中让青春绽放出更耀眼的光芒!(7年级学生)

## 案例 9

从初一开学,我们就有了一门十分特别的课程——"共创课"。

在"共创"课堂上,老师教会了我们尊重、包容、信任等。在课上,我们做各种小游戏放松身心,还讨论一些在课堂上提出的小问题。这些活动使我们深刻了解了自身拥有哪些优点和缺点,从而更好地改正自己的不足。老师还给我们讲一些励志的小故事,让我们都受益匪浅。在"共创"课堂上,我和同学们都明白了许多、懂得了许多。让"共创"课程与我们共同成长吧!(7年级学生)

## 案例 10

时光荏苒，转眼间，这个学期的"共创"课程就快要结束了。在上"共创课"的这段时间里，我认为我成长了不少，也对自己有了更加深刻的了解。我认识到了自己的不足，也看到了自己的闪光点。不仅如此，我也看到了人性的美丽，那些善良、敬业、热心的人都是我崇敬的人。人性中的善良、热心、坚强都令人肃然起敬。我在上"共创课"的过程中，感受到并理解了人类的各种情绪——喜、怒、哀、乐。谢谢"共创"课程给我带来的感动与成长！（8年级学生）

## 案例 11

成长，是人生中必经的过程。在这个过程中，我们会经历大大小小的事。上了"共创成长路"课程后，我知道了如何共创我们的成长之路。

在生活中，我们面临极大的考验，但只要我们心正，这些考验都不算什么。我们总会与朋友产生一些小矛盾，当朋友向你提出要求时，你又该怎样去拒绝呢？首先，我们应该向朋友说明自己没有能力去帮助他。然后，找到事情的关键点，尽力向朋友说出自己的看法。

为了保持健康的环境，我们应该让自己的家人不要在公共场合吸烟；如果他人要吸烟，那就应该让他们在吸烟区吸烟。在成长的过程中，我们总会因为自身原因或外在原因而遭遇挫折。在"共创课"上，老师带领着我们一步步培养健康心理，帮助我们战胜困难。每一节"共创课"结束以后，我们都会收获许多知识。我们应该在老师的带领下，努力开创属于我们的健康安

全的成长之路。让我们一起共创美好的成长之路吧！（8年级学生）

## 案例 12

在通往成长的道路上，我们难免会遇到一些坎坷和荆棘，不经历风雨，怎能见彩虹？正是因为有了这些艰难而又美好的经历，才会指引我们走向人生的康庄大道。

在门类齐全的课程中，我最喜欢的便是"共创课"了，每上完一节生动的"共创课"，我便将所有的收获如珍宝般保存起来。

公共场合不吸烟是每一个公民应尽的义务。课堂上播放的一个视频中，有一对夫妻为了孩子的健康，提醒邻桌的年轻人不要在公共场合吸烟．这样做是正确的，因为这维护了自己和孩子的合法权益。而那位年轻人指出餐厅未标注不能吸烟，所以他坚称自己没有做错任何事。因此，我们需要注意的是在行使自己的合法权益时，不得损害他人的利益。餐厅未标注公共场合不能吸烟是餐厅的失职。这堂"共创课"告诉我们吸烟的危害、吸烟的正确方式和地点。

一堂生动有趣的"共创课"教会了我许多知识，让我受益匪浅。

不知不觉间，初中生活已过去一大半，所剩下的"共创课"节数已屈指可数，如果一直有"共创课"的陪伴，我们敏感的青春期也许不会那么狂躁和不安，这就犹如将偏轨的火车拉入正轨，犹如将弯曲的树苗呵护成笔直挺拔的大树。时间一去不复返，过去在"共创课"中的收获我会永远铭记在心，而对于未来的"共创课"，我会怀揣着一颗求知的心期待着，也希望"共创"老师越来越漂亮。

共创成长之路，你我结伴同行。（8年级学生）

第二篇 "共创成长路"田家炳青少年正面成长计划"开花结果"：助益青少年积极发展

### 案例 13

我本学期参加了"共创成长路"计划，受到了很大的触动。

这学期有一堂"共创课"让我印象最为深刻，那一节课主要学习了怎样分辨是非黑白，老师教导我们不要随意揣测他人的心理。其实，别人有可能根本没有议论你，而你却认为他们在背后说你坏话。

有一次我上厕所的时候，听到两个女生的谈话，隐约听到了自己的名字，我就觉得她们在议论我。后来，我只要看到那两个女生就会很紧张。直到上完课我才明白，不要自己主观臆断，要用事实来验证，才能下定论。

所以，"共创成长路"这门课程对我帮助很大，我想给它五星好评。（8年级学生）

### 案例 14

在 XXX 老师的带领下，我们参与了"共创成长路"计划。本学期让我印象最深刻的一节"共创课"是讲道德案例的。

这个案例讲的是一名男子掉入水中，四个路人不同的反应。这四个路人分别是小薇、小美、小刚、小强。小薇是一名 24 岁的公司职员，不会游泳，但当时她报了警；小美是一个 13 岁的中学生，会游泳也会一点救人的技巧，但未下水参与救援行动；小刚是一个游泳教练，意外发生时正值休假，但他未下水参与救援行动；小强是一个无业者，不会游泳，所以也未参加救援。老师在讲完经过后提出了问题："谁的道德责任最大？"

对于这个问题，同学们争论不休，有的认为是小强，有的认为是小刚。

我个人认为小刚的道德责任最大，因为小刚是一名游泳教练，会游泳且会救人，所以他是最合适的人选，可他并没有下水救人，其他几名路人要么是未成年人，要么就不会游泳，他们没有下水救人有值得谅解的地方。

其实这个案例也是我们社会的缩影。在生活中，我们也时常碰到需要帮助的人，可帮还是不帮却成了现代社会的一大难题。

例如，公交车上是否要让座。近年来，新闻上常常出现有人未及时让座被老人毒打或是扶起摔倒的老人后竟被讹诈数万元等诸如此类的事件，这些事件让人感到心寒。如今为何不肯帮助他人的人越来越多？是人性的缺失还是道德的沦丧？这值得我们深思。（8年级学生）

## 案例 15

这学期我们的心理课主题为"共创成长路"，半学期下来，我获益匪浅。

"共创"老师针对我们成长路上的烦恼以及"三观"方面的问题，设计了一系列课程内容，并用动画的方式展示，这让我们都很容易接受。在"共创课"上，同学们也都愿意敞开心扉谈感受，我觉得这样的方式很好。

对我影响最大的是"公平与不公平"这一课，它使我开始重新审视自己，也更新了我的价值观。老师举了很多事例，小到生活中的琐事，大到关乎一条人命的事。通过老师的循循善诱，我终于明白，世界上没有绝对的公平，有时候我们的不文明行为对他人而言就是一种不公平。

希望以后能多开设这门"共创"课程！（8年级学生）

## 案例 16

"共创成长路"课程是每个学生进步的阶梯,每个学生都可能在它的引导下变得活泼、大胆、有担当、有想法,因此我很喜欢这门课程。它具有很强的教育意义,对同学们很有震撼力。它是一门助人成长的好课程,所以我非常喜欢它。"共创课"设计的课程目标很明确,课程内容设计得很好。在课程中,我获得过鼓励,得到了学习经验,提高了对有关课程的兴趣。总的来说,我很喜欢这门课程。

在这当中,老师们的努力是不可忽视的,任课老师在课堂前的准备是很充分的,老师也很关心同学。所以"共创成长路"是可取的,我喜爱它!(8年级学生)

## 案例 17

两年以来,"共创成长路"教会了我许多东西,让我受益匪浅。这门课程,我一生可能只有一次体验的机会。如果还有的话,我会选择继续参加。这门课程让我知道了什么是正义,我觉得它教会了我们做人的基本原则、正确的处事方法以及完美的交友方式。"共创课"还融合了心理学、哲学和文学等内容。课堂上的许多知识都是在生活中能用到的,从另一个角度来说,这可以帮助我们适应生活和了解生活,帮助我们陶冶情操,提升个人素质。更重要的是,"共创课"教会我们如何与人相处,如何换位思考,如何了解一个人。我在心里感谢"共创课"。(8年级学生)

## 案例 18

转眼间,我们就要与"共创"课堂告别了。那些难忘的日子、那些欢歌笑语的场面一直印在我的脑海里,挥之不去,不知何时才能再上一节"共创课"。

上"共创课"的那些日子里,我学到了很多知识:如何爱国,如何懂礼,如何养成好习惯,如何控制自我情绪……

自从上了"共创"课堂后,我觉得课堂对我有很大的帮助,它让我知道了人与人之间需要互相尊重,礼貌是一个人的文明修养。是否文明礼貌,既表明一个人道德素养的高低,也关系到国家和民族的尊严。唯宽可以容人,唯厚可以载物。宽容指的是宽厚和容忍,我们要体谅、尊重他人的感受,不能得理不让人,更不可冤冤相报。(8年级学生)

## 案例 19

这一年,通过"共创"课程的学习,我收获巨大。"共创"课程让我感触很深的有以下几点。

首先,我们要热爱自己的祖国。有国才有家,有家才有我,国家是我们的后盾。为了让我们的国家更加强盛,我们应从今日开始努力学习,长大后为国家贡献自己的力量。

其次,我们应该孝敬父母。父爱如山,那深沉的爱让我们逐渐稳重;母爱如水,那温柔的爱让我们步履生风。父母的爱是无私的,是伟大的,是世上最纯真的爱,无时无刻不默默给予我们支持和鼓励。所以,我们应该关心他们,献出自己的一份孝心。

最后，我们应该诚信待人。诚信乃立人之本，自古便有"人无信不立"的名言。诚信是善，是人与人之间交往的基础，但能做到诚信却实属不易。所以，从今日起，我们就应做到讲诚信，让诚信伴我们成长。更重要的是，我们要有责任心。岳飞不惜以生命为代价为国尽忠，是因为他有责任心。我们也应该尽到自己的责任，做好自己的事情。

"共创"课程让我学到了很多，我爱"共创"课堂。（8年级学生）

## 案例20

"共创课"是我最喜欢的一门课程。这门课程主要是根据我们平时存在的不足进行针对性学习，它教会了我们许多道理，如见到他人要问好、如何合理安排时间做自己喜欢的事情、时间的珍贵、环境保护等等。这些生活中的小事，虽不起眼，却蕴含着很多道理。

"共创"课堂不仅传授了很多人生道理，还充满着欢声笑语。课堂上，老师通过玩游戏、讲故事、听音乐等方式让我们得到了欢乐，缓解了学习给我们带来的压力，让我们的身体、心灵都得到了放松。

梦想是每个人都有的，而"共创"课程让我们更加坚定了目标，让我们朝着既定的目标奋斗。"共创"教室的环境很好，给人一种不一样的感受。课堂上，每个人都面带笑容，每个人都很开心，老师也感到很欣慰。

希望"共创"课程给我们带来的回忆能一直存在，希望这种像大家庭一样的温暖能永久保持下去！（8年级学生）

### 案例 21

进入初中后,学校开始有一门课程叫"共创成长路",它指明了青少年正面成长所需要的几种关键能力,包括与成人建立联系的能力、社交能力、情绪的表达与控制能力、认知能力、采取行动的能力、辨别是非的能力、自决能力等。"共创课"让我收获了很多,作为学生,我们常常会因为学习上存在的问题而情绪失控,面对这种情况,我们应该学会适度调节自己的负面情绪,争做情绪的主人,保持平和的心境。众所周知,学习需要自觉,如果你很自觉地去读书的话,就不会感到疲倦。相反,那些被迫去读书的人,他的学习效果一定不会很好。辨别是非很重要,明辨是非就是"勿以恶小而为之,勿以善小而不为","是"即"真善美","非"即"假丑恶"。"共创"课程让我收获颇丰。(7年级学生)

### 案例 22

步入初中后,我接触了"共创成长路"这门课程。刚开始,我完全不知道这是什么课程。正式上课时,我才明白这是一门充满正能量的课程,课程内容很新颖,老师的讲课方式也很有趣。我印象最深的是校内大型义卖会。学校举办义卖会的目的是帮助福利院,把义卖获得的钱全部捐赠给福利院。同学们都踊跃参加,觉得这也是回报社会的一种方式。那天下午,教学楼前人山人海,作为班级负责人之一的我,在人山人海中寻找我们班的"店铺"。把"店铺"整理好之后,我们班便开始了义卖之旅,有人在叫卖,有人在做宣传,有人在卖。我们每个人的脸上都洋溢着快乐的笑容,福利院的小孩看到我们捐赠的物品时,脸上也会有这么甜的笑容吧!看到别的班级那么努力,我和班上的其他负责人也被感染了,变得越来越努力,叫卖的声音变得更大了,来买的人也就更多了……最后我们把义卖所得的款项全部交给了学校。"共创"课程可以锻炼我们的社交能力、抗逆能力、认知能力……如果初三还有这个课程,我也一定会去参加。(8年级学生)

## 案例23

通过这一个学期的学习,"共创"课程使我明白了许多道理。例如,在学习"学习与娱乐的关系"时,我认识到不能对游戏或者其他娱乐方式产生依赖。此外,课堂有许多交流环节,可以锻炼我们的胆量,也可以了解到别人有什么样的想法,学习别人的思维方式,从中取长补短。初一刚入学时,我对"共创"课程还一知半解。后来,随着时间的流逝,我慢慢认识到"共创课"对我帮助很大,使我在各方面都有了提升,包括道德方面、学习方面、做人方面等等。有时,"共创课"也是调节枯燥学习状态的一剂"良药"。"共创课"上,老师与我们分享了她曾经的故事,有欢喜的,也有伤感的。我在收获新的知识以及与老师和同学们的欢笑声中度过了初一和初二这两段难忘的时光。两年来,我认识到了什么是正确的、什么是该做的。这学期的"共创"课程也使我收获颇丰,促进了我与其他同学更好地交流与合作,使我在学习新知识的路上更上一层楼!(8年级学生)

### 案例 24

随着时间一天天过去，我们也在慢慢成长。上初中以来，双周一次的"共创课"不断培养我们对他人的关爱之心，培养我们奉献社会的责任感。在成长的路上，"共创课"教会了我们如何判断是非，如何诚信待人。我们上课的时候一起说说笑笑，有时候和老师做游戏，我们都感到无比快乐。老师的态度非常好，当我们需要帮助时，老师很乐意倾尽所能帮助我们。说真的，这两年的"共创课"让我懂得了怎样去交朋友，怎样面对人生路上的坎坷。这样的"共创课"，我非常喜欢。在课堂中，同学和老师之间就像好朋友一样互相交流，这样可以增进我们的师生关系。在共创成长的路上，我们懂得了如何判断、面对、解决问题，这就是"共创课"的价值！（8年级学生）

### 案例 25

初中时光过去了，我们上了很多节"共创课"，每节课老师都讲述不同的故事和道理，让我们明白了如何做人做事。"共创课"让我懂得如何做一个有道德、诚实、有礼貌、负责任的人。在"共创"课堂上，有许多同学在窃窃私语，不是很认真，我看到这种现象，感觉他们十分差劲。老师在台上讲课，他们却在台下吵闹，十分不礼貌。所以我想说，如果一个人本身不讲礼貌，只是从小为了给别人留下好印象而装出有礼貌的样子，那么长大后也会暴露本性。课堂上，老师是那个默默做贡献的人，这也让我懂得做人要负起责任。有些人为了生活只顾自己，放弃了自己的底线，这是不可取的。"共创课"教我们做人的道理，目的是帮助我们实现自己的人生理想。（9年级学生）

### 案例 26

过往的人与事只能在记忆中相见,所学的知识也已深藏于心,刻骨铭心的挫折也有了些许淡忘,唯有那快乐的时光、不变的人生道理和知心的朋友还时时浮现于脑海,决然忘不掉。"共创"课程教给了我许多道理和做人原则,但最让我不能忘怀的是最后一节课。虽然课堂上大家都笑着,但心中都知道课程即将结束。"共创成长路"这门课程教给了我们许多知识,我们也应该把所学付诸实践。(9年级学生)

### 案例 27

何谓成长?我想大概是一步步懂得如何面对困难,如何与身边的朋友相处,如何学会回报他人的爱与善意。"共创成长路"课程以生动的方式教给同学们许多人生道理,相对于其他课程更易于被青少年接受。在这样的课堂中,我学到了传统课本上没有的知识。我们应宽容对待他人的小失误,不必埋怨他人的不理解。孔子有一句话:"人不知而不愠,不亦君子乎?"或许他人的不理解会成为让自己更努力地证明自己的动力。我们还应该珍惜家人和朋友的关心,在有能力时回报他人的爱与善意,传递温暖。成长有时无关成绩,而在于我们要做一个更好的人。(10年级学生)

### 案例 28

我以前从来没有上过"共创课",刚开始上"共创课"时,我以为它对我的成长没有半点用处。后来，我对"共创课"的看法开始转变。有一节课讲谁可以先上车，但那个问题却没有答案，我也开始懂得了什么是道德。还有一节课，老师拿出气球让同学们吹大，之后哪一组的同学可以让气球在空中停留的时间最长，哪组就获胜。我们小组虽然落败了，但还是十分开心。

"共创"课堂上有一个现象，那就是上课时很多同学吵吵闹闹，拖延了课堂进度。"共创"课程让我学会了应对人生中一些突发情况的方法。"忽如一夜春风来，千树万树梨花开"，有了"共创"课程，我们真可谓如虎添翼。

我希望"共创"课程越做越好，越走越远。（7年级学生）

## 案例29

"共创课"给我带来了我所需要的帮助，它使我对人与人之间的交流、怎样做人做事都有了全新的认识，这些经验在我们的现实生活中就有例子。比如帮老人过马路、公交车上让座等，这些小事体现了一个人的道德品质、思想素质。未来的路还长，人生的路还长，然而陪伴我们的"共创"老师就要离开了，这样的老师何时能再相见？他们竭尽全力开导我们、激励我们、帮助我们。老师们的声音依然在我耳边回响，那熟悉的身影在我心中烙下不灭的印记。

我上"共创课"的感受：它使我受益匪浅，人生路上难免有坎坷，但一定要坚持。人的快乐在于心中要保持微笑。"共创课"上和老师、同学一起玩耍、一起学习、一起打闹，这些记忆将永久地留在我的脑海中。（8年级学生）

## 案例 30

说心里话，我认为"共创课"是一门非常有助于学生缓解压力的课程，不仅应该在高一和高二开设，而且应该在高三开设，因为高三是学生学习压力最大的时候。

我觉得每一节"共创课"都使我受益匪浅，我能从中感悟出更多的生活哲理，由此也变得感性，但上课的内容也不乏理性的东西，这或许也是一种平衡。

总之，"共创课"有趣并且充满活力，应该多多益善。我喜欢"共创课"！（11 年级学生）

## 案例 31

我在学习"共创课"后获得了很多感受和反思。比如，平常和父母吵架时，我不理解他们的辛苦；当浪费粮食和水的时候，我却不知非洲的贫困人民吃不上饭，喝不上干净的水。因此，我会反思我的所作所为：为什么和爸爸妈妈吵架，为什么要浪费粮食？在反思这些问题之前，我更要做到讲文明，因为只有从自己做起才会慢慢有所改变。"共创课"使我感悟了很多，我学会了如何换位思考。我爱"共创成长路"这门课程！（7 年级学生）

## 案例 32

我升入初中已经一年了，学习"共创"课程也一年了。"共创"课堂中，我们有时兴高采烈，有时也吵吵闹闹，我们就在这个有高兴也有吵闹的环境中快乐成长。记得有一次，我坐公共汽车回家，我上车的时候已经没有座位了，我左边是一个怀着孩子的年轻女子，我前面是一个坐着的男士。到了一个站点，男士下车了，空着的座位就在我和年轻女子的面前。年轻女子说："小朋友，你坐吧！"我说："谢谢，还是你坐吧！你怀着孩子不容易，你坐吧！"这就是我在"共创"课堂中学到的"谦让"。我们在"共创"课堂中还学到了团结协作、为人处世等有用的知识。我喜欢上了"共创课"。（7年级学生）

### 案例 33

在上"共创课"的过程中，我们自己会有很多感受，也有很多反思。"共创课"是什么？"共创课"就是一门教会我们守信、诚实、孝顺、仁义、懂礼、温良等品质的课程，同时也指导我们怎样解决问题。在上"共创课"的过程中，我也有很多反思，例如为什么会不守信用？为什么不尊重父母？为什么不写作业？作为祖国未来的接班人，我们是祖国的"小花朵"，我们应该做到讲文明，一定要将礼仪记在心中。（8年级学生）

## 参考文献

BONELL C, HINDS K, DICKSON K, et al., 2015. What is positive youth development and how might it reduce substance use and violence? a systematic review and synthesis of theoretical literature[J]. BMC public health, 16: 135. DOI:10.1186/s12889-016-2817-3.

BENSON P L, SCALES P C, SYVERTSEN A K, 2011. The contribution of the developmental assets framework to positive youth development theory and practice[J]. Advances in child development and behavior, 41: 197-230. DOI:10.1016/B978-0-12-386492-5.00008-7.

CATALANO R F, BERGLUND M L, RYAN J A, et al., 2004. Positive youth development in the United States: research findings on evaluations of positive youth development programs[J]. The ANNALS of the American academy of political and social science, 591(1): 98-124. DOI:10.1177/0002716203260102.

CATALANO R F, HAWKINS J D, BERGLUND M L, et al., 2002. Prevention science and positive youth development: competitive or cooperative frameworks?[J]. Journal of adolescent health, 31(6): 230-239. DOI:10.1016/S1054-139X(02)00496-2.

CHAUVERON L M, LINVER M R, URBAN J B, 2015. Intentional self-regulation and positive youth development: implications for youth development programs[J]. Journal of youth development, 10(3): 89-101. DOI:10.5195/jyd.2015.10.

CATALANO R F, SKINNER M L, ALVARADO G, et al., 2019. Positive youth development programs in low- and middle- income countries: a conceptual framework and systematic review of efficacy[J]. Journal of adolescent health, 65(1): 15-31. DOI:10.1016/j.20.jadohealth.2019.01.024.

CATALANO R F, TOUMBOUROU J W, HAWKINS J D, 2008. Positive youth development in the United States: history, efficacy and links to moral and character education[M]// NUCCI L, KRETTENAUER T. Handbook of moral and character education. New York: Routledge: 459-483.

DURLAK J A, WEISSBERG R P, 2007. The impact of after-school programs that promote personal and social skills[R]. Chicago, IL: Collaborative for Academic, Social, and Emotional Learning.

HOLT N L, SEHN Z L, SPENCE J C, et al., 2012. Physical education and sport programs at an inner-city school: exploring possibilities for positive youth development[J]. Physical education and sport pedagogy, 17(1): 97-113. DOI:10.1080/17408989.2010.548062.

PHELPS E, BALSANO A B, FAY K, et al., 2007. Nuances in early adolescent developmental trajectories of positive and problematic/risk behaviors: findings from the 4-H study of positive youth development[J]. Child and adolescent psychiatric clinics of North America, 16(2): 473-496. DOI:10.1016/j.chc.2006.11.006.

RICIPUTI S, MCDONOUGH M H, ULLRICH-FRENCH S, 2016. Participant perceptions of character concepts in a physical activity-based positive youth development program[J]. Journal of sport and exercise psychology, 38(5): 481-492. DOI:10.1123/jsep.2016-0061.

SHEK D T L, MA C M S, 2012. Impact of the project P.A.T.H.S. in the junior secondary school years: objective outcome evaluation based on eight waves of longitudinal data[J]. The scientific world journal, 2012: 170345. DOI:10.1100/2012/170345.

SHEK D T L, SUN R C, 2012a. Participants' evaluation of the project P.A.T.H.S.: are findings based on different datasets consistent?[J]. The scientific world journal, 2012: 187450. DOI:10.1100/2012/187450.

SHEK D T L, SUN R C F, 2012b. Evaluation of the project P.A.T.H.S. based on students' weekly diaries: findings from eight datasets[J]. The scientific world journal, 2012: 354254. DOI:10.1100/2012/354254.

SHEK D T L, ZHU X, 2018. Self-reported risk and delinquent behavior and problem behavioral intention in Hong Kong adolescents: the role of moral competence and spirituality[J]. Frontiers in psychology, 9: 430. DOI:10.3389/fpsyg.2018.00430.

SHEK D T L, ZHU X, 2019. Reciprocal relationships between moral competence and externalizing behavior in junior secondary students: a longitudinal study in Hong Kong[J]. Frontiers in psychology, 10: 528. DOI:10.3389/fpsyg.2019.00528.

SHEK D T L, ZHU X, LEUNG J T Y, et al., 2019. Evaluation of the project P.A.T.H.S. in China's mainland: findings based on student diaries[J]. Research on social work practice, 29(4): 410-419. DOI:10.1177/1049731517745994.

ZHU X, SHEK D T L, 2021. Subjective outcome evaluation of a positive youth development program in China's mainland[J]. Research on social work practice, 31(3): 285-297. DOI:10.1177/1049731520980802.

# 助益内在能力：乐观、韧性与抗压能力

◎石丹理　于璐　史薇　杜彦蓉

乐观、韧性与抗压能力是青少年发展中的重要特质。乐观被认为是一种正面的归因方式，是指个人以积极的方式对外界事物进行解释，并使人产生积极的感受（Pathak and Lata, 2018）。韧性是成功适应困难或挑战的过程和能力，通过心理、情感和行为的灵活性以及对外部和内部需求的调整而达成（American Psychological Association, 2018）。虽然压力取决于生活事件和环境，但是抗压能力却可以帮助青少年有效地应对各种情况。抗压能力是个人在遭遇压力后以某种方式应对该遭遇及其后果时所展现出的能力（Dewe et al., 1993）。

科学研究表明，乐观对青少年的心理健康有着显著作用，可以作为良好心理健康的预测因素、压力影响的缓冲剂、病理症状的管理者、危险行为的矫正者（Rincón Uribe et al., 2022）。韧性与个人技能、社交能力、同伴支持、学校环境、亲子关系等多种因素都相关，并且更强的韧性也与更少的心理问题相关（Mesman et al., 2021）。抗压能力在青少年的压力与心理健康之间的关系中起着重要作用，可以对焦虑及抑郁症状起到调节作用（Meng et al., 2011）。

由此可见，乐观、韧性与抗压能力的重要性不言而喻。在青春期这段充满了各种未知数与压力的发展阶段中，这些性格特质能够更好地帮助青少年适应和度过这段充满挑战的时期。除此以外，乐观、韧性与抗压能力对于青少年的未来发展也有着深远影响，不仅能够守护青少年当下以及今后的心理健康，同时也帮助他们在各自的人生道路中充满希望地追逐人生目标、实现人生理想（Etherton et al., 2022; Tusaie et al., 2007）。此外，这些宝贵的个人品格不仅可以为个人或家庭带来福祉，而且还可以为周围的环境和社区带来良性改变，推动发展（Chugani et al., 2021）。

目前，已经有诸多青少年正面成长（Positive Youth Development，PYD）项目被证明能够有效提升青少年的乐观心态、韧性与抗压能力。研究显示，在世界各地推行的 PYD 项目都被发现可以有效促进青少年的心理健康，并有助于培养他们的抗压能力与应对危险因素的能力（Sanders et al., 2015; Quinton et al., 2021）。在 PYD 项目的帮助下，青少年形成了乐观的精神意志，提升了对生活的满意度，且减少了诸多问题行为和自伤行为的发生，并发展了更加和谐的家庭关系与人际关系（Shek and Sun, 2015）。"共创成长路"田家炳青少年正面成长计划（TKP P.A.T.H.S.）是一个在中国被广泛应用的 PYD 项目。关于"共创成长路"田家炳青少年正面成长计划（TKP P.A.T.H.S.）的客观研究结果显示，青少年在参与"共创成长路"田家炳青少年正面成长计划（TKP P.A.T.H.S.）后，更了解自己，形成了乐观积极的自我认知，并且拥有更强的心理韧性（Shek, 2012）。基于学生日记和主观统计分析的研究显示，无论是在香港还是在内地，学生都认为自己更加接近理想中的自我（Zhu and Shek, 2021），并反馈自己在面对逆境时具备更高的适应性与抗压能力，能够勇于面对学习生活中的逆境与挑战（Shek et al., 2019; Shek et al., 2022）。

总而言之，乐观、韧性与抗压能力能帮助青少年更好地适应青春期带来的形形色色的压力与挑战，以积极主动的心态和认知拥抱现在、迎接未来，这对于个人在生活的各个方面（包括学业、个人发展和专业领域）的蓬勃发展至关重要。而 PYD 项目提供了一种结构化且有效的方法来培养这些重要的社交和情感技能，使得个人具备应对压力等情绪困扰以及与他人建立有意义的联结所需的能力。诸如"共创成长路"田家炳青少年正面成长计划（TKP P.A.T.H.S.）这样的 PYD 项目的存在，不仅有助于个人现在和未来的发展，同时更是在创造一个更具同理心和互相支持的社会。

在本章中，我们将呈现 35 个案例来说明"共创成长路"田家炳青少年正面成长计划（TKP P.A.T.H.S.）在内地如何帮助青少年从乐观、韧性和抗压能力诸方面实现积极发展，并再次展现以该计划为代表的 PYD 项目对于内地儿童及青少年成长的正面影响。

## 案例 1

当我第一次来到这个教室时，墙壁的颜色就使我感到温暖。课堂上，我看到同学们其乐融融地聊天，与老师顺畅地交流，这些都是在其他课堂上看不到的。课堂的内容也是关于我们在生活中所遇到的问题，老师传授给我们解决这些问题的方法，我们心中的烦恼也可以在这里得到释放。"共创课"让我在快乐中成长，我对学习的兴趣一天天增强。课堂上充满了欢笑声，我们一起做游戏时很有乐趣,这让我对"共创"课堂越来越喜爱。"共创"课堂最让我喜欢的地方是它能贴近同学们的生活,解决一些我们生活中、成长中必然遇到的问题,增强我们的心理素质,让我们能够在青少年这个阶段茁壮成长。"共创"老师以幽默的方式与同学交流,用游戏与我们互动,激发我们的兴趣,这是其他主科所没有的优点,所以同学们才会更喜欢"共创"课堂。我希望"共创课"一直开设下去,陪伴我们成长!(7年级学生)

## 案例2

自从上了"共创成长路"这门课之后,我学到了很多有用的生活技能。

"共创课"教给我的第一个道理就是:做什么都要有耐心,不能急躁。老师通过"软糖实验"给我们讲了这节课。这个实验是这样的:分别给五个孩子一人一块十分好吃的软糖,十分钟后没有把软糖吃掉的孩子将再得到一块软糖。第二个道理是:做什么都要有勇气,坚持不懈。第三个道理是乐于助人。乐于助人让我记忆深刻,因为田家炳先生将自己的财产都捐助给了慈善事业,而他自己住的、吃的、穿的和普通人没什么两样,这正体现了他无私奉献的精神!

我十分喜欢这门课程,因为它让我们在快乐中学习,在快乐中成长!(7年级学生)

## 案例3

本课程给我的感觉很好,因为这个课程使我的综合素质得到了提高,让我在快乐中学到了知识，让我在快乐中慢慢成长，使我增强了自己的意志力。这门课程让我学到了在成长中遇见问题的解决方法，并且让我清楚地认识自己和知道如何控制自己的脾气。我很喜欢这个课程，因为这个课程对我来说是一个很好的提升机会，在成长中遇到困难时，它能促使我寻找解决方法，让我有了学习上的目标。（7年级学生）

### 案例4

上了两个学期的"共创课"后，我学到了很多道理，这些道理在我的成长之路上会有很大的帮助！因为每一个人的成长之路往往会充满艰辛和挫折，而这些人生道理会像一面镜子一样时时刻刻警醒我们，助力我们越过成长之路上的每一次挫折！

在成长路上，要勇敢地去面对困境，只有不怕困难、勇于前进，并对自己抱有极大的信心，才会渡过每一道难关。同时，可以在每一次挫折中收获更多的经验，使自己的成长之路更加顺畅！

通过"共创课"的学习，我学到了要努力，要积极面对一切困难，一定要对自己有信心，不怕困难，勇于攀登人生险峰！（7年级学生）

### 案例5

"共创"课堂教会了我们要团结协作、互相帮助。在"共创"课堂上，我认识到了自己的不足，也慢慢改正了缺点。"共创"课程，就像是一座黑暗中的灯塔，照亮了迷茫的我；它又像是沙漠中的一片绿洲，让我在绝望中看到了希望。

"共创课"让我具备了社交、抗逆、认知、自决和分辨是非的能力；教会了我怎么去交朋友；教会了我如何管理情绪、提升自我效能感以及如何采取行动；教会了我要奋斗自强，建立目标并为之奋斗；教会了我如何做一个好学生。"共创课"老师让我们多多参与公益活动，培养我们的同情心，让我们去帮助需要帮助的人，教会了我们如何做一个好学生。我也懂得了老师鼓励我们做的，我们就要积极去做；老师要求我们做的，我们就必须去做；老师禁止我们做的，我们坚决不做。

共同协作树理想，

创造机会助飞翔，

成长全面能互谅，

长进自爱展心窗，

路遥奋进要自强。

加油，同学们！（8 年级学生）

## 案例 6

光阴似箭，日月如梭，不知不觉，初二已快结束，而"共创课"也接近尾声。本学期，我们已经上了四节"共创课"。每一节课都让我收获颇丰。"共创课"让处在青春期的我们懂得如何控制情绪，让我明白无论遇到多大的挫折，都不能放弃生的希望。世界因生命而精彩。"共创课"也让我明白我们在与他人交往时应多一点真诚，少一点虚假。"共创课"也使我掌握了学习方法，不要局限于现有的知识，而是要拓宽自己的知识面。初三的"共

创课",我在等你!(8年级学生)

## 案例7

生活的许多瞬间,都会给人一种似曾相识的熟悉感,仿佛与你的某种心境不谋而合。

正如课上的那一幕:

"我们一起出去玩吧!"

"不!我还要学习呢。"

"为什么要如此努力?你已经够好了。"

"因为我要力保第一呀!"

力保第一,在很多学生看来,是多么重要的一点。"非黑即白",在他眼中唯有成功与失败,不成功,便是失败,而失败则是自己没有足够努力的结果。多么可怕的想法,却又分外现实!

何时学习成为生活的全部?我何时变得如此怯懦?何时我把成绩看得如此重要?时至今日,这些状态似乎也不曾改变。

从此,我害怕挑战,因为害怕失败,承担不起失败的后果,害怕不解,害怕嘲笑,害怕讥讽。

其实我很羡慕那些笑谈"因为赢过,所以输得起"的人,因为我只会固守"因为赢过,所以不敢输了"的观点。那份洒脱、那份乐观我还不具备。

只是经历了课程的学习,仿佛又有了新的领悟:人生处处是考场,这一切的一切都是我们需要经历的磨炼,我们应具备的是那份不怕输、不服输的精神,而不是一味地逃避、退缩,因为我们终会无路可退,终会不得不面对。没有挑战的成功，是不完美的人生，更显平淡无奇。"既然上次失败了，这次更应自信应战，挑战自我才是一个人最应有的心态。"每个人都是一个独立的个体，但身处于集体之中，更应与同学共同面对。一个人的孤军奋战，很多时候真比不上一群人的团结合作。

人生漫漫，唯愿年少的自己能去除"非黑即白"的观念，将每一次困难都看作挑战，将每一次挑战都看作成功的探索。不必执着于力保第一，竭尽全力才是真理！（9年级学生）

## 案例 8

我今年已经14岁了，成长过程中也经历了不少大大小小的风雨，但小时候的风雨比较少，在父母的庇护下可以顺利度过，长大后所经历的风雨和小时候相比，完全是一个天上一个地下，现在随便来点小麻烦，我都难以应对。

我现在上了初中，时时刻刻都在认识许多新东西，在这过程中我也不断地成长，"共创课"对我来说就是极大的帮助。举个例子，考试要来了，同学们就会觉得内心十分紧张，想着怎么还有这么多的知识点没掌握。于是，他们就跟时间赛跑，学一点儿算一点儿。在这个疯狂学习的过程中，学得好的叫作查漏补缺，很容易；学得一般的，叫作女娲补天，但至少能补得完；差一点的叫精卫填海，补不完；更差一点的叫作开天辟地，才开始学习，所以最后的结果就不一样了。我认为我应该属于第二种，能补得完，但这样下来我觉得自己很累。这些经历让我学会了把握时间。比如说，你要去做一件你最不喜欢也最不愿意做的事，虽然整个过程是痛苦的，但你成功了，那你将变得勇敢，这也是一种经历。

感想：

经历让我们成长，我们应该多多积累一些经验，以便更好地成长。面对困难时，要勇往直前，不能有半点退缩。只有迎着风浪前进，我们才能拥有美好的未来。能让自己克服前进路上的障碍，这就是胜利。成长的经历是美好而又痛苦的，但获得的成就感也是无可比拟的。（8年级学生）

## 案例9

在"共创"课堂上，我学到了很多，这些在书本上是学不到的。"共创课"鼓励了我，让我懂得如何面对逆境，让我知道当自己身处逆境时该如何应对，也提升了我与他人相处的能力和在新环境下的适应能力。在课上，我学会了如何去表达自己的情绪，当情绪复杂时如何化解并做适当调整，我也懂得了如何去控制情绪，并增强了抗拒不良影响的能力。"共创课"让我知道，当自己和别人发生了矛盾后要先自我反省，不要去指责别人，应正确认识错误。

在课上，我学会了对他人要有怜爱之心，当别人身处困境时，我们有能力伸出援助之手就应该去行动。换位思考，如果身处困境的是我们自己，我们可能也希望得到帮助。"共创课"培养了我为社会做贡献的责任感，让我知道了自己应做什么事情，而且不要越过法律的底线。在课上，我认识到自己的能力大小以及自己的缺点和优点，也学会反省自己，每天三省吾身，更积极地面对将来，对未来更有信心，永远不要放弃。（8年级学生）

## 案例 10

通过此课程的学习，我明白了许多道理，它使我更快地成长。当我因无法控制情绪而焦虑不安时，老师的暖心语句和富有哲理性的启示如涓涓细流，抚平我内心所有的慌乱。由此，我逐渐淡然。当我面对棘手的难题苦寻无果而急欲放弃时，一页页充满正能量的幻灯片为我注入了新的力量和青春的热血，由此我获得了面对挫折时的自信与坚强。当我对父母亲人的关怀置之不理时，一首首令人潸然泪下的歌曲令我万分惭愧，由此我懂得了珍惜家人的爱。在一年的学习中，我了解了友情、社会问题、青春烦恼等。"共创课"就像一位智者时刻在你身边，为青春插上亮色的翅膀，为我们的心灵注入勇气与力量。（8年级学生）

## 案例 11

上了大概两年的"共创课"，我的感受有很多，我从中学会了尊重、理解、宽容、认真。"共创课"让我们伴着欢声笑语，和同学一起领悟克服困难的方法，教我们怎样认真面对每一个挫折。我在与同学们的交流中了解了每个人的想法，在游戏中收获了知识，在老师的鼓励中看到了希望。

"共创"课程很好，对我们帮助很大。

我希望"共创"课程能一直开设下去，让学弟学妹也得到帮助。

谢谢"共创"，我的生活导师！（8年级学生）

### 案例 12

一眨眼，我们变成了准初三的学生，而在这一瞬间，我意识到"共创"课程给了我许多收获。它就如同我们的好老师，也更像我们的一位长辈。在课上，我们可以畅所欲言，吐露真心。这门课让我的心灵得到了升华，让我得以更快地适应中学生活，也让我从最早的"天真少年"变成了如今的"成熟青年"。"共创课"教会了我很多，就如同我的心灵老师，让我懂得了宽恕、坚强和永不放弃。奈何天下无不散之筵席，转瞬间"共创课"便要与我们分离，可我们不会忘记这门课，因为它承载着我们最美好的回忆！（8年级学生）

### 案例 13

"共创课"，还记得我们第一次知道这个课时，我们都满怀好奇，一切仿佛就在昨天，历历在目。转眼间，两年过去了，脑海中满是回忆，我们同老师共同面对青春期的风风雨雨，"共创课"陪伴我们走过了一个又一个令人怀念的日子。我们一起做游戏，一起总结克服困难的方法，一起在成长足迹上印上属于自己的回忆……每当我们感到迷茫而失去前进的方向时，老师总会带领我们拨开人生的迷雾，让我们青春的小船继续航行。在初二沉重的学习压力面前，"共创课"像是最有力的帮手，给予我们难得的解压时刻；做游戏时，它像是人生的导师，总是在不知不觉中启迪我们的智慧。渐渐地，同学们都开朗了许多，与老师成为好朋友。小组内，大家更是无话不说。

如今，初二即将结束，我们也将踏上新的旅途，但"共创课"依然是我们心灵的港湾。（8年级学生）

## 案例 14

"共创课"给紧张学习的我们带来放松时刻,缓解了我们的压力。在我看来,这是为了让我们更好地学习。上了本学期的"共创课"以后,我觉得特别开心,因为能和老师分享自己的烦恼并一起解决,我由衷感谢每一个帮助我的人。"共创"课堂需要大家的配合,老师的努力也是有目共睹的,老师的准备是那么充分,同学们的配合也十分积极。我希望老师下学期继续带领我们上"共创课",我们也会更积极地配合老师。(10年级学生)

## 案例 15

"共创课"是一门德育课,短短45分钟的课堂,却能潜移默化地影响学生,并给学生温暖而持久的鼓励,促进学生思想的健康发展。"共创"课堂贯穿了平等、尊重、合作、共享的理念,被学生称为"幸福课堂"。我记得上次是XXX老师给我们上的"共创课",他以他的徒步旅行为例,开始出发时兴致勃勃,可过了一会却因前路艰难而不想走了,最后却以破釜沉舟的勇气到达了目的地。当时我就想,这就是信念吧,相信只要努力就能到达目的地的坚定信念。这不由得让我想起一句话:"人嘛,就是应该坚信些什么,只要我们还坚信,一切就有希望。"这些故事让我的心燃起了火花,我要好好学习,考入一所好的大学。(10年级学生)

## 案例 16

"共创课"心得：

在平坦的大路上虽可以轻松走过，但只有在泥泞的路上才能留下脚印。所有的梦想都从远方起程，我们翻山越岭，风尘仆仆而来，没有什么能阻挡一颗有梦想的心，因为梦想会发光。所以，无论身处多么黑暗的角落，总会有一束光为我们引航。有人说过，既然选择远方，必当风雨兼程。在追寻梦想这条遥远的路上，免不了风风雨雨。但我愿每一个拥有梦想的你，可以做最后一个还在坚持的人，做最后一个为了梦想不回头的人，做最后一个敢于直面风雨的人……不管什么时候，只要能坚持到达终点就好，虽拿不了第一，但起码勇气可嘉！并不是每个人的生活都能如愿以偿、高贵体面，但愿每一个人都能尊重所得。你我纵然如微末，也要善待自己，也能学会飞翔，迎着风雨，迎着阳光！（10年级学生）

## 案例 17

上了XXX老师的"共创课"后，我深有感触。那堂"共创课"，老师让我们用自己享受的方式来疏解自己的压力，每张小小的纸条都写满了我们的问题。"共创课"让同学之间的关系更加亲密，拉近了师生之间的距离，同时也让我深深地感受到了幸福。虽然我们并不知道写纸条的人是谁，但是我们却可以为他们分担一些负担。老师在那堂课上也教会我们很多的人生道理，她生动地运用自己的经历，来给我们讲解一些较难的知识点。她说："在人生的道路上，坚持和理想是非常重要的，时刻都不能放弃。"同时，我也掌握了很多缓解压力的办法，这让我整个人都焕然一新，我不再痛骂世界，抱怨世界的不公，而是反省自己，充实自己，使自己更加强大起来。（10年级学生）

### 案例 18

我是一名来自 XXX 中学的学生，对于"共创成长路"课程，我有很大的感触。课堂上充满笑声，我们不仅获得了知识，更有了对自己人生的规划。还记得刚到 XXX 中学时，我们都是一个个想家的孩子，不能适应教学的安排，不能适应上课的方式，不能适应没有父母陪伴的生活。第一次月考给了我很大的打击，我很压抑，也很难受，甚至想辍学回家。但"共创课"上老师的一句话给了我很大的动力："坚持，相信自己！"对呀！没有谁的人生会是一帆风顺的，没有谁会一直在父母的怀中永不走出去。人生总是自己的，路再难也要自己去闯。我突然庆幸自己来到了这所学校，也庆幸自己坚持下来了。以前我对自己的未来只是想想，从来都没有深入地考虑过，更没有规划过。在"共创"课堂上，我明确了未来的职业方向，也对自己的人生有了很好的规划。在课堂上，我也学到了感恩，感恩老师陪我度过紧张又难忘的一年又一年，感恩父母将我抚养成人，感恩朋友的陪伴，他们给了我最美好的回忆。总之，我很感谢"共创成长路"这门课的任课老师，是他们给了我一盏明灯，让我可以在黑暗中行走。（10年级学生）

 **案例 19**

敬爱的老师:

您好!

这一年的"共创课"我们学习了很多,刚开始的时候还不知道这是什么样的课,慢慢接触以后,才懂得"共创成长路"对我们每个人都非常重要,它增进了我们与父母、老师之间的感情。一年过去了,这个学期也快要结束了,我学到了不少东西,我要感谢曾经帮助过我的老师和同学们,因为你们,我才可以变成现在的我。过去的那些日子里,我十分内向,也不会主动地去认识你们,那时的我很懦弱、胆小。但现在,我们都渐渐地变成了好朋友,我们互相帮助,取长补短。通过"共创"课堂,我也渐渐地坚强起来,学到了成长之路必须坚持才能到达终点,因为成长之路会有不同的挫折、不同的困难等我们去面对,而且这是必经之路。初中毕业之后,我希望还有机会回到XXX中学,跟老师和同学们说一句:"谢谢!"(7年级学生)

 **案例 20**

我明白,

步入青春期,

一片勃勃生机,

要去奋斗,去努力。

但现实总会有些挫折,

阻碍着我,

我在原地彷徨着，迷茫着。

突然，一条"星光大道"映入眼帘——"共创成长路"。

它教会了我很多东西，

它宛如一盏明灯，

带我冲破黑暗。

我终于明白了，

生活中的挫折根本不值一提，

只要我努力、认真、探索……

一切都会成为美好的起点。

而这一切都是它教会我的，

让我明白的。（7年级学生）

## 案例 21

自从接触"共创课"后，我感悟到了许多人生哲理。老师辛苦的汗水一点一滴地滋润着我们，让我们学会坚强、忍耐，这些品质伴随我们茁壮成长，让我们为以后适应社会打下了基础。我要感谢"共创"老师，是您教会我如何面对困难。困难在我们生活中是不可避免的，我们人生的坎坷就如一把把锁，而老师就是打开那一把把锁的钥匙，拨开我们心中的迷雾。

在此，我再次感谢您！您就如同我的第二个母亲，细心地呵护我！（8年级学生）

### 案例 22

我觉得"共创成长路"对我是有帮助的。成长是一个很诱人的字眼,它令人困惑,也让人向往。成长的困惑是无法避免的,我们要寻找方法化解,是"共创课"的老师教我们如何去面对、克服困难,给予我们方法。说真的,我不想面对这些困难,在我眼里,成长是忧愁的、烦躁的,甚至是痛苦的。成长是每一个人都必须经历的,我想经历过后一切就会变好,坦然接受一切,不足的地方就改变,好的地方让它更好。让我印象最深刻的一堂"共创课"是关于遇到挫折不放弃的。我还记得那堂课讲了一只拥有很漂亮羊毛的羊,它每天都十分快乐,天天跳来跳去,不知疲惫,它跳的时候,有许多小动物给它伴奏。但过不了多久,可怕的一天终于到来了,小羊被剥光了毛,以前给它伴奏的小动物都嘲笑它,它越来越失落,但最后另一只动物点醒了它,它从此不再郁郁寡欢。我觉得我们就像那只羊,而老师就是那个点醒我们的人。(8年级学生)

### 案例 23

"共创课"的开设,在我们乏味的学习生活中增添了趣味,同时让我们从中学会了许多东西。虽说一个星期只有一节"共创课",但每一次上课都有很大的收获。青少年时期的我们,在成长的道路上难免会逃避困难,可"共创课"教会我们如何健康地、积极地、乐观地面对困难!

"共创课"是所有课程中最轻松的,不仅没有压力,还可以放松自己。"共创课"教会了我许多,谢谢它在每个星期都陪伴着我!(11年级学生)

## 案例 24

一年的时光转瞬即逝，陪伴我们共同成长的"共创课"也结束了。虽然只是两周上一次课，虽然每天早上都想赖床，抱有不想去上课的心理，但我还是坚持下来了。每节"共创课"都会给人不同的感受。从第一节课开始了解"共创课"，我感觉有点好奇和喜悦。后来，每节"共创课"都很有意思，"共创"课堂上时而安静，时而欢声笑语，我们可以做游戏，可以讨论，也可以独立思考。通过"共创课"，我学会了更好地控制情绪，可以更好地处理自己的问题。面对压力，我也能找到适合自己的方式去放松。通过"共创课"，我觉得我对自己的时间有了更好的安排，虽然没有规划得太好，但是我能意识到珍惜时间的重要性。在"共创课"上，我做了一些活动，这些活动让我静下心来，想想这一路走来经历了多少，又将会面对什么，对未来又会抱有好多期望，心中也会有所打算。"共创课"让我学到了很多。很多时候，我们都处在焦虑不安中，可在"共创课"上，我能静下心来，重新认识自己，让自己放松，思想处于放空状态，意识到做好自己就好。也许这个世界很复杂，但自己简单点就好，不要让自己太累，听从自己的心。现在和未来，我们的每一步都要脚踏实地，走得轻松，走得简单。（10年级学生）

## 案例 25

"共创"课堂打开了我的思维，让我知道在遇到困难时要多方面地分析问题，并找到解决问题的方法。共创未来，共筑梦想，为未来点燃希望，为梦想敞开怀抱。"共创课"让我的世界不再黑暗，让我的心里燃起希望。

"共创课"是一门非常有趣的课程，课堂内容丰富，课堂上充满了欢声笑语。有趣又有意义的课堂，对我们缓解压力起到了非常重要的作用！（11年级学生）

## 案例26

"共创课"是我每个星期最期待的一门课，因为可以放松自己。上这门课很轻松，没有压力，老师讲课也很认真、有趣，给予了我很大的帮助。感谢"共创课"，感谢"共创"老师对我们的教育。"共创"老师长得很好看，人又温柔，像一个亲切的大哥哥。当你没有答对问题时，他会帮你化解尴尬。我很喜欢"共创"老师，能够上"共创课"我感到很开心！（11年级学生）

## 案例27

时间如白驹过隙，忽然之间，不知不觉中，我们的"共创课"已经告一段落了，我总觉得该写点什么，对这一课程做一个简要总结。

我们都是逐梦者，曾梦想着早日到达理想的彼岸，也曾信誓旦旦地说道：即使通往梦想之路会有重重困难，但我们也毫不畏惧，为了梦想，我们选择披荆斩棘，做个无所不能的英雄。但是，当这些困难真的来临时，我们却选择了逃避。正当我们踌躇不前时，我们迎来了"共创课"。它犹如一缕阳光，照进了我们每个学子的心中，给我们带来光明和温暖；它犹如一缕春风，吹拂着我们躁动的心灵；它犹如指南针，指明了我们前进的方向。

"也许我没有天分，但我有梦的天真……向前跑，迎着冷眼和嘲笑，生

命的广阔不历经磨难怎能感到……与其苟延残喘,不如纵情燃烧吧……为了心中的美好,不妥协直到变老。"(10年级学生)

### 案例 28

时光匆匆,为期一年的"共创课"即将结束。回顾过往,多少感叹都消逝在时间之中,但回忆也会如潮水般涌来。

我自认为我很悲观,为了承担起责任可以付出一切时间、精力,甚至放弃流泪的权利。但通过"共创"课堂,我的心绪能有自由的时间、空间去放松。在这里,我不再担负任何压力,只有自己。

虽然一节课只有一个多小时,但对于我来说却很珍贵,因为在人群之中,我会不自觉地为自己戴上伪装坚强的面具,用笑去替代伤痛,也许不会有人理解我的这种做法。在短短几个小时之后,我又会重返常态,仍然做回别人眼中的优秀者、人人称赞的好学生。

古今多少事,都付笑谈中。往事已过去,连自由的时间都已逝去,我无可奈何,只能默默接受。"共创","共创"的是心灵,"共创"的是自由,"共创"的是现实之中无法得到的理想状态。

只愿我们之后的每届学生都能珍惜这一课程。(10年级学生)

### 案例 29

时光在无声地流逝,而我们也在慢慢改变,不断成长。一年前,我们带着青春的稚气来到了这所梦寐以求的学校。我们带着梦想,勇往直前。

一年的"共创课"即将结束，而这一年的学习也让我学会了很多，让我不再叛逆，让我对未来不再迷惘，让我学会坚强，也让我学会笑着面对未来。不管这条路有多艰难，我都应该带着最初的梦想，勇敢且自信地走下去。

我很感谢能有这样的机会来这里学习，并且能够接受到如此好的教育，和老师一起去谈心，并且从老师那里得到启发。我知道我们来到这里学习将会面临怎样的辛酸，但就因为我们有着对梦想的执着，所以要不放弃、不气馁，带着家人的期盼，带着心中的梦想，勇敢前行。

不忘初心，不畏将来。（10年级学生）

## 案例 30

通过一学期的"共创课"学习，我学会了许多。老师让我们有梦想，去努力；教我们如何克服困难，体现自身的价值；教会我们遇到困难不放弃，坚持不懈……我们经受了心灵的洗礼。成长的路上，难免会有挫折，"共创课"教会我们以乐观、积极的心态乘风破浪、勇往直前！（10年级学生）

## 案例 31

这学期的"共创课"马上就要结束了。从寒冬到盛夏，每节"共创课"都会深深震撼到我，促使我向那些榜样学习。老师声情并茂地带领我们走进知识的殿堂。我还记得刚开学那会儿，看了平昌冬奥会运动健儿的比赛，他们克服种种困难，在赛场上迎难而上。"北京8分钟"的表演中，演员们克服了天气、场地的重重阻碍，但最终仍然呈现了一场完美的表演，让世界的目光聚焦到 2022 年的北京冬奥会。看完后，我深受触动，这就像我们的学习一样，我们总会遇到未知的挑战，我们要以不变应万变。"共创课"让我成长，让我进步！（7 年级学生）

### 案例 32

这学期的"共创课"主要以讲故事的形式为主，让我学到了很多。我认为这个课程是促进我们心智健康成长的一门课。每一节课都让我受益匪浅。"共创课"让我自信、自强，它让我有勇气表达，有信心尝试与坚持，让我能够勇敢地展现自身才华。它激发了我的潜能与活力，提高了我的动手操作能力，拓展了我的思维，助力我成长！"共创课"上，我们经常看一些励志视频或故事，这些故事告诉我们对于生活中的困难与挫折要积极面对、勇往直前。从一些英雄的故事中，我们学习了他们身上的优点，我坚信只要不断学习、不断进步，定能成就更好的未来！（7 年级学生）

### 案例 33

这一学年，我们在"共创"课堂上学习了很多，诸如要努力啊、要奋斗啊、要坚持啊！"共创课"让我们知道，要带着一颗心去看世界，一颗柔软的心，一颗上进的心，一颗失败了却并不认输的心，一颗要比别人强、比别人善的心，一颗虽不如别人但内心并不自弃的心。"共创课"教给我们许多做人做事的道理、为人处世的方式和平静的心态，这正如田家炳先生的教育理念——教人求真，教做真人！若学，必先善其心，利其行。（7 年级学生）

### 案例 34

快乐是人生中最不可缺失的一种元素，没了快乐就没有精气神，做事就无精打采的，甚至可能适得其反，所以要开开心心的，这样才能把每件事做好。刚开始我认为"共创"课堂像别的课堂一样特别古板，谁知，"共创"课程是一门一起互动做游戏、一起探索新知识的课程。我们上课时玩了一个小游戏——"吹羽毛"。这节课让我意识到了团结的力量。团结就是力量，无论是什么困难，只要团结起来，就能让人战胜困难、挑战自我。只要不自私自利，把自己的一份力量贡献出来，就能"众人拾柴火焰高"。我现在才发现，团结的力量是特别特别大的，就像一条小溪，众多小溪融入在一起就汇聚成了大湖，就不再惧怕狂风暴雨了。从今往后，我要把自己的一份力量融入班集体，让班级团结起来，做任何事都要齐心协力，一起加油吧！（7年级学生）

### 案例 35

这学期我们上了"共创成长路"这门课程，半学期下来，我受益匪浅。

老师为了解决我们成长路上的烦恼，设计了一系列主题，并用PPT展示出来。在"共创课"上，同学们也敞开心扉。在众多主题中，给我影响最大的是"公平与不公平"。这一节课让我明白了世界上没有绝对的公平，不公平是常态，而公平的事情更容易被人们接受。

人们常说上帝除了让世界上的每个人都会死去是公平的，其他的都是不公平的。就比如说，有的婴儿天生健康强壮，四肢健全，而有些婴儿却先天患病；有些小孩衣食无忧，而有些小孩却乞讨度日。

"上帝在关闭一扇门的时候，早已为你打开另一扇窗。"你相信吗？上帝每天那么忙，怎么会想起有没有忘记打开你的窗？所以你要知道，你该做的不是站在原地抱怨上帝的不公，而是要打起精神来，去发现，去寻找，去打开自己的那扇窗。

即使生活戏弄了你，也不要放弃，因为你有理想，你有自我。这是最坚强的后盾，我们还有什么理由屈服于生活的磨难，屈服于现实的残酷呢？我们面对不公平时，能做的就是用我们自己的双手去推开另一扇窗。（8年级学生）

## 参考文献

American Psychological Association, 2018. Resilience[EB/OL]. https://www.apa.org/topics/resilience.

CHUGANI N B, FAIZULLAH S, JANKE C, et al., 2021. Resilience-informed positive youth development programs in international development[J]. Journal of youth development, 16(2-3): 287-309. DOI:10.5195/jyd.2021.1020.

DEWE P, COX T, FERGUSON E, 1993. Individual strategies for coping with stress at work: a review[J]. Work & stress, 7(1): 5-15. DOI:10.1080/02678379308257046.

ETHERTON K, STEELE-JOHNSON D, SALVANO K, et al., 2022. Resilience effects on student performance and well-being: the role of self-efficacy, self-set goals, and anxiety[J]. The journal of general psychology, 149(3): 279-298. DOI:10.1080/00221309.2020.1835800.

MENG X H, TAO F B, WAN Y H, et al., 2011. Coping as a mechanism linking stressful life events and mental health problems in adolescents[J]. Biomedical and environmental sciences, 24(6): 649-655. DOI:10.3967/0895-3988.2011.06.009.

MESMAN E, VREEKER A, HILLEGERS M, 2021. Resilience and mental health in children and adolescents: an update of the recent literature and future directions[J]. Current opinion in psychiatry, 34(6): 586-592. DOI:10.1097/yco.0000000000000741.

PATHAK R, LATA S, 2018. Optimism in relation to resilience and perceived stress[J]. Journal of psychosocial research, 13(2): 359-367. DOI:10.32381/JPR.2018.13.02.10.

QUINTON M L, CLARKE F J, PARRY B J, et al., 2021. An evaluation of My Strengths Training for Life™ for improving resilience and well-being of young people experiencing homelessness[J]. Journal of community psychology, 49(5): 1296-1314. DOI:10.1002/jcop.22517.

RINCÓN URIBE F A, NEIRA ESPEJO C A, PEDROSO J D S, 2022. The role of optimism in adolescent mental health: a systematic review[J]. Journal of happiness studies, 23(2): 815-845. DOI:10.1007/s10902-021-00425-x.

SANDERS J, MUNFORD R, THIMASARN-ANWAR T, et al., 2015. The role of positive youth development practices in building resilience and enhancing wellbeing for at-risk youth[J]. Child abuse & neglect, 42: 40-53. DOI:10.1016/j.chiabu.2015.02.006.

SHEK D T L, 2012. Evaluation of a positive youth development program based on the repertory grid test[J]. The scientific world journal, 2012: 372752. DOI:10.1100/2012/372752.

SHEK D T L, DOU D, ZHU X, et al., 2022. Benefits of a positive youth development program for students in China's mainland: Tin Ka Ping P.A.T.H.S. Project [J]//International journal of child and adolescent health, 15(3): 215-228.

SHEK D T L, SUN R C F, 2015. Positive youth development (PYD) and adolescent development: reflection on related research findings and programs[M]//LEE T Y, SHEK D T L, SUN R C F. Student well-being in Chinese adolescents in Hong Kong: theory, intervention and research.Singapore: Springer: 325-337.

SHEK D T L, ZHU X, LEUNG J T Y, et al., 2019. Evaluation of the project P.A.T.H.S. in China's mainland: findings based on student diaries[J]. Research on social work practice, 29(4): 410-419. DOI:10.1177/1049731517745994.

TUSAIE K, PUSKAR K, SEREIKA S M, 2007. A predictive and moderating model of psychosocial resilience in adolescents[J]. Journal of nursing scholarship, 39(1): 54-60. DOI:10.1111/j.1547-5069.2007.00143.x.

ZHU X, SHEK D T L, 2021. Subjective outcome evaluation of a positive youth development program in China's mainland[J]. Research on social work practice, 31(3): 285-297. DOI:10.1177/1049731520980802.

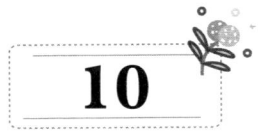

# 助益内在能力：情绪能力

◎石丹理　罗绮雯　朱家欣　刘昕

情绪控制和表达能力是指一个人表达和调节情绪的能力，是协助个人建立、维持和改善社交关系的基本技能，包括四个方面：（一）自我意识，即理解自己的情绪的能力；（二）社交意识，即理解他人情绪的能力；（三）自我调节，即管理自己的情绪；（四）社交关系技能，即对他人的情绪做出合适的回应（Lau and Wu, 2012）。

早期的研究已经强调了情绪控制和表达能力对青少年的健康和幸福有显著影响，因为情绪控制和表达能力往往与心理调适（Schoeps et al., 2021）和危险行为（Hessler and Katz, 2010）相关。良好的情绪控制和表达能力让学生更有能力与他人建立和维持积极的人际关系，以及有更好的应对策略来有效进行压力管理，从而避免以危险行为作为应对方法。近期研究亦显示了情绪控制和表达能力对青少年正面发展的重要性（Lau and Wu, 2012; Schoeps et al., 2018）。

近年来，不少学校采用各种方法来培养青少年的情绪控制和表达能力，以促进他们的身心健康。其中，社会和情感学习（Social Emotional Learning, SEL）的训练能够有效提升学生的自我意识，并有助于改善与他人的关系；同时亦让学生在学业成绩、个人行为，以及在生活和就业的选择上也受益匪浅，因为良好的 SEL 技能可以让学生更好地应对挑战并管理负面情绪（Harris et al., 2022）。此外，SEL 也可以让学生在面对压力时更有效地调节自己的情绪，避免将自己的负面情绪投射到他人身上（Aghatabay et al., 2023），亦使他们能够更加关注自身和学习（Greenberg, 2023），减少危险行为（如滥用药物、酗酒和青少年犯罪等）的发生（Agirkan and Ergene, 2022）。

一项荟萃分析显示，认知元素和教师的社交情感技能是预测 SEL 成效的重要因素（Shi and Cheung, 2024）。原因有以下三点：第一，在课堂练习时要求学生在不同的情境中识别和描述自己的情绪，这有助于鼓励学生以各种方式表达自己的情感。第二，教师社交情感技能的提高有助于加深学生对 SEL 的理解。因为教师是学生学习的榜样，学生会观察教师的行为和态度并将其作为参考，所以教师在项目进行期间和结束后如何与学生进行有效沟通、传授有效的自我调节和解决问题的方法，也会对学生的社会情感学习产生影响。第三，家长的参与同样能提高 SEL 的成效。例如，过度保护或过度控制的教育只会导致青少年对自己的人生感到迷茫和缺乏信心。因此，让家长参与到 SEL 中能增进他们对子女的了解。家长要学会放手，让子女发展独立能力，从而使子女更了解他们自己，进而提升他们与他人沟通的社交能力。

SEL 项目的成效有时亦可能会受到质疑。Weare 和 Nind（2011）的荟萃分析发现，尽管许多 SEL 项目的积极影响会在项目实施期间立刻产生，但其是否对学生具有长期影响，需要更多的后续追踪研究才能得以确认（Cipriano et al., 2023）。Mertens 等人（2022）的荟萃分析发现，SEL 的长期影响力并不大。但 Taylor 等人（2017）的荟萃分析发现，项目实施后的后续阶段才是预测 SEL 项目成效和青少年身心健康发展的关键时期，而其长期影响力可持续六个月到十八年不等。他们的研究论证了 SEL 对培养青少年的社交能力、情绪控制能力以及表达能力具有积极和可持续的作用。

一些学校会以"正念教育"（Mindfulness-based Education, ME）来培养学生的情绪控制和表达能力，因为当中的课程会教给学生在社交中应对挑战和压力的各种工具和技能，培养他们自我意识、情绪调节和积极社交行为的能力，让他们在一个支持性更强、有助于培养情绪控制和表达能力的学校环境中成长。因此，学生在参加 ME 项目后变得更加乐观，对他人更加真诚，也减少了攻击和对抗的行为（Schonert-Reichl and Lawlor, 2010）。此外，学者还提倡将相关项目作为培养青少年情绪控制和表达能力的方式之一。例如，"Girls on the Run" 是一个以体育活动为基础、旨在提高女生社交能力和身体能力的青少年正面成长（Positive Youth Development, PYD）项目，该项目包括自我意识培养、自我保护教育、健康社会关系选择、体育活动参与，以及女生如何在其他环境中运用这些技能的汇报环节。结果显示，97% 的女生参与该项目后学到了重要的生活技能，使她们在解决冲突时能更有效地管理情绪、做出有意义的决定和更无私地帮助他人（Weiss et al., 2020）。

此外，学校还可以通过辅导的方式培养学生的情绪控制和表达能力。Claro 和 Perelmiter（2022）的荟萃分析显示，参加辅导的学生在自尊、自信和社交方面均表现出比参与前更为积极的态势，影响因素包括辅导的持续时间和所涉及的结构化活动。例如，较长的持续时间能让参与的学生（被指导者）与指导者建立更密切的关系，而密切的关系能增强他们表达自我的自信心，并且在短期内采取积极行为（Melendez-Torres et al., 2016）。

在香港，80% 以上参与的学生表示，"共创成长路"赛马会青少年培育计划（P.A.T.H.S.）的各种互动活动令他们增强了自信心、同理心和对他人的关心，提高了他们的表达和管理情绪的能力（Shek and Law, 2014; Shek et al., 2012; Shek et al., 2008）。其中，有学生在日记中提及，"共创"课堂教会了他们不同的生活智慧和解决问题的方法，令他们不仅更了解自我（例如关于自我长处和短处），还更有效地控制了自己的负面情绪和脾气（Shek, 2010; Shek and Sun, 2012）。此外，P.A.T.H.S. 的各种互动活动令学生增强自信心和自尊心。在班级中表达自己的观点时，这些活动促使他们反思自己过去的行为方式、表达方式和态度，并据此调节自我和社交关系。结果显示，学生之间的友谊得到了改善或他们建立了更亲密的关系。Ma 和 Shek（2019）还发现，青少年的社交能力、对积极行为的认可、亲社会参与和情感联结能力相较参与 P.A.T.H.S. 前都有显著提升。例如，亲和力的增长表明 P.A.T.H.S. 帮助青少年从与同伴和家人的紧密联系中培养了归属感和支持感；社交能力的增长表明 P.A.T.H.S. 有助于培养青少年的多种应对策略，有助于培养他们的情绪意识和调节技能，提高他们的沟通能力、提升他们的社交技巧、优化冲突解决策略。因此，青少年会因受到更多鼓励而展现出一些积极的行为，这使他们被培养出利他主义倾向。这表明 P.A.T.H.S. 成功有效地促进了青少年情绪控制和表达能力的发展。

内地的教育一直缺乏对学生情感需求的关注，因为主流教育致力于追求显而易见的考试成绩和青少年的认知发展。2003 年以来，SEL 和 PYD 项目在内地不断推广，对于青少年的社交情感技能、社交态度、积极的社会行为和情绪困扰的解决等方面起到了显著的促进作用（Chen and Yu, 2022; Yu and Jiang, 2017）。2011 年，中国教育部与联合国儿童基金会合作，在贵州、云南、重庆、广西和新疆五个省（区、市）开展了一批试点项目，旨在提高儿童的自我意识、情绪管理能力、行为动机、同理心和社交技能。十年后，Li 和 Hesketh（2023）采用了同样的方法，他们发现许多学生因该项目的实用性而给予了积极评价。通过讲故事的方式，学生能更好地理解和调节自己的情绪，并能够设身处地地为他人着想，因为故事的主题与他们的情况相契合。例如，为父母是外出务工人员的孩子讲有关"面对离别"的故事，为与父母沟通不畅的孩子讲有关"表达自己"的故事。

由香港移植到内地的"共创成长路"田家炳青少年正面成长计划（TKP P.A.T.H.S.）也使得学生从各种互动活动中受益匪浅。例如，Zhu 和 Shek（2021）发现绝大多数学生从该计划中获得正面成长，超过 90% 的学生认为在参加 TKP P.A.T.H.S. 后他们与同伴的互动有改善（94.61%），与同伴、家人和老师的联系有所加强（93.92%），社交能力（94.88%）、情绪表达的能力和管理能力（94.98%）以及自我意识（95.56%）也有提高。总体而言，他们对 TKP P.A.T.H.S. 感到满意。

许多计划实施者和教师认为，TKP P.A.T.H.S. 之所以受到学生的欢迎和赞赏，是因为 TKP P.A.T.H.S. 为学生提供了自我探索的机会。例如，通过自我了解，学生能够认识和有效管理自己的负面情绪，了解自己的情绪表达对社会关系产生的影响，并探索自己的长处和兴趣以规划未来。这使他们掌握了处理日常问题和应对各种变化和挑战的基本技能，从而不易情绪失控，也不会轻易采用滥用药物、酗酒和赌博等危险行为来应对压力，这些行为可能不利于他们整体心理健康的发展（Shek et al., 2022a; Shek et al., 2022b）。此外，学生也表示，TKP P.A.T.H.S. 的课堂讨论使他们在表达自己的观点时用词更加审慎，情感表达更加得当，同时也加强了自我反省。例如，通过眼神交流、面部表情和手势等非语言表达方式，他们的同理心得到了培养。各种课内活动和互动学习环境令他们更多地了解同学，使他们更容易建立和保持彼此间的关系。即使有时同学之间存在意见分歧，他们也学会了积极接受他人的不同观点，这帮助他们建立了归属感，也让他们与同学建立了互相理解和信任的积极关系（Shek et al., 2019）。由此可见，TKP P.A.T.H.S. 成功地促进和培养了青少年的情绪控制和表达能力。

在本章中，我们将介绍 38 篇由学生撰写的日记，这些日记讲述了 TKP P.A.T.H.S. 对他们情绪控制和表达能力的影响。我们发现学生的日记内容集中于以下六个主题，包括情绪调节、情绪意识、心理健康、社交关系、解决冲突的技能以及实用性。如表 10.1 所示，有 11 篇日记（占比 28.95%）提到 TKP P.A.T.H.S. 教导他们如何改善和调节情绪，这不仅减少了因负面情绪投射到他人身上而产生的进一步冲突，还促使他们反思在不同情境下与他人互动时，自身的情感表达和行为是否恰当。有 10 篇日记（占比 26.32%）提到 TKP P.A.T.H.S. 提升了他们对情绪的理解和认识，这包括对不同类型情绪（如喜、怒、哀、惧）的识别、自我情绪的认知，以及理解自我情绪和他人情绪如何影响他们对别人的看法及其人际关系的质量。有 9 篇日记（占比 23.68%）提及他们的心理健康在参加 TKP P.A.T.H.S. 后得到了改善，其原因在于一次次的实践和自我反思使他们学会了宽容、谅解，并以更积极的心态去面对任何困难。有 4 篇日记（占比 10.53%）表示参加 TKP P.A.T.H.S. 后，他们与同学、老师和家人的社交关系明显改善，因为学会了从利他的角度思考问题，从而提升了同理心和情绪表达的能力。有 2 篇日记（占比 5.26%）表示，他们参与 TKP P.A.T.H.S. 后认识到控制情绪的重要性，例如在解决冲突时不是让情绪控制自己，而应该在解决问题的整个过程中保持冷静。另外，有 2 篇日记（占比 5.26%）表示，TKP P.A.T.H.S. 有关情绪控制和表达能力的内容非常实用，令他们能在实际生活中加以运用。因此，TKP P.A.T.H.S. 成功地促进了青少年情绪控制和表达能力的提升。

表 10.1 学生撰写日记的主题

| 主题 | 日记数量（篇） | 比重（%） |
|---|---|---|
| 情绪调节 | 11 | 28.95 |
| 情绪意识 | 10 | 26.32 |
| 心理健康 | 9 | 23.68 |
| 社交关系 | 4 | 10.53 |
| 解决冲突的技能 | 2 | 5.26 |
| 实用性 | 2 | 5.26 |

### 案例 1

在这两年的"共创课"上，我学会了很多东西，学会了怎样孝敬父母、尊敬老师、团结同学、消除自己的烦恼。在我眼里，"共创"课程就像是启蒙我如何成长的第二位导师，不仅如此，因为"共创课"，我学会了怎样发泄自己的情绪，还懂得了做人的道理。可以说，"共创课"让从前那个一点礼貌都不懂的我变成了如今知礼懂礼、尊重师长的人。我喜欢"共创"课程。（7 年级学生）

 **案例 2**

我认为"共创课"就像是我的启蒙老师，它指引我走向人生的正确方向，让我知道该如何面对人生、认识自我。"共创课"激发了我的积极性，特别让我有所收获的是，我懂得了面对消极情绪时要理智冷静，要合理发泄自己的情绪。比如可以找朋友诉苦，做一些自己喜欢的事，向父母、老师诉说，从而把自己全部的烦恼都解决掉。与情绪处理有关的电影《头脑特工队》让我学到了一个重要的东西——情绪是各种各样的。我发现在这部电影中，人的各种千奇百怪的情绪有时并不是由一个单一的情绪精灵控制的，而是各种情绪交织在一起的。这就是我在"共创"课程中学到的：如何理智地控制自己的情绪以及了解一个人的性格与心理变化的方法。（7 年级学生）

**案例 3**

"共创课"教会了我许多许多，也对我有很大的帮助。通过"共创课"，我增强了与老师、同学以及家长的联系，增强了面对逆境的能力，提升了与他人相处的能力，增强了表达及处理情绪的能力，提高了抵抗不良影响的能力。与此同时，我还知道了人的情绪是复杂多样的，除了常见的喜、怒、哀、乐等基本情绪外，还有害羞、焦虑、厌恶和内疚等复杂情绪，各种各样的情绪丰富了我们的生活。情绪对人的作用非常大，它影响着我们的观念和行动，可能鼓励我们克服困难，努力向上；也可能让我们因为某个小小的挫折而止步不前。"共创课"就像思想品德课，让我们明白了许多人生哲理。（7 年级学生）

### 案例 4

在"共创"课堂上，我学到了很多有用的技能。在每节课中，老师总会讲解一些我们在生活与学习中经常遇到或可能发生的问题。在一次"共创"课堂上，老师讲解了人的正面情绪与负面情绪，并详细讲述了这些情绪在我们的生活中是如何产生的，又是如何影响我们对事物的判断的。例如，在愤怒时，我总会做出过激的反应，从而让整个事件进一步恶化。我从"共创"课堂中学到了面对重要事件时应冷静判断，在生活中要时刻控制自己的情绪。（7年级学生）

### 案例 5

我觉得这种课程非常有好处，让我学到了很多东西。比如在"青春的情绪"这一课，我们思考并回答了几个问题，例如，常见的基本情绪有哪几种？人的情绪是复杂多样的，基本情绪有喜、怒、哀、惧。情绪又受哪些因素影响？这是多方面的。这门课让我更容易地控制情绪。"共创"课程目标明确，内容设计好，课程安排合理，课堂氛围好，同学之间交流频繁；老师准备工作充分，授课技巧高超。总的来说，我喜欢这门课程。（7年级学生）

### 案例 6

一开始我都不知道"共创课"有什么作用，但经过这两年的学习，我知道了这个课程对我有很大的帮助。以前的我不太懂得控制自己的情绪，只要不开心，就把不好的情绪发泄出来给别人看，想让别人都知道我很生气。但上了"共创课"之后，我明白了这样的行为不仅会影响别人，还会伤害别人。自那以后，我也渐渐收起了那个臭脾气，没有再去找别人出气或随意发泄。"共创"课堂让我学到了很多，最重要的是如何发泄自己的情绪，如何放松自己。（7年级学生）

### 案例 7

我比较喜欢"共创课"中老师的这种教学风格，课堂氛围很活跃，我们也能学到许多有用的知识。上课时我们经常做许多游戏，游戏都是关于心理方面的，老师也会给我们放视频，内容都是我们这个年龄段一些常见的心理活动。我觉得老师讲得也很不错，这让我们当中的有些同学走出了心理阴影。我很喜欢这个课堂的风格。（7年级学生）

### 案例 8

学校里开展了"共创成长路"课程，我接触这个课程以后，觉得它对我的帮助非常大。我本来脾气就很暴躁，一遇到什么事，在没弄清楚情况之前，我就会发脾气，从来都不会为别人的感受着想。自从上了这门课，我的心胸开阔了很多，我的脾气好了很多，也会开始考虑别人的感受了。我很感谢这门课。（7年级学生）

## 案例 9

我们上过很多像这样的心理课程，"共创"课程旨在关爱青少年的身心健康。经过几次课的体验，我发现了多了解朋友和家人、关心他人、体谅他人是一件多么重要而且不易做到的事。体谅他人说起来简单，但做起来又很难，在生气的时候很难去体谅和理解对方的过失，而有些过失又很难被原谅。管理好自己的情绪也是一件不易的事，很多时候，我生气时也不会听别人的话，更别说体谅和原谅别人了。面对这么多不开心的事情，能够冷静处理的又有几个人呢？好多犯罪事件就是从一点小口角开始的，可见情绪管理多么重要。我们上了几节"共创课"，增进了与朋友和家人的关系，同时也促进了师生关系。我们跨越了彼此的交流障碍，能正确了解问题、看待问题，利用从课堂上学习到的方法解决问题，同时这门课程也提高了我们对情绪的控制能力。通过"共创课"，我提升了处理问题的能力，明确了自己在社交中的位置，在生活中可以多做些好人好事。这样的课程让我懂得了要热心帮助他人，考虑事情要周全，不马虎，不莽撞。（7年级学生）

## 案例 10

在"共创"课堂上我们学到了很多，例如如何控制情绪。课堂上，我知道了情绪有喜、怒、哀、惧几大类，知道了如何改变自己的情绪，针对情绪变化的原因，根据自身性格特点，灵活地选择调控情绪的具体方法。此外，我还知道了不同情绪所导向的不同结果。积极的情绪能够使人思维敏捷、体力充沛、精力旺盛，有利于个人正确地认识事物，分析和解决相应问题，从而使自己的水平得到正常发挥，甚至还可能会超常发挥；而有消极情绪时，情况则相反。在"共创"课堂上，我学到了好多技能，也感悟到了许多。（7年级学生）

### 案例 11

这个学期，我们上了"共创课"，在这门课上，我学到了许多东西。例如，如何调整情绪、在学习中怎样制定目标、怎样与同学们和睦相处。在班主任XXX老师与"共创"老师的帮助下，我们上每节"共创课"都非常愉快。老师教我们做一些心理游戏，给我们讲一些有用的知识，让我们看一些有意义的电影。XXX学校也为我们建造了沙盘室、宣泄室以及心理教室，让我们有地方去宣泄负面情绪。在老师与学校的帮助下，我明白了许多做人做事的道理与人生的哲理，与同学的关系也更加融洽，同时缓解了每天上学时的紧张情绪，养成了良好的思想品德。（7年级学生）

### 案例 12

在初一开学的那段时间，老师在上班会课的时候就告诉我们会有一个新的课程叫"共创课"，全年级只有我们班要上。当时我就在想：学校真的很重视我们班呢！我上这门课后，学习到了特别多的东西，就比如有一个主题课叫"如何控制情绪"，在课上我就学到了一些控制情绪的好方法，这让我的暴脾气渐渐变好了很多。还有一个特别的主题——"学习攻略大检阅"。我在上这节课前，每次考差后都会立一个目标，但过了一两个星期就懈怠了，但上完这节课后,我知道了什么叫"立长志",切勿"常立志"!最后我表达一下心愿吧!我们上了两年"共创课"了!这个课程很有用!我希望在初中的最后一年能继续上这门课!(8年级学生)

### 案例 13

一学期的"共创"课程就要结束了。通过这门课程,我收获了很多东西!首先,我学会了控制自己的情绪。情绪是多变的,但控制却要靠自己。当我们的情绪受到影响时,可以通过敲打枕头等方法来发泄情绪。"共创"课程还鼓励我增强与老师、同学及家人的联系,帮助我更积极地面对未来,培养我对他人的关爱之心,还培养了我奉献社会的责任感,促进了我的全面发展。"共创"课堂的气氛很好,同学之间有很多交流,我也积极参与课堂内的活动,如一起讨论、分享观点、玩游戏等。总体而言,我很喜欢这门课程。(7年级学生)

### 案例 14

刚开始时,我还不懂"共创课"的真正内涵,我认为它是心理课。"共创"课程教会了我如何通过观察他人的表情来感受他人真正的心情,教会了我如何与他人和谐相处,也教会了我如何调节自己的情绪,让我知道控制情绪是多么重要。我从课堂上学会了坚强,学会了谅解,学会了宽容。这个课程让我从中体会到了自己的成长,也让我有了属于自己的学习方法,我相信这是我一生的宝贵财富。(7年级学生)

## 案例 15

这是一门能治疗内心、能让一个人有修养、有道德、有礼貌的课。任课老师可以从你的外表和动作中知道你的内心在想什么。我也学到了一些知识。这是一门心理课,老师很温柔,我很喜欢她。她的声音很小,但后来老师戴了扩音器,声音也就没那么小了。这学期我们也学了很多关于心理的事例,比如一个人坐在椅子上,旁边放着他的帽子,这时有一个人走了过来,坐在他的帽子上,由此可以看出这个人具有什么样的人格,即性格随和或者暴躁。有时还可以通过别人的动作来判断这个人要做什么,还可以从别人的表情中看出他的心情,因为表情可以说话。在"共创课"上,老师给我们举了很多例子,还有PPT,这些都是老师课前准备好的。课上老师当然也讲得很到位,所以我觉得"共创课"一周只有一次太少了。(7年级学生)

## 案例 16

以前的我从来不知道心理学的奥妙,它像一个魔术般闪耀着神秘的光芒,我不知道原来一个表情下蕴含着那么多的情绪,不知道那些思想和情绪伴随且影响着人们的一生,所以我们要感谢"共创成长路"这门课程。感谢老师教会了我们如何去面对挫折,如何对待不良情绪,如何看透别人的微表情,如何拒绝别人。此时,课程的内容像一个个幻灯片一样在我的脑海中放映着。有些微表情是自己都察觉不到的,可偏偏是这些只出现了 0.1 秒的微表情,却透露出了人心最真实的一面,是无论如何都不能作假的。这些微表情比那些假笑真实多了,所以需要我们察言观色。这一课让我掌握了与人交际时如何看透对方是否在说谎的方法。消极情绪无时无刻不在我们身边，只需要一个小小的火种，它们便可一触即发，烧焦我们全身。唯有认识、了解它们，扒下它们的隐身衣，我们才能更好地控制住自己，更乐观开朗地面对未来，微笑着面对困境。比如"非黑即白"的观念，会让人过度地去怀疑自己，甚至否定自己，要么就是过度骄傲。难道凡事都只有两面吗？不是的。因为这个课，我们学习到了很多，也成长了很多，学习目标渐渐明确了起来，所以我们要更加努力地"共创"我们的成长路吧！（7年级学生）

## 案例 17

成长是我们生活当中不可缺少的一个过程，它能让稚嫩纯真的我们变得更加成熟。成熟后，我们更能分辨谎言与真话。我们若想要懂得更多，就需要走一段很长的路，所以对于生活中的一些事物，不必看得太重。对于那些能让我们成长的事，我们要更加感激。我们走过的路还很短，还有更长的路等着我们去走。我经历有限，信心不足，太过懦弱，上了"共创课"后，我认真听取了老师的意见，每次遇到困难时就会想起课上老师教的内容，学会了如何面对困难，我算是成长了吧。见到有困难的同学我会出手帮助，见到了可怜的猫狗我会给它们一些食物，我也会帮父母做家务，这些都是以前我不曾做过的，这也算成长了吧。我曾与朋友争吵冷战，我也想过道歉，但我选择退缩。她曾说，除非我道歉，否则她不会理我。我想她只是需要我最真诚的道歉。现在我会真诚地道歉，不会怯懦，不会愧疚，我这是成长了吧。我曾经不会拒绝，有时我会被迫接受一些请求，现在我会对他们说"不"，我这是成长了吧。我曾害怕孤独，但现在我有很多朋友；我哭过笑过，但现在绝不会再随意外露自己的情绪，绝不会让自己当着别人的面哭。我成长了，已不是以前那个懦弱的我了，现在的我更坚强，也更自信。（7年级学生）

## 案例 18

这学期，我参与了"共创成长路"课程，在这当中我明白了许多道理。能够参与这个课程，我感到非常荣幸，因此，每一堂课我都特别珍惜。这学期，我们学习了"如何创建无烟校园""什么是公平""怎样看透对方的想法"等各种各样生动有趣的内容。老师也不是枯燥乏味地为我们讲解，而是用一些幽默的小视频、好玩的小游戏，让课程变得浅显易懂。上了这门课程，我最大的收获是在生活中要学会察言观色，懂得对方的心理活动，这样就不会造成一些麻烦。最后，我希望这门课能一直开设下去，因为它真的与我们的生活息息相关。（7年级学生）

## 案例 19

参与"共创成长路"课程的感想：经过这一学期的学习，我学到了很多。我们心里都住着几只"怪兽"，有的会让我们变得胆小怕事，有的会使我们变得冷漠，还有的会让我们无端猜疑他人，并且认为自己的想法就是他人的想法，从而有可能误会他人。当面对他人的批评时，虽然有些人很严厉，但出发点是好的，我们应该调整情绪，理性判断，从而解决问题。当对他人提出批评时，我们要讲究技巧，言语要友好，这样他人才更容易接受。在这一学期的"共创课"中，我学到了很多与他人相处的方法，这对我的帮

助很大。（7年级学生）

### 案例 20

我认为这个课程对我们帮助很大。"共创课"上，老师并不是简单地教给我们一些道理，而是通过做游戏、讲故事的方式，让大家能深入理解这些道理。这些做人做事的道理，让我们真正从内心有所触动。我们在成长的过程中也会运用这些道理来使自己变得更好。在课堂上，我们学到了如何正确调节自己的情绪，不让自己变得情绪化，不被情绪所操控。我在成长的过程中，也会努力调控自己的情绪，在遇到困难时冷静面对；愤怒时静下心来思考自己的行为是对还是错。我们还体验了盲人的生活，懂得了要好好爱惜自己的眼睛，有时要信任自己的伙伴。在生活中，我们也许会遇到各种不顺，但是正如"共创"课程教给我们的，生活是美好的，要认真过好每一天，积极面对每一件事。"共创"课程带给我许多感悟。总而言之，我觉得这是一门很好的课程，它不仅能打开我们的心灵，还能让我们在紧张的学习中得到一丝放松。（7年级学生）

### 案例 21

上了两年的"共创课"，我有了很大的收获。在这门课中，老师十分关心同学，也常与我们做一些有意思的游戏，并常与我们交流，教学技巧也十分专业，与以前小学上过的心理课截然不同。老师设计了一些适合我们的学习内容，我认为这门课对我有一定的影响。以前我不是很擅长处理自己的情绪，常常和同学吵架，但是在"共创"课堂上学习了那些控制情绪的方法后，我变得十分平易近人了，即使有人招惹了我，我也会选择原谅他。虽然这门课没有主科那么重要，但是它教会了我很多做人做事的方法，我希望以后还有这个课程。（7年级学生）

### 案例 22

我们已经上了两年多的"共创课"了，它给了每个人不同的感受。我们在"共创"课堂上学到了许多，比如如何控制情绪、好习惯与坏习惯给人带来的影响等。这些技能在日常生活中都能用到，当你因为某件事情生气而控制不住自己时，就可以想一想在"共创"课堂上所学的内容，想一想如何控制情绪，把自己的心态调整到最佳状态，重新拥有笑容。在课堂上，气氛很活跃，跟老师说话更像是跟朋友聊天；在这里没有其他主科的学习压力，我们都很轻松；这门课程也没有固定的课本，只有老师准备的资料，却格外丰富。这次是我们在中学上的最后一节"共创课"了，我想以后我们可能会经常想起这门课程，想念给我们讲课的老师。（8年级学生）

### 案例 23

这个学期的"共创成长路"课程给我的感触良多，让我懂得了许多，让我在生活中更好地运用在"共创课"上所学到的知识，总之让我受益匪浅。"共创课"上有很多让我印象深刻的内容。比如"情绪"，课堂上，老师讲了各种各样的情绪，举了很多例子，也用幽默的语言感染了我们，让我们更愿意去学习，去认真理解老师所讲的内容。在现实生活中，我经常会运用到在"共创课"上学到的知识。有一次，我和同学因为意见不合而闹了点小矛盾，这时，我想起了老师对我们说的话——要学会控制自己的情绪，然后我就想些开心的事，把这些不好的情绪置之脑后，再跟同学道个歉，我们又重归于好了。可见，在"共创"课堂上学到的知识可以在生活中运用，这样能使我们变得更好。（7年级学生）

### 案例24

初一的学习生活快要结束了，我们的"共创"课程也已经画上了圆满的句号。为期一年的"共创课"给了我不少帮助。"共创"课堂上，老师很投入，课堂气氛很好，这门课程很轻松，没有在主科课堂上课时的紧张感，尤其是"共创"老师带领我们做游戏时，我们感受到了难得的轻松。"共创课"教会了我如何控制自己的情绪，不让自己被情绪左右；教会了我怎样与人相处，怎样静下心来学习。现在，这门课虽然结束了，但它带给我们的影响是非常深远的，这种教育会融入我们以后的学习和生活中，会给我们带来很大的帮助。"共创"老师会耐心地开导我们，帮我们摆脱不良情绪，还让我们乐观、开朗地面对生活。感谢"共创课"带给我的一切，感谢老师！我希望"共创课"越办越好。（7年级学生）

### 案例25

"共创课"对我们来说是一门特别的课程，"共创"老师不像其他科目的任课老师那样，迫切地进行知识灌输，而是用一种创新的方式让我们逐渐接受课程内容，并主动进行深刻反思，让我们更明白了人生的真谛。上了"共创课"后，我学到了很多。比如在"共创课"上，我感受到我们的生活充满了阳光，即使在阳光普照的时候，也难免出现短暂的阴云。成长中的少年，会有些挥之不去的烦恼，这些烦恼也会逐渐成为我们的负面情绪。"共创"老师不仅让我们学会面对负面情绪的方法，让负能量不要影响我们的学习，而且积极教导我们要勇于消除烦恼，带着多彩的梦走向成熟。这门课使我受益匪浅，受用终身，让我在面对负面能量时不受其困扰，而是努力做一个积极面对生活和学习、永远充满正能量的青少年。

作为一名学生，我认为学习固然是我们的首要任务，可也不能忽视品德的培养，这样才能避免"高分低能"的人出现。还有一些"共创"课堂的主题，诸如"校园禁毒""正确面对负面情绪""未成年男女该不该同居""放松考前压力"等，不断丰富了我们的认知。学习这些内容之后，我们能做出更加正确和理智的选择。此外，我对"共创课"的好感还源于"共创"老师。"共创"老师精心制作的PPT、精练的话语、温柔的语气，都使我们沉浸在课堂中。最后，谢谢学校为我们安排的"共创课"，让我们在学校里不仅学到了知识，而且学到了更多的人生道理，让我们的成长之路少一些阴霾，多一些灿烂。（7年级学生）

## 案例 26

期末来临，"共创课"在一阵道别声中结束了。从第一节课到现在，我发现"共创课"已教会我许多东西。管理情绪对我来说是一门深奥的"学问",回首过去,我已数不清因多少次管理不好情绪而犯下错误了。当过于悲伤时,我常独自忍耐,向那漫长的时光寻求安慰,但却一无所获。这时我就像一个被吹满气的气球,在被撑爆的边缘徘徊。情绪不能积压太多,不然就像那胀满的气球,一碰就爆。那么我们怎样才能控制好自己的情绪呢?我呆若木鸡地望着,这是我首次这么认真地思考这个问题。上完"共创课"后,我明白了许多道理。从此,我开始与同伴谈心,与父母倾诉,在一次次的交谈中得到安慰,在一次次的倾诉中得到帮助,我也越来越轻松。从认识情绪到调节情绪,漫长的过程眨眼便过去了,一次次得到感悟,一次次获得经验,"共创课"让我收获颇丰。逐渐地,我对这门课程有了一种不一样的情感。(7年级学生)

### 案例27

在这学期的"共创"课程中,我收获的东西很多,而且这些东西在我的人生道路上发挥着很重要的作用。比如我学到了控制自身情绪的方法,我明白有负面情绪时要学会发泄,但不要对身边的人发泄,不要让我们的负能量影响到周围的人。我们不仅不能传播负能量,而且还要弘扬正能量,让正能量充满我们的生活。在"共创"课堂上,老师和同学都在互相交流,这让师生关系更加融洽。"共创课"还教我们要怎样与别人好好相处,怎样在逆境中成长,怎样增强自己的自信。总之,每一节课教给我们的内容都非常有用。我在"共创"课堂里的经历会使我终身受益。(8年级学生)

 **案例 28**

今年，我初二，又上了两个学期的"共创课"，在这富有实践性的课程中学习，我获益匪浅。今天是这个学期我最后一次上"共创课"了，也是整个初中阶段的最后一次"共创课"，那么我就说说这个学期"共创课"带给我的帮助与收获吧。

"共创课"是一门富有实践性和真实性的课程。课堂上，老师提出的问题都源自实际生活，而且老师要求我们如实回答问题并阐释原因，这使我们懂得他人为什么要这么选择。了解这些后，我们能更好地与人相处并帮助他人。我个人感觉上"共创课"会使我心情愉快，上"共创课"我最大的收获就是学会了合理地发泄不良情绪。在日常生活中，每个人都或多或少会出现一些情绪问题。当我们遇到挫折或不顺心的事情时，生气、紧张、焦虑、抑郁等损害健康的情绪便会随之而来。当出现这些情况时，我们可以使用以下三种方法来调节自己的情绪。方法一是转移注意力，这样可以使负面情绪得到缓解。方法二是找他人诉说，把积压在内心的烦恼宣泄出来，但是要注意宣泄情绪的对象和场合，方法也要适当，避免伤害他人。方法三是找一个适当的理由来安慰自己，保持乐观的心态。这些方法可以让我较好地发泄内心的不良情绪，让我更好地学习和生活。当然，"共创课"带给我的收获不只这些，这只是其中很小的一部分。（8 年级学生）

**案例 29**

在"共创课"中，我们学到了很多，比如怎么控制情绪。这门课寓教于乐，激发了我们的兴趣并启发了我们，对我帮助很大。它增强了我面对逆境的能力，提高了我抵抗不良影响的能力，使我更积极地面对未来，并加深了我对自己的认识。记得有一次，课上有个同学倾诉自己不开心的事，我们在课堂上帮助他解决问题，说到动情处他忍不住哭了出来。最后，老师给他的妈妈打了电话，并且解决了问题，他的难过来自妈妈的不理解。

"共创"课程的目标很明确，内容设计得很好。在课堂上，我获得了鼓励，努力做到最好。（7年级学生）

### 案例 30

等了许多天，我们终于等到了"共创成长路"，这个课程早已成为全班最期待的课程。新学期刚开始，大家就听说香港有一位教授（石丹理教授）要为我们讲授"共创成长路"课程，当时教室里有人说道："哇！好激动啊！听说这次会很有趣呢！"是的！大家都十分期待这一次的讲课。当我们来到学术大厅，看见石教授向我们招手时，我们都十分激动。教授的身材很高大，语言很风趣。在这堂课上，石教授告诉我们如何对待自己的不良情绪，例如找朋友倾诉或者找老师谈心。我觉得处理情绪问题是我们现在面临的最大难题。（7年级学生）

### 案例 31

"共创课"如同紧张学习周中的一抹清新，为我们提供了宝贵的"忙里偷闲"的时光，极大地缓解了我们学习上的压力，有效调节了我们的情绪。

对于这个课程,我最大的感受就是它犹如一个减压神器。"共创"老师很友好、很幽默、很乐观。上了这门课,我最大的收获就是学会了情绪管理。有时候人很容易烦躁,心情不好,与周围的人相处时也会出现冲突。学会情绪管理能让我们有效地应对人际关系,能与同学更好地交流。我希望"共创课"越来越好,希望越来越多的人喜欢这个课。(11 年级学生)

## 案例 32

进入高中,我们才听说并接触了"共创成长路"这门课程。刚开始,我以为"共创课"无非就是同学们聚在一起,搞搞活动或游戏,以此来缓解学习上的压力。可真正接触过后,我慢慢发现"共创课"不知什么时候在潜移默化地给我的心理疗伤,虽然进展很缓慢,但它总会在不经意间为我注入一剂疗伤药,让我放松。

每周经历了整个星期的学习,我们都在不知不觉中积累了许多压力、不解和委屈,这些沉重的情绪如巨石般压在心中,就算卸掉整个书包也感觉脚步沉重,精神萎靡。可一进入"共创"课堂,当触动心灵深处的音乐响起时,这一切消极情绪都逐渐出现,等待着"雨"的洗礼或"阳光"的照耀。当"共创"老师缓缓地讲述一个故事或分享自己的人生经历时,我仿佛不经意间打开了一个充满灵感的世界。随着老师的讲述,一切都变得明朗,我整个人也好像充满了电,活力满满。不自觉地,我的嘴角就出现了一丝微笑,这种感觉既奇妙又难以言喻。有时候,我觉得我们都很善于伪装自己,明明心中藏着很多事,明明知道承受不住那么重的负担,却还要强作镇静,故作坚强。当老师在某一刻谈到触动我心坎的话题时,那些心结仿佛被不自觉地解开，这是心理作用的力量。"共创课"，让我学到了很多，成长了很多。我相信，这门课程将使我在未来更加坚韧不拔。（10年级学生）

### 案例33

上学期，我们首次接触到了"共创"课程，这让我们感觉很新鲜，课堂上也很放松，上课的老师都非常有亲和力。这两个学期以来，我们总共上了十多节"共创课"，我有很多收获，也重新审视了自己。上学期有一节课的内容是关于情绪的调控，我收获很大。原来的我一有消极情绪便会自己闷在心里，好几天都缓不过来；上完那节课之后，我学会了合理发泄消极情绪；现在的我有消极情绪之后会适当跑跑步、听听歌，把自己心里的火气都发泄出去。老师还教给了我们"笑林秘籍"，这很好玩。这学期的"共创课"基本上都围绕着以后的人生规划进行，从分科开始，我更加清楚地认识了自己的梦想，对未来有了更多的目标。我相信，只要我肯努力，朝着目标前进，就一定会离自己的梦想越来越近。"共创课"已经临近尾声，上高二后可能就没有"共创课"了，所以我现在无比珍惜上课的时光。这门课程带给我的帮助很大，它让我从自卑走向自信，从懒惰变得努力，从迷茫中找到了坚定的信念。我希望"共创课"能一直持续下去。（10年级学生）

### 案例34

"共创"课程使我明白了许多深刻的道理，例如，团结就是力量、学会倾听、情绪管理等等。先说"团结就是力量"吧。虽然一只蚂蚁的力量很微小，但是如果它们聚集在一起，这样的力量就会变得很强大。学会倾听的意思是要认真倾听别人的话，不要打断人家的话来表达自己的观点，这样做既不礼貌也会让人讨厌，用心倾听是对他人的尊重，这是每个人应该具备的基本素质。最后一个是关于情绪，常见的情绪有喜、怒、哀、惧这四种，我们可以分别找出对应的词。

喜：开怀大笑、喜笑颜开、哈哈大笑、眉开眼笑、高兴。

怒：生气、怒发冲冠、气急败坏。

哀：痛苦、伤心、欲哭无泪、悲痛欲绝、悲痛。

惧：惧怕、害怕、恐惧、惶恐、不安。

总之，我觉得"共创"课程给我带来的意义和作用很大，所以我喜欢"共创"课程。（7年级学生）

## 案例 35

"共创"课程给我们带来不一样的感受，让我们学到了很多的知识和道理。"共创"课程里的许多知识与我们的生活息息相关，其中的道理也适用于生活。在课堂上，我们学到了如何合理地管理自己的情绪。我们可以与信赖的长者交流，提醒自己避免坏情绪的产生，运用"我感到愤怒是因为……"的方式来表达，寻找适合自己排解情绪的活动方式。我们也可以写一封信，通过书信的方式把愤怒的感受写出来，这有助于我们减轻压力，缓解紧张情绪。每一次的"共创"课堂都使我感到独特，让我印象深刻，难以忘怀。（7年级学生）

### 案例 36

上了初中我们就开始一周一次的"共创课","共创课"能使我们学习到许多新的知识,明白许多新的道理,比如,在现实生活中如何与不同性格的人交往,还有我们应如何管理我们的情绪等。我们还开展了各种游戏。在第一节课上,老师让我们每个人说出自己的底线,由此避免触碰到对方的底线,这有利于团结同学。之后老师还给我们发了一张纸,让我们在纸上写下自己的梦想和自己的优点。我爱上"共创课",因为可以从中学到许多让我们意想不到的有用的知识,能让我们彼此熟悉起来。(7年级学生)

### 案例 37

在这一个多学期的日子里,我上了很多节"共创课",这门课程非常有用,至少对我来说是这样的。我明白了许多,也许我的情商也会因此而提高,只是我自己感觉不出来罢了。其实,我觉得"共创"课程就像那些警世名言似的,让人的心情瞬间平复下来,陶冶我们的情操,使人平静沉稳。我认为这些是最重要的,甚至比一些考试还要重要,因为这不仅能涵养一个人的品格,也能促使人的成长。我们在青春期里难免会做出一些过分或出格的事情来,这时,我们在"共创"课堂中所学到的东西就显得格外重要了。(7年级学生)

### 案例 38

在"共创"课堂中,我学到了很多的知识和道理,"共创"课堂就像是我们的生活老师。在"共创"课堂上，我们一起讨论问题，一起做游戏，一起学习。一次，我和好朋友发生了一些不愉快的事情，之后的几天我都不是很开心，每天都无精打采，她也一样。一星期下来，我瘦了五斤。后来，在一堂"共创课"中，老师讲了如何管理情绪，这让我知道情绪会影响我们的健康。下课后，我主动去和我朋友道歉，她也原谅了我。之后，我发现我们的关系比以前更好了。"共创课"让我学到了很多为人处世的方式和方法，这个过程让我很开心。上"共创课"的时光将会成为我难以忘怀的美好回忆。（7年级学生）

## 参考文献

AGHATABAY R, MAHMOODABAD S S M, VAEZI A, et al., 2023. Effectiveness of a social-emotional learning program on developmental assets and subjective well-being[J]. Scientific report, 13: 15025. DOI:10.1038/s41598-023-42040-1.

AGIRKAN M, ERGENE T, 2022. What does the social and emotional learning interventions (SEL) tell us? a meta-analysis[J]. Revista de psicodidáctica (English ed.), 27(2): 97-108. DOI:10.1016/j.psicoe.2022.02.002.

CHEN H, YU Y, 2022. The impact of social-emotional learning: a meta-analysis in China[J]. Frontiers in psychology, 13: 1040522. DOI:10.33891fpsyg.2022.1040522.

CIPRIANO C, STRAMBLER M J, NAPLES L H, et al., 2023. The state of evidence for social and emotional learning: a contemporary meta-analysis of universal school-based SEL interventions[J]. Child development, 94(5): 1181-1204. DOI:10.1111/cdev.13968.

CLARO A, PERELMITER T, 2022. The effects of mentoring programs on emotional well-being in youth: a meta-analysis[J]. Contemporary school psychology, 26(4): 545-557. DOI:10.1007/s40688-021-00377-2.

GREENBERG M T, 2023. Evidence for social and emotional learning in schools[R]. Palo Alto: Learning Policy Institute. DOI:10.54300/928.269.

HARRIS V W, ANDERSON J, VISCONTI B, 2022. Social emotional ability development (SEAD): an integrated model of practical emotion-based competencies[J]. Motivation and emotion, 46(2): 226-253. DOI:10.1007/s11031-021-09922-1.

HESSLER D M, KATZ L F, 2010. Brief report: associations between emotional competence and adolescent risky behavior[J]. Journal of adolescence, 33(1): 241-246. DOI:10.1016/j.adolescence.2009.04.007.

LAU P S Y, WU F K Y, 2012. Emotional competence as a positive youth development construct: a conceptual review[J]. The scientific world journal, 2012: 975189. DOI:10.1100/2012/975189.

LI J, HESKETH T, 2023. A social emotional learning intervention to reduce psychosocial difficulties among rural children in central China[J]. Applied Psychology: health and well-being, 16(1): 235-253. DOI:10.1111/aphw.12481.

MA C M S, SHEK D T L, 2019. Objective outcome evaluation of a positive youth development program: the project P.A.T.H.S. in Hong Kong[J]. Research on social work practice, 29(1): 49-60. DOI:10.1177/1049731517711246.

MELENDEZ-TORRES G J, DICKSON K, FLETCHER A, et al., 2016. Systematic review and meta-analysis of effects of community-delivered positive youth development interventions on violence outcomes[J]. Journal of epidemiology and community health,

70(12): 1171-1177. DOI:10.1136/jech-2015-206132.

MERTENS E C A, DEKOVIC M, VAN LONDEN M, et al., 2022. Components related to long-term effects in the intra- and interpersonal domains: a meta-analysis of universal school-based interventions[J]. Clinical child and family psychology review, 25(4): 627-645. DOI:10.1007/s10567-022-00406-3.

SCHOEPS K, TAMARIT A, ZEGARRA S P, et al., 2021. The long-term effects of emotional competencies and self-esteem on adolescents' internalizing symptoms[J]. Revista de psicodidáctica (English ed.), 26(2): 113-122. DOI:10.1016/j.psicoe.2020.12.001.

SCHOPES K, VILLANUEVA L, PRADO-GASCO V J, et al., 2018. Development of emotional skills in adolescents to prevent cyberbullying and improve subjective well-being[J]. Frontiers in psychology, 9: 2050. DOI:10.3389/fpsyg.2018.02050.

SCHONERT-REICHL K A, LAWLOR M S, 2010. The effects of a mindfulness-based education program on pre- and early adolescents' well-being and social and emotional competence[J]. Mindfulness, 1(3): 137-151. DOI:10.1007/s12671-010-0011-8.

SHEK D T L, 2010. Using students' weekly diaries to evaluate positive youth development programs: are findings based on multiple studies consistent?[J]. Social indicators research, 95(3): 475-487. DOI:10.1007/s11205-009-9532-8.

SHEK D T L, DOU D, ZHU X, et al., 2022a. Benefits of a positive youth development program for students in China's mainland: Tin Ka Ping P.A.T.H.S. project[J]. International journal of child and adolescent health, 15(3): 215-228.

SHEK D T L, DOU D, ZHU X, et al., 2022b. Benefits of a positive youth development program (Tin Ka Ping P.A.T.H.S. project) for program implementers: a qualitative study[J]. International journal of child and adolescent health, 15(3): 229-243.

SHEK D T L, LAW Y M M, 2014. Evaluation of the project P.A.T.H.S. based on the client satisfaction approach: view of the students[J]. Journal of pediatric and adolescent gynecology, 27: S2-S9. DOI:10.1016/j.jpag.2014.02.006.

SHEK D T L, MA H K, MERRICK J, 2012. Effectiveness of the project P.A.T.H.S. in Hong Kong: evaluation based on different strategies and different studies over time[J]. The scientific world journal, 2012: 427801. DOI:10.1100/2012/427801.

SHEK D T L, SIU A M H, LEE T Y, et al., 2008. Effectiveness of the tier 1 program of project P.A.T.H.S.: objective outcome evaluation based on a randomized group trial[J]. The scientific world journal, 8(1): 4-12. DOI:10.1100/tsw.2008.16.

SHEK D T L, SUN R C F, 2012. Evaluation of the project P.A.T.H.S. based on students' weekly diaries: findings from eight datasets[J]. The scientific world journal, 2012: 354254. DOI:10.1100/2012/354254.

SHEK D T L, ZHU X, LEUNG J T Y, et al., 2019. Evaluation of the project P.A.T.H.S. in China's mainland: findings based on student diaries[J]. Research on social work practice, 29(4): 410-419. DOI:10.1177/1049731517745994.

SHI J, CHEUNG A C K, 2024. Effective components of social emotional learning programs: a meta-analysis[J]. Journal of youth and adolescence, 53(4): 755-771. DOI:10.1007/s10964-024-01942-7.

TAYLOR R D, OBERLE E, DURLAK J A, et al., 2017. Promoting positive youth development through school-based social and emotional learning interventions: a meta-analysis of follow-up effects[J].Child development, 88(4): 1156-1171. DOI:10.1111/cdev.12864.

WEARE K, NIND M, 2011. Mental health promotion and problem prevention in schools:

what does the evidence say?[J]. Health promotion international, 26(suppl_1): i29-i68. DOI:10.1093/heapro/dar075.

WEISS M R, KIPP L E, REICHTER A, et al., 2020. Evaluating Girls on the Run in promoting positive youth development: group comparisons on life skills transfer and social processes[J]. Pediatric exercise science, 32(3): 172-182. DOI:10.1123/pes.2019-0252.

YU K, JIANG Z, 2017. Social and emotional learning in China: theory, research, and practice[M]//FRYDENBERG E, MARTIN A, COLLIE R. Social and emotional learning in Australia and the Asia-Pacific: perspectives, programs and approaches. Singapore: Springer: 205-217.

ZHU X, SHEK D T L, 2021. Subjective outcome evaluation of a positive youth development in China's mainland[J]. Research on social work practice, 31(3): 285-297. DOI:10.1177/1049731520980802.

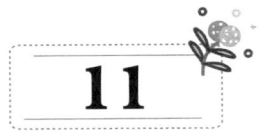

## 助益内在能力：
## 积极自我认同、自信、自我形象及自我效能

◎石丹理　梁倩仪　龚梓仟　俞含露　李慧萍

发展理论表明，青春期的特点至少包括两个基本的功能领域：个人内在功能和人际交往功能（Barber, 2005）。这两方面能力的具备，是青少年良好发展和为应对成年后即将到来的挑战做好准备的标志。随着自我的发展，有效的个人内在功能逐渐显现，其中包括对自我的巩固。具体而言，青少年的个人内在能力涵盖了青少年对自我认知、自信心、自我形象和自我效能的理解。从发展来看，对自己有积极的看法，例如，自信是青少年的重要发展资产。

青少年正面成长（Positive Youth Development, PYD）是一种关注如何增强青少年优势、建立支持性环境并为青少年增强潜能提供机会的方法，旨在帮助青少年充分发展潜力并建立积极的人生观（Shek et al., 2019）。研究证实，青少年正面成长的方法对防止青少年问题行为的出现并遏制其增加具有重要的作用，是一个保护性因素（Shek et al., 2012）。此外，青少年对 PYD 各个方面的积极感知与他们对生活的满意度呈正相关（Pilkauskaite-Valickiene, 2015）。基于发展资产的概念，Search Institute 研究所提出，积极的身份认同是青少年积极发展的重要组成部分（Benson, 2003）。

自我认同作为 PYD 的概念之一，是指青少年对自我的看法，包括对自己的身份、价值和特质的认同。当青少年积极地认同自己时，他们更容易应对发展阶段的挑战，建立自尊和自信。这些青少年通常会表现出较少的危险行为，也往往能更顺利地进入成年期（Schwartz, 2008; Tsang et al., 2012）。自信心也是 PYD 的核心概念之一（National Research Council and Institute of Medicine, 2002），是指青少年对自己应对挑战和克服困难具有的信心。青少年的自信心对他们的行为、决策和成就有着深远的影响。当他们相信自己能够成功时，他们更愿意尝试新事物，克服难题并追求目标。研究证实，自尊心持续较高且不断上升的青少年在后期的发展中表现得更加良好（Zimmerman et al., 1997）。

自我形象是指青少年对于自己的外貌、能力和价值的看法，积极的看法有助于塑造他们的自尊和自信。当青少年积极地看待自己的外貌和能力时，他们往往更愿意参与社交活动、学习和探索新事物。而当青少年对自己的外貌、能力或自身价值感到不满时，他们更容易感到紧张、担忧和自卑。研究也证实，青少年消极的自我形象可能在社交焦虑症状的发生和持续中发挥着关键作用（Di Blasi et al., 2015）；并且，这种消极的自我形象认识可能导致社交互动的困难，进而影响他们的日常生活和心理健康。

自我效能（Bandura, 1997）是指青少年对自己能够成功完成任务的信心。自我效能可以提高社交关系的满意度和支持力度，同时也对学业成绩有一定的影响。当青少年相信自己能够有效地应对挑战时，他们更有动力去追求目标、克服困难并发展自己的技能，从而取得更好的发展成果。然而，自我效能感较低（例如表现出沮丧感和无能感）的青少年，在面对青春期这一充满变化的阶段时，会变得更加脆弱和容易受到压力的影响（Bacchini and Magliulo, 2003）。研究还表明，自我效能感与青少年心理健康呈正相关（Parto, 2011）。

这些内在个人能力对青少年的全面发展至关重要，它们不仅影响着青少年的心理健康，还对他们的学业成就、人际关系和未来职业发展产生影响。以往的评估结果一致表明，PYD 项目，如"共创成长路"田家炳青少年正面成长计划（TKP P.A.T.H.S.），在培养这些特质方面发挥着重要作用，通过鼓励合作、自主学习 PYD 构念和积极参与等方式，来帮助青少年建立积极的自我认同、自信心和自我形象，提高自我效能，从而使青少年更好地应对生活中的挑战（Curran and Wexler, 2017; Shek et al., 2012）。Shek（2012）使用剧目网格技术研究得出结论，参与者在加入 PYD 项目后认为，他们的自我认同得到了提高。

"共创成长路"项目包含了促进青少年发展自我效能感及发展明确和积极的认同感的内容（Shek, 2008）。Shek 和 Liang（2016）采用纵向研究的方式，收集了从 7 年级到 12 年级参与"共创成长路"项目的学生数据，进一步证明了"共创成长路"这一项目有助于青少年提高自我效能感。准实验设计的研究结果也表明，参与"共创成长路"项目对于学生形成积极健康的自我意识特别有益（Zhu and Shek, 2020）。此外，超过 90% 的学生在主观结果评估问卷中表明，在参与项目后他们的自信心增强了（Zhu and Shek, 2021）。

在本章中，我们摘选了一部分学生的日记来生动展现"共创成长路"项目如何助力参与者在自我概念和自我效能上取得进步。

 **案例1**

在初一上学期,刚接触"共创课"的时候,我还有点抗拒,所以在上课的时候我有点吵闹,我所做的一切都是为了让老师注意到我。在后来的几节"共创课"中,我逐渐懂得了老师在课堂上的那种心情,积极地改正了这个缺点。在后来的课堂中,我越来越感受到"共创课"的作用。

在"共创课"中要用话筒说话,虽然我犹犹豫豫地说了出来,但还是有些害羞和胆怯。而我胆怯也是有原因的,因为在课堂上需要把声音放大才能让全班同学听到我说的话,但是我正处于变声期,所以我的声音提不上去,即便提上去了也像女声。

上了近一年的"共创课",我懂得了太多太多,"共创课"教会了我许多事情。在今后的"共创课"中,我一定会展现出最真实的自己。(7年级学生)

**案例2**

人的一生就像一条大路,我们经常会面临分岔路口,这时我们会选择哪条路呢?是这一条,还是那一条?我们陷入思考,但我们的人生最终掌握在我们自己手中,谁也不能强迫我们。大人们都说:"一个好的习惯能让你终身受益。"这句话在"共创课"上得到了充分的体现。

在我们上"共创课"的时候,我只是把它当作像体育课一样的副课而已。直到后来,我发觉这不是一般的课,至少它对我来说是十分有意义的。"共创课"的内容设计得十分合理,活动安排得很有条理。我在"共创课"上首次打破了"可有可无"的状态,我在其他课上的存在感极低,像是没有我这个人一样，但在"共创课"上完全不一样，我获得了鼓励，这让我想做到最好。老师也十分和蔼可亲。此外，从"共创课"中学到的经验，又反过来提高了我对有关课程的兴趣。

总之，我对"共创"课程整体评价很高。（7年级学生）

### 案例3

"共创成长路"，共同创造我们的成长之路。的确，我们真的成长了，这是心理上的成长。

每一次课的内容都是不同的，它教我们以不同的方式对待生活，给予我们更多的人生感悟来面对人生中各种各样的挑战。当我们有情绪时，可以与父母、老师或心理专家进行沟通，也可以通过做自己喜欢的事来发泄。当我们与朋友闹矛盾时，可以向朋友道歉，或者想想闹矛盾的原因，然后改正。

初次上"共创课"，我什么都还不懂，不知道怎么面对一切，怎么面对心灵最深处的自己。直到上了"共创课"，我才发现，原来"共创课"是一门教我们成长的课程。上了两年的"共创课"，我才发现，原来世间还有这么多我未知的事情和未知的道理。你好，心灵最深处的自己，你从当初的懦弱、胆小、无力、爱哭变成了现在的坚强、勇敢、有担当、笑着面对生活，你真的变了许多。你开始上"共创课"的时候，也是你撒下成长的种子的时候。

"共创"课程真的让我改变了许多，变得有勇气面对未来生活的挑战。（7年级学生）

 **案例 4**

我刚来XXX中学时对这里的一切都不熟悉，面对新同学我十分害羞。直到我接触了这一门课，我的紧张才逐渐消散，不再害怕新同学。第一节课时，我被分到了第六组，从此开始了我的"共创"经历。刚开始我很胆怯，眼睛盯着自己的手指，不敢抬头看，忽然有一位同学拍了我一下，我先是一怔，他主动向我打招呼，我也终于打开了自己的心扉，渐渐成为一个外向的学生。上了几节"共创课"后，我受益匪浅。有一次老师邀请我回答问题："你以后想当什么呢？"我二话不说，脱口而出："我要当清洁工。"结果全班哄堂大笑，我开始很躁动，很生气。接着老师便对同学们说："清洁工有什么可笑的呢？他为环境做贡献，不懒惰，任劳任怨，我是很佩服这位同学的。"老师表扬了我。从此，我便爱上了"共创课"，它令我打开心扉，结识许多朋友，也让我充满自信心。我希望越来越多的人像我一样，逐渐打开自己封闭的心，与越来越多的人交朋友。我真的很开心！（7年级学生）

**案例 5**

自从我来到初中，课程就变多了，不过我觉得"共创课"非常好玩。这一门课与我们成长的历程有关，每一节课都关于不一样的生活经历，我也非常敬重XXX老师。"共创课"可以助我飞翔，能丰富我的成长经历，促使我体谅他人，增进友谊，让我能够在青少年时期茁壮成长。我对学习的兴趣也大为提高。"共创课"让我感受到友谊是多么的重要，也让我从原来的我变成了一个崭新的我，让我的人生乐趣增多了。每次上完"共创课"我都感到

十分满足。"共创课"也让我明白了许多道理，所以我爱"共创课"。（7年级学生）

### 案例 6

步入初中后，多了许多门课程，而一开学的"共创课"确实是我从未听过的，也令我充满了好奇。

这门课让同学之间多了很多交流讨论的机会，也让同学们对彼此有了深入的了解。在课上，我们的发言机会很多，这无疑培养了我们的语言表达能力。

在这门课程中，我也学到了不少有关学习、生活的知识和技能。例如，我们要有分辨是非的能力、自我抉择的能力，还要积极参与社交活动；我们要学会控制情绪。在课上，老师会通过一个个小故事让我们明白这些道理。

有一节课让我记忆深刻，主题是"天生我材"。老师让我们写下在学业、社交、仪表以及生活习惯等方面自己认为能做到的事情，这让我们知道其实每个人身上都有很多闪光点。

"共创成长路"这门课程，有效地促进了我们的心理健康，也影响着我们的生活习惯和学习习惯，让我们进一步成长！（7年级学生）

### 案例 7

可以说，"共创成长路"这个课程对我影响很大。

以前的我，总是自卑地缩在自己的世界里，不愿向人敞开心扉，所以也没有几个朋友。刚上初中时，我也没有太大变化，当时我很羡慕同学们都能放开自己，交到朋友，我既想尝试，又想退缩；我觉得自己很孤单，很无助。

直到我第一次上这个课程，它给了我希望和勇气。渐渐地，我的朋友越来越多了，我也逐渐变得开朗了。虽然朋友们有时还会说我太内向，但比起之前的我，已经好多了。

这门课程就像是一碗心灵鸡汤，它在我失败时给我勇气和信心，成功时又提醒我不能骄傲自大；它又好似一个知己，悲伤一起承担，快乐一起分享；它的出现，给了我面对生活的勇气、挑战失败的信心。它再次点燃了我的斗志。（7年级学生）

### 案例 8

不知不觉，"共创课"伴我成长已经两年了，在我心中它早已不是一门课程这么简单，而是我成长路上的重要伴侣。"共创课"让我更加坚定自己的目标；让我明白无论遇到多大的挫折都不要放弃对生活的希望；让我更深层次地理解了生命的意义；带给我许多为人处世的原则，教我如何处理人际关系；让我发现自身性格的缺陷，挖掘自己的优点，让我更加茁壮成长。成长是痛苦并快乐的，苦涩的是青春，甜蜜的是回忆。我多么庆幸，在自己成长的重要阶段，能有这样一个难得的机会让青春遇上"共创成长路"。（8年级学生）

### 案例 9

"共创成长路"在我心中并不只是一门课那么简单，它温柔细腻，伴我成长。它悄然来到我的生活,让我收获了精神财富,尽管它只是我初中的一门课,却让我永远不能忘记。

"共创成长路"教会了我团结协作。在某堂课上,我学会了一个小游戏,这个游戏看起来十分简单,做起来却十分困难。起先,我们不知道从哪里下手,后来慢慢团结协作,我们便慢慢地熟悉起来,最后我们取得了成功。

"共创成长路"教会了我自信地生活。我仿佛看见了一个小男孩,他做任何事都很努力,每个人都想否定他的梦想,但他从未放弃。他用"我信我能够"的信念,在梦想的大道上驰骋,他虽然还没有成功,但是在不久的将来,他一定会在梦想的丰碑上记录下他最精彩的自述。在成长的路上,有许多梦想等待我们去实现,但如果没有了自信,没有了战胜困难的决心,那么这些梦想都将是泡沫,一触即破,所以我们更需要一种"我信我能行"的精神,去实现我们的梦想。

成长是一个快乐的过程,它会让你领略人生的真谛,它是我们在青少年阶段最宝贵的精神财富,是人生航船的风帆。我很感谢学校开设这门课程,我乐意接受这门课程的熏陶,感谢"共创成长路"让我收获了这么多精神财富。"共创成长路"是初中生活中最美好的课程,在我成长的记忆中永生难忘。

让我们一起携手走在"共创成长路"为我们开辟的康庄大路上!(8年级学生)

## 案例10

这是一门神奇的课程。从古至今,一门课的最终目的,无一例外都是传授知识和真理,而"共创课"不仅如此,还能温暖人心,给予我警醒。

课堂中，教师没有刻意安排生硬的活动，有的只是一场场心灵碰撞的旅程。我们一个个如同一只只被蒙住双眼的鸟，都小心翼翼地往前探索着，但一个不小心就会被那些遍地的荆棘刺到。"共创课"于我们，就犹如盲人找到了自己的盲杖，鸟儿找到了自己飞翔的方向。在课堂上，我的心灵和思想都在不可抑制地成长，我们在磨炼中接近了目标。

我们怀着兴奋的心情渐渐走上山巅，看到那狭窄的心灵之外无比宽阔的风景！

这是一门神奇的课程！

教师传递的不仅是知识。（8年级学生）

## 案例11

进入初中以来，学校开设了"共创成长路"这门课程，让我收获不少。

任课老师备课很认真，他每次上课总能借助PPT把许多枯燥的问题和知识讲得绘声绘色。新颖独特的上课方式，让我深深地喜欢上这门课程。

当与家里人闹矛盾时，我的心情跌落谷底，但我又不能正确处理这些困难，自己便开始堕落。后来有一节课，老师讲到了"我们应该时刻都做到先认识自己"，于是我努力向上攀爬，逐渐走出了阴影。

总的来说，因为有了这门课程，我明白了很多从书本上学不到的道理。感谢这门课程，把我从深渊里拽出来，让我受益终身。

我愿以后一直有"共创课"的陪伴。（8年级学生）

### 案例 12

此前,我没有上过"共创课",这学期开始,我对"共创课"有了新的认识。我感觉"共创课"很令人放松,使人在观念、逻辑、品德上都有提升。

在课堂中,我获得许多让我在社会交往中彰显正能量的经验。课堂上,同学们互相交流,在轻松的气氛中互相学习,取长补短。

任课老师的态度很好,课程目标非常清晰,这加强了我的分析能力,提升了我抵抗不良影响的能力。课堂上的动手实践和小游戏开发了我的智力,小组成员也团结互助。在这段时间里,我成长了许多,加深了对自己的认识,增强了自信,变得更加勇敢和坚强。如果将来有机会,我一定还会再参加此类课程,因为它使我受益匪浅。

两年时光眨眼间便流失于指间,那本"共创"册已被同学们的画笔密密麻麻地填满,里面都是我们成长的足迹,是值得回忆的美好经历!(8年级学生)

### 案例 13

我非常喜欢这门课程,虽说每周只有一节课,但我每节课都会聚精会神地听讲,积极地与老师互动。我非常佩服我们的班主任,她也是我们"共创成长路"课程的任课老师。她不仅教我们数学,还在心理上开导和启发我们。在这个课上,每节课都有一个新颖的主题,我印象最深的一个主题叫"怪兽屋",那节课是告诉我们如何克服一些毛病,促使我们去改正,打倒"怪兽"。还有一节课也令我印象深刻,主题叫作"目标支票"。老师要求我们就像写支票一样,把自己的金额(目标)、截止日期(到什么时候完成)、见证人签名、本人签名写在一张纸上。这种形式的"目标制定"是我第一次见到的,因为这种特殊形式,也给了我更大的动力,使我突破一切艰难险阻去完成目标。"共创课"增强了我面对困难的信心。这门课程使我重新正视自己、反省自己、相信自己,使我向更高的山峰攀登。虽然今天这节课是最后一节"共创课",但我永远不会忘记每周三下午的"共创课",不会忘记同学们积极的样子和老师欣慰的笑容。如果以后有机会,我一定要再重新上一遍"共创课",巩固自己的长处,改正自己的短处,做更出色的自己!(8年级学生)

## 案例 14

不知不觉,我已经上了两年的"共创课"。这两年的课使我受益匪浅,我学到了解决问题的正确方法,也能更加健康地成长。

"共创课"上,老师通常利用有趣的游戏或一个个小故事,使我们领悟生活中的道理。学习了两年的课程,我们的心智也从幼稚走向成熟,我们也从一个无知的小孩真正成长为一个可以独立思考且临危不惧的人。"共创课"的各种活动也让我们变得阳光,性格变得外向,让我们成为更加优秀的人;课上所讲的各种道理也教会了我们如何做人做事,促使我们在人生的长路上留下一个个属于自己的脚印。

转眼之间又一年过去,回想初一时我们那些幼稚的举动,到现在深思熟虑地做每一件事,"共创课"对于我们的改变是巨大的。(8年级学生)

## 案例 15

我初到 XXX 时人生地不熟，用一颗敏感的心去抵抗一切的温暖与关怀，无比想念家人，觉得所有人都会瞧不起我，觉得自己会低人一等。于是，我就努力降低自己的存在感，在学校里做个安静的小透明。在这个校园里，做个小透明挺容易的，一个人走夜路，半夜一个人乱逛，这一切都是出自自己的意愿。再后来，上了"共创课"，我渐渐开始懂得原来这所学校还有很多老师为我们殚精竭虑，他们用爱心去包容我对这个世界的抵抗，温暖着我对这个城市的冷漠。一年过去了，我并不是没有收获，而是收获了许多却不善于表达。我感谢田中，感谢田中的老师们，因为他们为了我们的希望而一直坚持。现在不同于以往，我开始遇到许多的人和事，也明白了并不是每一个人都对我有恶意。我从刚开始的想着离开到现在的习惯，一切终究不容易，我没想着做一个太好的人，却不想辜负田中对我的支持。上了"共创课"，我懂了很多，也了解了作为学生应做的事。我给别人带来了一次又一次的失望，而他们却给了我无尽的勇气。我有一个好到极致的班主任，有几位好友，有"共创"老师的关怀。（10年级学生）

## 案例 16

在开始的第一节课，我充满好奇和期待，好奇"共创课"会上什么内容，期待我将会有什么不同，会发生什么变化。在接下来的第二节、第三节，这些变化就像积分一样，一点一滴积累起来。当你发现的时候，或许已想不起具体是哪一刻、哪一句话、哪一举动促成了这些积累。虽然每一天的细微变化，我们往往无法一一记得，但每一堂课都能促使我们成长。

"共创"课堂上，我们会分享事例，展开讨论。当一群人围在一起说同一件事时，有时候会因为一句话引起更多的分享。当你把自己经历的故事说出来后，大家会共情你的喜与悲。"共创课"能让我们团结，同时教会我们很多道理，教我们做出改变。现在，如果我们把这些经历看作积分的总和，并与最初的状态相比较，你会发现今日的自己与往日着实不同了。很多以前学不会的东西，都在不知不觉中学会了。你或许不知道原因，但这一切都来源于"共创课"——它让我们创造出不一样的自己。这门课就是要我们去改变自己，丢弃所谓的胆怯，正视自己的不足并加以改进。（7年级学生）

## 案例 17

一转眼，一学期又要结束了，转过头，许多的乐趣浮现在脑海里，但也只能回忆了。"共创课"有许多为人处世的道理等着我们去学习，但很遗憾，这学期的"共创课"太少了。很高兴，我们在上"共创课"的时候，既能学到东西，又能与同学交流感想。我也曾在"共创课"上思考过，这门课程教授的是什么呢？是知识吗？是考试技巧吗？都不是。它教授的是最基本的礼仪，是如何对待内心深处的情感，是如何在青春期复杂的情绪中保持平和，是如何更好地认识自己，是如何让自己更好地度过青少年时期，是如何规划自己的将来。"共创"课堂，是一个真正让我放下压力的课堂，是能让我身心放松且收获自信、自强、关爱的课堂。（8年级学生）

## 案例 18

大家好！我是来自初二（3）班的XXX。在这里，我想写一写让我印象深刻的第一节"共创"课堂。我记得最清楚的是初一的"共创课"，那时候我们都是第一次上这门课。有一次，XXX老师让我们做自我介绍，当时我们都挺害羞的，没有一个人敢做第一个发言者，大概过了一分钟，我们班长站了起来，发言道："大家好！我是XXX，很高兴可以上这样一个没有体验过的课程！"可能是因为有人开了头，同学们一个接着一个发言。到我的时候，我还是有些害羞，直到老师说了这样一句话："在这里，我们不必害羞，因为你们还不认识对方，害羞是有的，但是来到这里，我们就像朋友一样。"听了这句话，我突然有了勇气，开始自我介绍。

"共创成长路"，顾名思义就是我们一起成长，一起学习做人做事的道理，一起在成长道路上走得越来越远。从初一到初二这两年来，我很感谢各位同学、各位老师。我不知道初三还有没有"共创课"，也不知道初三我们还可不可以在同一个班，在同一个老师的带领下一起学习，但我知道这将是我们永远的回忆。希望初三还有"共创课"吧。感谢"共创课"教会我们勇敢自信，教我们做人做事的道理。虽然现在我们还很懵懂无知，但我相信"共创课"会让我们一点一点地完善自己。（8年级学生）

## 案例 19

成长是人生中既宝贵又难得的过程，而在成长过程中始终给予我信心和动力的，那一定是"共创课"了。创造力是我们生来就有的，并终身伴随着我们。有人说:"成长就是失去童心和创造力的过程。"然而,我想,成长何尝不是一次创造力的升华呢?"共创课"上,老师坐在白色的圆桌前,代表的是平等和诚意;老师给予同学们答题的权利和信心,代表的是鼓励和勇气。而这些正是我们正在失去的啊!成长真的是失去吗?"共创课"鼓励我们找回我们所失去的初心。"共创课"已经伴随我们两年了,我们要去面对即将来临的中考。也许,在中考的考场上,我们会在试卷难题前失去信心、失去希望,但我们永远不会失去的,是那不息的信念和勇气,还有"共创课"曾经给我们带来的收获与成长。(8年级学生)

### 案例 20

这学期我对"共创课"的兴趣与认知提高了,还有一年就要毕业了,我似乎开始对这门课程有些依依不舍。说说我在"共创课"上的收获吧!以前的我,内向腼腆,从来不主动跟老师、同学和父母交流。接触这门课程后,我与老师、同学、父母的交流逐渐增多,我也变得活泼起来。这门课程强调互动与团结合作。通过与他人交流,我自然而然地从一个内向腼腆的人变成一个外向活泼的人。"共创课"增强了我面对逆境的能力。以前的我遇到困难时,会下意识地逃避。现在的我,面对困难时会冷静看待并谨慎处理,不会再选择逃避。"共创课"促使我积极面对未来,向前出发,保持对未来美好的憧憬。我以前总觉得未来遥不可及,未来的事情有时很可怕。后来,我学着去改变,学着去向往未来,学着去感受未来……在"共创课"得到的收获,一下子是说不完的。

这门课程使我们成长,让我们认识到团结合作的重要性,谢谢为这门课

程精心准备的老师们！不忘初心，方得始终！（8年级学生）

## 案例 21

从初一到初二，我上过的"共创课"就像天上的星星那样数也数不清，就算任课老师不同，但课上的趣味从不曾减少，老师仿佛是一个魔术师，总能让踏进"共创"课堂的学生笑着走出来。我在这方面深有感悟。每次一想到"共创课"我就特别开心，课堂上老师的玩笑、同学们的欢乐、合作中的小失误闹出的乌龙……这些都能让我捧腹大笑。不仅如此，通过"共创课"，我还学到了很多知识。我懂得了体谅爸爸妈妈，学会了换角度、换方式解决问题，学会自我反省，学会了动手实践，掌握了自救的基本知识，懂得了要负责任，学会了给爸爸妈妈做小礼物，懂得了体谅老师的劳累，懂得了融入集体……此外，我认识了我的家乡，了解了XXX的小吃和民风民俗，知道了家乡的千变万化。

总的来说，"共创课"是我成长路上的铺路石，助我走上正道。今天这节课是我上的最后一节"共创课"了！我作为田中人，为自己上过"共创课"而骄傲！我永不忘这段美好的旅程！（8年级学生）

## 案例 22

上了"共创课"，我对自己信心倍增，与他人相处的能力也得到了提高。一年下来，我对"共创课"有了新的认识，它教给了我许多东西，促使我更能积极地面对未来，培养了我对社会的责任感，加深了我对自己的认识，也增强了我的表达能力和分析能力，促进了我和同学、老师、家人之间的交流。"共创课"教给我不少知识，有些是生活上的，有些是学习上的，这些都使我进步。感谢这一路来"共创"老师们的帮助，我深深地记在心里。我对"共创课"有了更多的认识和兴趣。因为"共创课"，我和同学们交流的机会增加了，与此同时，也加深了我们对彼此的了解。感谢老师，感谢"共创"，感谢同学们，感谢我自己。XXX老师，您辛苦了！整体而言，我很喜欢"共创成长路"这门课程。（8年级学生）

### 案例23

一眨眼，今天就是最后一节"共创课"了。通过这门课程的学习，我增长了许多知识，开阔了眼界。老师对许多问题深入浅出的讲解，也让我对许多问题有了更多了解和思考。尽管"共创课"只上了短短两年，却让我收获甚多，受益匪浅！通过"共创"课程的学习，我学会了怎样使自己更自信；学会了与老师和同学们多交流；学会了如何交到更多的好朋友，而不是损友；还学会了如何面对社会上的种种问题和困难。"共创课"是一门很好的课程。初中阶段是一个人发展的重要且关键的时期，处于青春期的我们，独立意识"强烈觉醒"，内心冲突趋强，走向感性，一切都处于不稳定中。因此，这个时期的引导是否得当至关重要。恰恰是"共创课"引导了我们，我们通过参与和体验课堂上的各种活动，进行道德选择和价值判断的能力得以提升。在这个过程中，"共创"老师的指导相当重要，就像我们"共创课"导师XXX老师那样，他幽默又善于教学，使得课堂气氛轻松，我们也活跃起来。"共创"老师的名字有个X字，因此我们都叫他X哥，好像这样更有

亲切感了呢。X哥为人很好，我上了他的课以后受益匪浅！（8年级学生）

### 案例24

我印象最深刻的一节"共创课"是第一次上这门课的时候，我是第三小组的，我心里祈求不要让我报告，把妈祖都请来了，但结果还是分到报告的任务。当我听到我是报告人的时候，顿感晴天霹雳，但也只能认命了。我第一次走到讲台上时，两腿发抖，心口里好像有一只小兔子在跳，脸也红了，我不敢与同学们对视，便一直低头。老师说："掌声送给这位同学。"同学们鼓掌了，我的脸更红了，我拿着稿纸的手一直在发抖，我竟然成了第一位报告人，我的天！老师说："这位同学，请抬起头，看着同学们的眼睛。"无奈之下我说了我们组的意见，介绍了自己之后，我把话筒递给第二位同学，他们都大胆地表达自己小组的意见。等我们都说完后，讲台下面响起雷鸣般的掌声。我笑了，笑得很灿烂。我要谢谢我的"共创"老师，他鼓励了我。我知道，人生有很多的第一次，都会让人害怕、害羞、担心，但这些都是我们成长路上的一小部分，往往第一次让人难以忘怀。"共创课"让我学到了很多，让我变得更加自信。我喜欢上"共创课"，虽然每节课的时间很短，但我每次都很享受这个过程。（8年级学生）

### 案例25

时间总是过得那么快，我现在已经上初三了。小学时，我并没有太在意思想道德的培养，直到上了初三才逐渐意识到"共创课"的重要性。"共创课"旨在一起努力,一起创造。我第一次接触"共创课"时,主题是有关暴力和打架的。一开始,我以为这只是一门简简单单的课程,后来才发现这是一门教育我们如何面对突发事件的课程。当我们遇到各种危险时,一定要懂得如何保护自己;当自己与他人发生冲突时,应学会如何去保护自己。我在"共创课"上的收获就是不断提高自己,成为不断进步的人。在学习过程中,我们要怀着挑战的心态与勇气,敢于提出各种各样的解决方法。理想总是激励着我们不断超越自我。要实现我们的人生目标,通往成功的道路只有一条,那就是脚踏实地,全力以赴,为理想而奋斗。我们需要在别人的引导下,不断提高自身实力,不断增强自身意识;在自己的努力下,不断进步,做一个讲文明、懂礼貌的人。"共创课"让我不断增强自己的自主意识,懂得尊敬和爱护他人,也让我成为遵纪守法的人。(9年级学生)

## 案例 26

"共创课"给予学生自主发挥的空间,有人胆小也有人积极。一些胆小的同学在"共创课"上不敢大胆发言,把问题推给别人,然而推来推去就变得很没有意义。我们应在"共创课"上勇敢、大胆、积极地去发言,把内心所想的分享给每一位同学听,这样才会收获乐趣。"共创课"让我改变了很多。我以前很害怕发言以及到讲台上面对着同学演讲,现在的我在每一节课都在进步,积极发言。所以说,上"共创课"是个不错的体验,值得每一个人去尝试,做得不好没关系,下次继续努力。但是你要在每一节课之后都总结和反思自己的错误,要知错就改,才会进步。当我第一次听说有"共创课"的时候,我就很好奇"共创课"学的是什么,就不停地问这问那。后来我才知道,"共创课"可以让人锻炼自己的口语能力,发扬集体精神,只要不断去发掘,你的知识就会比别人多,积极性也会得到巨大提高。我非常喜欢"共创课",是"共创课"让我懂得了很多。(9年级学生)

## 案例27

在学习这门课程时,我觉得这门课程真的跟别的课程不一样,非常特别。这是让我感悟最深的一门课程。"共创课"非常有趣,老师很幽默,起先我以为只用听就可以,不太敢回答问题,有时老师也会让我来回答。我在回答问题时心一直是悬着的,坐下时就没那么害怕了,过后还会笑话自己当时怎么那么胆小。老师告诉我们要直面自己的恐惧,直面自己的不足。我想改变,我想自己主动回答,主动回应老师,我要相信自己。后来我真的没有那么怕了,我在这个过程中成长了,不仅是我,其他同学也一样。我像是一颗小小的种子发了芽,将来一定会变成一棵大树,这就是我的成长。在"共创成长路"这门课中,我看到的要比学到的更多。"共创课"使我成长,使我快乐,我会越长越大,将来做一个有出息的人。谢谢这门课让我成长,让我学到了很多。(7年级学生)

## 案例28

我在"共创成长路"课程中慢慢成长,学到了不少本领,变得更加自信、勇敢。就要升入初二了,我们舍不得今天的"共创课",老师陪伴我们度过一天又一天,转眼就一年了。马上要期末考试了,没有"共创课",我就没有满满的自信,更没有勇气去尝试,但至少我不再害怕了。金色的校园,绿草茵茵的运动场,陪我度过了这美好的时光。我想对老师说:"您辛苦了,谢谢您。"当我从小学进入初中时,我不知道"共创成长路"是什么意思,我好奇地走进"共创"教室,里面有六张桌子,若干把椅子。老师把我们分成六个小组,每组七个人。有时有人迟到,老师并不责怪他,而是劝告他不要经常迟到。刚开始上课时,教室里一片安静,因为同学们彼此都不认识,所以大家都不敢说话。现在,大家都很熟了,"共创课"中一片欢声笑语,我们已经和老师打成一片了。(7年级学生)

### 案例 29

我觉得自从上过"共创课"以后,自己变化非常大,从以前不知怎么就和同学吵架,到现在和同学就如同亲人一样,我变得既热情又和善,这都要感谢"共创成长路"这门课。在每周四的下午,我都会学到一些东西。在"共创课"中,我印象最深的主题是"性格的力量"。我记得在"成长拼图"上有这样一个问题:"你想拥有哪种性格特质?为什么?"我的回答是:"我想拥有内向的性格。"因为我是一个很外向的女生,有时在与他人相处时可能显得过于直接,甚至被误解为"暴力"。其实我很想和他们玩,但他们却不懂,而把我说成"暴力女"。我不想再这样下去了,我就想改变。我认真听完老师讲的课,突然知道了有些性格特点我需要去改变。感谢"共创成长路"这门课,我觉得它给我带来了重塑性格、改正缺点的机会,也给我带来了希望,让我不再自卑。我希望在未来,"共创成长路"会成为人人皆知的课程。(8年级学生)

## 案例 30

2017年8月,我正式踏进这所由田老先生赞助的学校,一切都是那么陌生,对此我产生了好奇,也因此对"共创课"有了一定的了解。

第一次上课时,我在老师的带领下参观了"共创"教室,教室里的设备、器材十分丰富,在老师的介绍下我开始真正了解"共创课"。第一次上"共创课"并不是那么轻松、愉快,刚开始我们谁都不说话,经过老师的悉心开导,同学们都明白了老师的用意。"共创课"是我们所有人的秘密库,在这里,我们可以畅所欲言,说自己想说的,做自己想做的。我觉得"共创课"是那么美好,以至于我都想用休息日来换取上课的时间。

上了几次"共创课"后,我们有说有笑、有唱有讲,度过了一个又一个难忘的日子。我们了解到"共创课"是由田老先生提出的,他一定是希望我们在"共创课"中能有所收获,能够更快地成长。我们在"共创课"上学会了如何控制自己的情绪,如何规划自己的人生,如何思考问题……尽管在别人眼中这些根本不算什么,但在我们看来,学会了这些东西,我们似乎前进了一大步,所以我们感谢田老先生,感谢"田家炳基金会"。

有了知识的积累,还需要我们去实践,我们对"共创课"有了新的认识,知道不能忘记自己的初心。我感恩田老先生,感恩父母,感恩老师,也感谢自己。(10年级学生)

## 案例 31

"共创"是梦想的指引,让我们明白有梦想就有希望。比如我国著名的生物学家童第周，我国"蛟龙"号主驾驶员也是设计师之一的叶聪，西汉著名史学家司马迁，这些著名人物都是因为有坚定的理想信念才最终获得了成功。我的梦想是成为漫画家，可有一次却发生了这样一个故事：因为我画画很好，所以就非常骄傲，骄傲得连老师都不放在眼里，好像我的画是独一无二的。可大家都不喜欢看我的画，我心想："你们真没眼光。"一天上午，大家都围着看一个人的画，都说他画得好。可是我不相信他的画比我的画好，我上前看了他的画，果真是他的画更好。他的画讲述了友谊、宽容、勇敢和善良的故事，而我的画却讲的是我画得多好多棒！从那以后我再也不骄傲了，我要努力练习，让我的画变得更好，我相信在未来我一定能成为一名漫画家。"共创课"可以让我们的明天变得更好，让我们明白梦想是能实现的，俗话说："只要功夫深，铁杵磨成针。"有人把梦想变成现实，有人把现实变成梦想，关键是你的梦想是什么，你为你的梦想做了什么。"共创"就是梦想的阶梯，只有努力才能达成目标。（7年级学生）

## 参考文献

BACCHINI D, MAGLIULO F, 2003. Self-image and perceived self-efficacy during adolescence[J]. Journal of youth and adolescence, 32(5): 337-350.DOI:10.1023/A:1024969914672.

BANDURA A, 1997. Self-efficacy: the exercise of control[M]. New York: W.H. Freeman and Company.

BARBER B K, 2005. Positive interpersonal and intrapersonal functioning: an assessment of measures among adolescents[M]//MOORE K A, LIPPMAN L H. What do children need to flourish? conceptualizing and measuring indicators of positive development. New York: Springer:147-161.

BENSON P L, 2003. Developmental assets and asset-building community: conceptual and empirical foundations[M]//LERNER R M, BENSON P L. Developmental assets and asset-building communities: implications for research, policy, and practice. New York: Springer:19-43.

CURRAN T, WEXLER L, 2017. School-based positive youth development: a systematic review of the literature[J]. Journal of school health, 87(1): 71-80. DOI:10.1111/josh.12467.

DI BLASI M, CAVANI P, PAVIA L, et al., 2015. The relationship between self-image and social anxiety in adolescence[J]. Child and adolescent mental health, 20(2): 74-80. DOI:10.1111/camh.12071.

National Research Council, Institute of Medicine, 2002. Community programs to promote youth development[R]. Washington, D.C.: National Academy Press.

PARTO M, 2011. Problem solving, self-efficacy, and mental health in adolescents: assessing the mediating role of assertiveness[J]. Procedia-social and behavioral sciences, 30: 644-648. DOI:10.1016/j.sbspro.2011.10.125.

PILKAUSKAITE-VALICKIENE R, 2015. The role of character, confidence, and connection on contribution and subjective well-being[J]. Procedia - social and behavioral sciences, 197: 265-270. DOI:10.1016/j.sbspro.2015.07.134.

SCHWARTZ S J, 2008. Self and identity in early adolescence: some reflections and an introduction to the special issue[J]. The journal of early adolescence, 28(1): 5-15.

DOI:10.1177/0272431607308662.

SHEK D T L, 2008. Evaluation of project P.A.T.H.S. in Hong Kong: triangulation of findings based on different evaluation strategies[J]. The scientific world journal, 8: 1-3. DOI:10.1100/tsw.2008.21.

SHEK D T L, 2012. Evaluation of a positive youth development program based on the repertory grid test[J]. The scientific world journal, 2012: 372752. DOI:10.1100/2012/372752.

SHEK D T L, DOU D, ZHU X, et al., 2019. Positive youth development: current perspectives[J]. Adolescent health, medicine and therapeutics, 10: 131-141. DOI:10.2147/AHMT.S179946.

SHEK D T L, LIANG L Y, 2016. A 6-year longitudinal study of self-efficacy in Chinese secondary school students in Hong Kong[J]. International journal on disability and human development, 15(4): 377-386. DOI:10.1515/ijdhd-2017-5005.

SHEK D T L, SUN R C F, MERRICK J, 2012. Positive youth development constructs: conceptual review and application[J]. The scientific world journal, 2012: 152923. DOI:10.1100/2012/152923.

TSANG S K M, HUI E K P, LAW B C M, 2012. Positive identity as a positive youth development construct: a conceptual review[J]. The scientific world journal, 2012: 529691. DOI:10.1100/2012/529691.

ZHU X, SHEK D T L, 2020. Impact of a positive youth development program on junior high school students in China's mainland: a pioneer study[J]. Children and youth services review, 114: 105022. DOI:10.1016/j.childyouth.2020.105022.

ZHU X, SHEK D T L, 2021. Subjective outcome evaluation of a positive youth development program in China's mainland[J]. Research on social work practice, 31(3): 285-297. DOI:10.1177/1049731520980802.

ZIMMERMAN M A, COPELAND L A, SHOPE J T, et al., 1997. A longitudinal study of self-esteem: implications for adolescent development[J]. Journal of youth and adolescence, 26(2): 117-141.DOI:10.1023/A:1024596313925.

# 助益内在能力：灵性、探索人生意义与珍爱生命

◎石丹理 谭淋丹 刘昕 杜彦蓉

灵性作为一个不断演进的概念，最初与宗教信仰相关联（Kim and Esquivel, 2011）。随着现代心理学家认为灵性可能具备生物学基础，灵性开始被赋予科学合理性（Emmons, 2000），其内涵得以超越特定的宗教信仰并与之区分开来。Pargament（1999）认为宗教是"以与神圣相关的方式寻找意义"，而灵性是"对神圣的寻找"。换言之，灵性是指一个人如何"以终极意义相连地生活，以及如何对自己所领悟的宇宙最深层次真理做出回应"（Bregman and Thiermann, 1995:149）。诚然，不同理论对于灵性内涵的解读不尽相同，但总结而言，灵性包含几大核心维度：道德和伦理价值观，与人类、自然、宇宙的联系，对神圣或无限的探索，对自我和生命的认识与觉醒以及发展的一种生活方式（Shek, 2010; Shek, 2012; Yust, 2016）。

灵性引导人们对有关生命意义、人与人之间如何联系、宇宙真相以及人类存在的奥秘等问题进行探索和反思，涉及对个人与自身、与他人、与整个世界的联系的整体信念。探索灵性可以帮助人们找到所遇到的哲学问题的答案，例如"生命的意义是什么？""我为何存在于这里？""我从哪里来，要到哪里去？""我的人生有何价值？""如何看待死亡？"这样的问题是许多人在生活的某些时刻难以回避且必须思考的问题，尤其是在面对生活压力和遭遇困难时，倘若对这些问题长久感到困惑而无法解答，便会令人难以找到前进方向，难以体会到满足感和成就感，那么就极有可能陷入"虚无主义"（Gertz, 2019），从而感到迷惘，心灵无所依赖与寄托。换言之，灵性能帮助个体在面对痛苦、绝望、失落和死亡时找到安慰和更深层次的意义，它使人们能够将苦难视为超越物质世界的意义而变得乐观坚强，它使人们感知和建立起人与人、人与社会、人与世界的联系，从而为更有韧性的社会关系和更有凝聚力的人类命运共同体做出贡献。

在行为主义的观点下，灵性被认为是不科学和主观的。然而，在存在主义和人文主义传统中，灵性被视为人类存在的一个重要维度。关于青少年的发展，灵性被视作生活质量的重要维度和积极青少年发展的重要资产。在世界卫生组织的生活质量评估中，除身体、心理、自主、社会关系、环境之外，灵性也属于生活质量的重要维度（World Health Organization, 1998）。在 Ryff 和 Singer（2008）提出的心理幸福模型中，意义、目的、成长和自我实现是幸福的基本组成部分，心理幸福包括六大维度：自我接纳、人生目标、个人成长、自主权、环境掌控以及积极人际关系。在 Benson（2006）提出的积极青少年发展模型中，青少年有 40 种发展资产，其中生命意义和积极信念是重要的内部资产（Shek, 2012）。研究表明，灵性发展对青少年的学业表现和心理健康均有积极促进作用。Zhou 等人（2024）对 2007 至 2022 年发表在国际期刊的 27 项研究进行荟萃分析，发现灵性与学生成绩呈正相关，灵性的提高可以促进学生的学业表现。Rew 和 Wong（2006）对 1998 至 2003

年间针对美国青少年的 43 项研究进行系统分析，发现 84% 的研究均表明灵性对健康态度和行为有积极影响，拥有较高灵性的青少年往往有更好的发展结果。Kelley 和 Miller（2007）的研究显示，日常灵性体验、宽恕、积极应对与生活满意度呈正相关。非西方文化背景下的研究也同样表明灵性对于青少年健康发展具有积极促进作用（Shek, 1992），生命意义不仅与抑郁呈负相关，还可以调节焦虑对抑郁的预测效应，扮演着学生心理健康"保护伞"的角色（Shek et al., 2022）。

青春期被定义为"灵性觉醒"时期（Kim and Esquivel, 2011），这是青少年尝试质疑、寻找意义和身份形成的敏感时期。他们开始以不同于儿童的方式思考灵性，开始利用增强的抽象思维能力思考和解决一些关于存在、生命、意义等深奥的问题，对增强精神体验能力以及挑战传统观念充满兴趣。根据 Genia（1990）提出的信仰发展五阶段模型，继自我中心信仰（第一阶段）和教条信仰（第二阶段）之后，第三阶段是过渡信仰，青少年可以批判性地审视自己的灵性，这是由青少年认知能力逐渐成熟所促使的。如果第三阶段能过渡成功，青少年将进入第四阶段（重建内化信仰）和第五阶段（超越信仰），其中超越信仰的特点是信仰体系更为包容、欣赏原则更普遍以及精神界限更为开放。因此，在青春期信仰发展这一特殊时期，给予青少年正面灵性培养和引导尤为重要，例如帮助他们培养正确的道德观念、探索自己的生命意义以及树立人生理想等。此外，研究表明，学校和家庭在青少年灵性发展中起着重要作用（Shek et al., 2021）。

西方社会灵性教育至少有两种方式：第一，学校开展常规或非常规品格教育（Character Education），聚焦灵性的道德维度，旨在传授尊重、同情心、诚实等价值，引导青少年尊重不同宗教和精神传统（Kim and Esquivel,

2011）。美国于 2001 年公布的《不让一个孩子掉队法案》(*No Child Left Behind Act of 2001*) 明确提出对品格教育的重视。第二，社区干预计划中存在一些项目式学习课程，例如正念冥想项目。耶鲁大学开发了包含 8 节课程的"精神自我图示发展计划"(The Spiritual Self-Schema Development Program)，将认知行为疗法与宗教传统常见的冥想实践相结合，形成了适合所有信仰的个体的自助计划。该计划旨在通过自我反省和正念训练帮助个体深刻体验和表达自己的灵性本质。Grabbe 等人（2012）对该课程进行修改，对美国避难所中无家可归的青少年进行培训，结果发现青少年的灵性，包括平和感、意义感和信念感都明显增强，同时心理健康和韧性也得到了改善。也有研究表明，服务学习可以提升青少年的灵性（Zhu et al., 2022）。

文献综述表明，中国社会中针对灵性发展的课程很少。在香港，基于灵性作为积极青少年发展资产之一的理念，石丹理教授与同事开发了"共创成长路"赛马会青少年培育计划（P.A.T.H.S.），在中学一至三年级课程中纳入灵性单元；此外，在香港理工大学开设的"明日领袖"和"服务领导力"课程中包含灵性知识、探讨灵性和领导力的关系（Shek, 2012）。多项研究验证了这些项目对于提升青少年灵性，启发学生对于人生意义的思考具有帮助作用，同时灵性还能预测学生幸福感的提升和危险行为的减少，对降低问题行为、网络成瘾、自残和自杀倾向具有显著作用（Lin and Shek, 2019; Shek and Zhu, 2018）。

基于 P.A.T.H.S. 在香港的成功经验，该计划被移植到内地，命名为"共创成长路"田家炳青少年正面成长计划（TKP P.A.T.H.S.）。该计划设计了"心理素质""建立目标"等教学板块，旨在引导学生思考人生的意义和梦想的价值。诸多研究成果表明，该计划对学生道德感、灵性、积极自我认同的提升产生了促进作用。学生普遍反馈该计划启发了他们思考自己的人生目标、价值观以及信仰。他们在导师的指导下设定了人生目标，并且制定了实现梦想的计划，同时他们对生命更加敬畏且珍爱（Shek et al., 2019）。Zhu 和 Shek（2021）开展的主观评估研究显示，94.06% 的学生表示该计划帮助他们反思人生，94.80% 的学生感受到该计划帮助他们更好地关爱他人。客观评估结果进一步表明，学生在参与了该计划之后对于自己的人生意义有了更清晰和深刻的认知，灵性指数得到提升（Zhu and Shek, 2020）。

在本章节中，我们摘录了部分于 2016—2017 学年以及 2017—2018 学年采集的参与 TKP P.A.T.H.S. 的学生的日记，从上千份日记中精选出 29 篇体现"灵性、探索人生意义与珍爱生命"这一主题的日记。"成长""人生""生命""梦想""帮助""感谢""心灵""成功""生活""规划""努力""美好""迷茫"是被提及频次最高的词语。此外，"丰富多彩""救命稻草""光阴似箭""恍然大悟""自命不凡""重于泰山""轻于鸿毛"等词语也在学生日记中被频繁提到。

梳理日记内容，可以总结为四个方面。

其一，我们看到 TKP P.A.T.H.S. 对于学生而言是一场"心灵之旅"。学生写道："引领我们的心灵向一个真正高尚的方向前进""有许多触动心灵的感动""它可以真正修补我们的心灵缺陷……让我在忙乱的初中生活中有一个休憩之所""让我们陶冶情操、净化心灵，让我们追求道德修养的更高境界""视金钱如粪土""学校开设的'共创课'如春风一般拂过我的心灵""我是孤独的旅行者……我不知道我该去哪里，我该做什么，或者说我根本不知道我人生的意义何在。直到有一天，你打开了我早已封闭的心扉，启发了我该如何面对人生"。

其二，我们欣慰地发现，TKP P.A.T.H.S. 能指点学生走出迷茫，使其乐观积极地面对困难。学生写道："这堂课几乎解决了我对选择生活方向的所有困惑""曾在小小角落独自哭泣的我……因为你而更加积极阳光""在迷茫的岁月里帮助了我""青春岁月中的不解、迷茫、烦躁也会随着这一节节课的进行而化解""我感谢这门课程，它让我坚强，让我成长，让我在黑夜中不再彷徨，让我不畏风雨、继续前行""让我在茫然的青春旅途中有一个指路明灯""仿佛一扇扇窗户，猛然间为我们打开了生活的全新视角，让人豁然开朗""'共创课'像深夜的路灯，指引着我们回家的方向；像无坚不摧的长矛，为我们保驾护航。它就是我的救命稻草，把我拉出混沌的泥潭""有许多未知的危险，但正是这才能使我们的生命力更强大""靠内心那份自强的精神活下去，永不枯萎"。

其三，我们见证着 TKP P.A.T.H.S. 促使学生开始思考自己生命的意义，思考如何看待死亡。学生写道："人生苦短，不过百年""我印象最深刻的一节课便是'生命的思考'""死时可能重于泰山，也可能轻于鸿毛""如果你的生命只剩下三天了，你会选择去做什么？""每个人的生命只有一次，我们应当好好珍惜，不要等到最后时刻再来后悔""有一次，老师讲了生与死的哲理，那是对生命崇高境界的深刻解读，这让我对生命历程中的每一个朝阳和落日都倍加珍惜""生命可贵，但它的可贵并不在于只有一次，而在于它能为别人付出，能在危难时挽救他人的生命"。

其四，我们乐于见到 TKP P.A.T.H.S. 启迪了学生对人生的规划、对梦想的追求。学生写道："'共创课'是教我们规划人生、思考未来的课程""在学校开设'共创课'之前，我还是一个随心所欲、没有理想的懵懂学生……一节节'共创课'，让我渐渐找到了理想""在这里，不用害怕你的理想被他人嘲笑、看轻""我看到的是述说者对成功的渴望、对理想的向往，它唤醒我心底的那颗最初的心""我梦想自己拥有一双翅膀，飞到美丽的大学""我们在'共创课'上谈谈自己的梦想，聊聊未来，都对未来充满期待"。

诚如心理学家高尔顿·威拉德·奥尔波特（Gordon Willard Allport）所言，洞悉"生活细节"是所有心理学知识的开端，心理学需要关注完整的生活记录中所揭示的那种重要的整体过程（Allport, 1942）。因此，在下文中，我们对29篇学生日记内容不做过度加工而忠实、完整地摘录，希望日记原貌中蕴藏的动人"生活细节"能够自然而然地渗透到心理学科研工作者、从业者以及大众读者的心中，激起思考的涟漪。

## 案例1

来学校已经快一年了，我最喜欢的课是"共创课"，最喜欢的老师是XXX老师。课堂上，老师深刻而字字戳心的话语，无不打动着我们放飞的灵魂。

这一学期学了很多，我最在意且记忆深刻的是"我的最美"这一课。课堂上的活动如今还历历在目：老师给我们看了一段日本的动画短片，内容是关于生死的问题。里面有个镜头是爸爸临死前做的最后一件事竟是陪孩子玩耍，很多同学的眼眶里都盈满了泪水。

接着老师让我们选择：如果你的生命将要结束，你最想做的事情是什么？如此残酷而现实的世界啊，当时我竟难以抉择，还有如此多的事情需要我们去了解和处理。这堂课几乎解决了我对选择生活方向的所有困惑。

"共创课"为同学们开辟了一个全新的世界、一个崭新的空间，激发了我们无限的畅想与全新的思维方式。

可爱又可敬的老师，可向往且可想象的课程，令我回味无穷。（7年级学生）

## 案例2

"共创课"带给我许多有用的知识，我印象最深刻的一节课便是"生命的思考"。

生命只有一次，死时可能重于泰山，也可能轻于鸿毛。可"重于泰山"不是谁都能达到的境界，以前我也幻想过，长大后一定要做一番轰轰烈烈的大事，就算不能名垂青史，也要做到美名远扬。

"共创课"上，老师郑重地告诉我们："人来这世上只有一回，你可以遗臭万年，也可以流芳百世。想要受到别人的尊重，不一定要做大事，只要你有心为人民服务，你就可以成为'英雄'！"

我听了老师这番话才恍然大悟，伟大并不是要轰轰烈烈，而是真真切切啊！只要你一心为民、一心为国地做好每一件事，做好为人民的事，其实你早已受到别人的尊敬。

生命可贵，但它的可贵并不在于只有一次，而在于它能为别人付出，能在危难时挽救他人的生命。最后，我希望我们每个人都能在"共创课"上受益，让我们的生命变得更加宝贵！（7年级学生）

## 案例3

"共创"课堂是一个充满乐趣的课堂。

我第一次接触"共创课"还是在初一的时候，当我走进"共创"教室时就感觉非常不一样。"共创课"是一门既严肃又自由的课程，每节课都会有充足的时间给我们交流讨论，还可以做游戏，让所有人觉得新奇有趣。

"共创课"涵盖了许多新颖的课题，例如长大的梦想、做人的道理等。"共创"老师会细心地教导我们在叛逆期怎样化解与家长的矛盾，让我们理解父母的辛劳，明白读书的乐趣，明确长大以后的目标，等等。甚至一些内向的同学也会因为"共创课"而变得不那么内向了。"共创"教室是那么新颖，处处充满了温暖。

大多数人应该都会喜爱这门课程，不仅是因为它和其他课程不一样，还因为"共创课"给我们带来了人生哲理和快乐！（7年级学生）

### 案例4

"共创课"教会了我们许多，引领青少年走向正确的人生道路。人生苦短，不过百年。人生路上也会遇到许多挫折，它教会我们化蛹成蝶。但我们需要依靠自己的力量去克服重重困难，使自己充满力量。"共创课"教我们应正确面对事实，学会从不同角度看待问题；发现自己做错了事，就要及时改正，避免一错再错造成无法挽回的后果；教会我们在处理与父母的矛盾时，应心平气和地与长辈对话，明白自己是一个晚辈，自己做错事时，应及时向父母道歉并承认错误。"共创课"教会了我太多太多，教会了我怎样去面对这样一个复杂而又简单的世界。祝"共创课"越办越好。（7年级学生）

## 案例 5

大家好，我叫 XXX，是一名中学生，很喜欢"共创课"，学习这门课程后我懂得了许多道理。记得一开始，我不太在意这门课程，不放在心上，老师说的也不愿意听，有时候干脆就直接趴在桌子上睡大觉了。可是自从我听了其中一节课之后，我就再也不在课堂上睡觉了，仔细听了"共创"老师的讲课，我觉得老师讲的也是蛮有道理的！这个课程让我知道了田家炳爷爷的生活历程，他视金钱如粪土，把钱全部用来做慈善，我们的学校因为有他的投资才发展到今天。"共创课"也让我知道了初二数学老师的教学历程……总之，学校开展这一门课程都是为了我们好，是想让我们健康快乐地成长。谢谢学校，谢谢老师！（7年级学生）

## 案例 6

转眼一学期就要过去了，"共创课"给我们留下了难以磨灭的印象。心理是每个人最大的敌人，好的想法和坏的想法都源自心理，由此可见，思想对心理活动的主导作用是不容忽视的。我们在学习过程中需要用思想领悟心灵的美好，需要用思想领悟心灵的乐趣。我们只有学会保持积极的思想，才能将"共创课"学好。

在"共创课"中，我们也需要体验。在观察和体验中，我们感悟的是世态，感悟的是人生，这是古往今来的道理。正因为观察和体验，才有周敦颐"出淤泥而不染，濯清涟而不妖"的感慨；正因为观察和体验，才有孟浩然"夜来风雨声，花落知多少"的愁思；正因为观察和体验，才有范仲淹"云山苍苍,江水泱泱"的领悟。

观察体验让我们的"共创课"不再单调,我们的"共创课"也因观察体验而变得如同交响曲般美好、激昂。在"共创课"上,我们还要实践和质疑。《送东阳马生序》中有"余立侍左右,援疑质理,俯身倾耳以请",苏格拉底式质疑让我们明白一个人只有懂得如何质疑才会明白什么是人生。学会质疑的人生才有价值、有意义。学会质疑甚至能帮助我们找到人生中最宝贵的财富。(7年级学生)

### 案例7

如若非要在人身上找出一个至关重要的地方,我想应该是心灵。人的心灵是一个人整体观的体现,而正值青春的我们对于体察心灵总会有心有余而力不足的时候。那么,我认为"共创课"是一门能帮助我们找到有效方法的课程。

回顾自己在过去一年参与的"共创"课程,有关于自己,有关于他人,有关于集体,其实也正是这一节一节课,引领我们的心灵向一个真正高尚的方向前进,至少也是在向正确的方向前进。青春岁月中的不解、迷茫、烦躁也会随着这一节节课的进行而化解。我觉得,它可以真正修补我们的心灵缺陷,因此我感谢这门课,让我在忙乱的初中生活中有一个休憩之所,让我在茫然的青春旅途中有一个指路明灯。

可能以后学业的繁忙会渐渐使我们告别此课程,但它留给我的,是可以一直在心中存留的、珍藏的。

"共创成长路",让我们共同成长。(7年级学生)

### 案例8

仔细数数,我们上"共创课"已经两年了,从开始的陌生到如今的熟悉,我对"共创课"的态度在一点点改变。

每次拿着本子走进"共创"教室时,迎接我们的都是老师的微笑。课上,老师细心地讲解着一个个知识点,组织着一次次活动,全程面带微笑。"共创课"在我眼中相当于是放松的课,课上既没有枯燥的文字,也没有呆板的数字,只有精彩的活动与心灵的碰撞。

初中阶段,正是一个人从心灵幼稚向成熟蜕变的过程,而"共创课"上所传递的"心灵鸡汤"实则帮助我们克服心灵成长的困难。

在"共创"的成长大道上,我们并非独自行走,始终有真情陪伴着我们,有灯光照亮前方的黑暗,带来无尽的光明。(7年级学生)

### 案例9

通过这两年的学习,我学到了很多关于自我、交流、生命、未来的东西,引发了我许多的思考。这帮助我更好地了解自我以及面对一些问题。在课堂上,老师鼓励我们积极发言,说出自己真实的想法,这些都增强了我与他人沟通的能力,提升了我的表达能力。通过对过去和未来的思考,我加深了对生命的思考、对人生目标和人生规划的认识。通过学习控制情绪,我明白了如何直面自己的种种情绪,并且学会了如何解决情绪问题,也学会了如何对待同学,如何应对一些问题。学习自我效能感相关内容,增强了我的自信心,也让我更加客观地看待问题,对自己有了全面的认识。这门课程,使我学会了如何看待社会上的种种问题，培养了我对学习和生活的应对能力，还培养了我的社会责任感。总之，这门课程使我全面提高，使我成长。（7年级学生）

### 案例10

我刚开始接触"共创课"是在高一下学期，那时的"共创课"给我的感觉就是轻松、活跃。在其他课堂上老师很严肃，在"共创课"上却十分温柔，使得课堂气氛一点也不压抑，老师与学生之间没有隔阂，彼此能成为知心的朋友。在高三的时候，"共创课"对我的帮助是最大的，高三的学习非常枯燥、乏味且劳累，而在一周中最幸福的时候就是上一节"共创课"。"共创课"的老师们帮助同学们缓解压力、调整状态，同时也让同学们明确目标。"共创课"是学子们的福音，"共创"老师是学子们一生中最重要的导师。再过一个月，我将会奔赴高考的战场，或许在我的人生中再也没有"共创课"了，但我会一直传递"共创"精神。（12年级学生）

### 案例11

在我的眼里，"共创课"就是我成长中的一条路，一条让我变得理性、成熟的路。在学校开设"共创课"之前，我还是一个随心所欲、没有理想的懵懂学生，整天只知道吃饭、玩耍、睡觉，有时候甚至与老师争吵，算是一个不折不扣的问题学生。如果让我用一句话来形容那段时间，那就是"混沌如泥潭，迷失了自我"。正所谓"冬天到了，春天还会远吗"，就在我渐渐迷失了自我的时候，学校开设的"共创课"如春风一般拂过我的心灵。一节节"共创课"，让我渐渐找到了理想，同时也似乎理解了老师的良苦用心。自此，我开始逐步改变自己，努力成为优秀学子。我开始树立理想，规划人生道路，勇敢地走下去。"共创课"像深夜的路灯，指引着我们回家的方向；像无坚不摧的长矛，为我们保驾护航。它就是我的救命稻草，把我拉出混沌的泥潭。"共创"课堂，"共创"人生，"共创"我们美好的未来。（7年级学生）

### 案例 12

我觉得这个课程很好，当我们比较迷茫的时候，有可能上了这个课之后就能消解心中的迷茫。我记忆最深的一节课就是关于梦想的那一节，梦想我们谁都有，不过不是每一个人都能实现的，梦想是要通过我们自己不断努力去实现的。就比如说我自己吧，小时候我有过很多的梦想，如当护士、医生、女兵等。不过慢慢长大后，我发现这些梦想都不怎么现实，后来也就都放弃了，放弃后就没再有过梦想，总感觉梦想这个东西对我来说太过不现实。不过在这学期，我又有了新的梦想，我坚信只要我努力就能实现。我重新拥有梦想就是因为那一次"共创课"的内容影响了我。老师鼓励很多同学来分享他们的梦想，看着他们都有自己的梦想，而且他们在为自己的梦想而努力着。那个时候，我就在反思自己为什么没有梦想，有了梦想为什么不去努力实现它。所以受那节课的影响，我要向我的梦想努力了。这个课对我们有很大的帮助，所以我觉得这个课程很好。（7年级学生）

 **案例 13**

"共创课"是由香港五所名牌大学的教授共同研发的课程,目的在于培养学生成熟的心智。在"共创"教室里,我们似乎就在掀开一卷纱窗,而被遮住的,恰恰就是我们内心最深处的情思。确实是这样,就像洗澡时把衣服全脱掉一样,没有任何隐瞒。桌上放的是白纸、黑笔,可我们留下的是真情流露的文字。在这里,不用害怕你的理想被他人嘲笑、看轻,因为这里的每一个人都是互相尊重的。相反,大家还会帮你想出解决问题的方法。我记得在"共创"教室的墙上看到过这样一句话:"总有人是第一,但为什么不能是我?"我看到的是述说者对成功的渴望、对理想的向往,它唤醒我心底的那颗最初的心。我想,我们值得拥有这样一堂课——一堂回顾心路历程的课。

(7年级学生)

**案例 14**

当第一次进入"共创"课堂时,我的内心充满了喜悦、好奇和难以言喻的那种激动。"共创课"是教我们规划人生、思考未来的课程,我觉得这一年的"共创课"使我受益匪浅。学习这样一门课程后,我学会了如何规划自己的人生,如何用更少的时间去做更多的事,并且认清了自我,明白自己为了将来要更努力,要做得更好。"共创课"使人感到轻松,不像上其他课那般压抑。同学们在"共创课"中互相交流,谈自己的理想,谈自己该如何去做,谈了很多。我觉得"共创课"是每个人都应该上的一门课程,它会教导我们应该怎样规划自己的人生。感谢"共创课",它让我感到如此快乐,让我有这么多的收获。总之,"共创课"令我印象深刻。这一年结束了,"共创课"也结束了,但我不会忘记"共创课"上的点点滴滴。(7年级学生)

## 案例15

第一次进入"共创"课堂时,我心里就在想:我要在这所学校里有所成就。"共创课"是教我们如何规划人生、思考未来的课程。每两周一次的"共创课",令我们心情畅快。我不仅学会怎么去珍惜时间、管理时间,而且认清自我,真正明白自己该怎么做,怎么做才更好更完美。感谢"共创课",让我学会了很多,我会永远记得你教育我的一切。有一次学校请我们家乡的老师来上课,老师讲解各种计划和未来生涯规划,我内心深深地感受到家的味道和梦想的力量。我梦想自己拥有一双翅膀,飞到美丽的大学,飞到家乡享受田园生活。感谢"共创课"教会了我自信。在一次课堂中,大家分小组制作自己的名片,这让我们明白自己想干什么。同学们互相展示自己制作的名片,这些名片各有特色。这次活动不仅是娱乐,我们也从中领悟到了许多道理,让我懂得了规划人生的重要性。最后,我再次感谢"共创课",是它让我学会管理时间,是它教我为人处世,我从中也找到了许多乐趣。(7年级学生)

## 案例16

"共创课"是一门开放又有趣的课,它总是能让我们开怀大笑。在平时很紧张的课堂中,我们压力都很大,"共创课"可以让我们放松心情、释放压力。我们在"共创课"上谈谈自己的梦想,聊聊未来,都对未来充满期待!

我们平时还会做一些小游戏,课堂气氛十分活跃,我们真的都很喜欢"共创课"。我们也会从小游戏中明白一些道理。我希望这个课程能够继续开设下去,不要取消,让欢乐的氛围永远留存!!!(8年级学生)

### 案例 17

"共创课"内容丰富多彩,形式多样,令人回味无穷。每一课都如同一出小小的喜剧,虽然短暂却完整,仿佛一扇扇窗户,猛然间为我们打开了生活的全新视角,让人豁然开朗。在这门课程中,我们时而欢笑,时而沉思,每一刻都充满了深刻的启示。"共创课"无疑是清澈而美丽的知识源泉,让每一届初中生都能在这片清泉中开怀畅饮!"共创课"的老师讲课时也十分有感染力和吸引力,让我感觉这不是普通的课堂。有一次,老师讲了生与死的哲理,那是对生命崇高境界的深刻解读,这让我对生命历程中的每一个朝阳和落日都倍加珍惜。(8年级学生)

### 案例 18

小学的时候我最喜欢的是美术课和音乐课,从来不知道还有"共创课"这种课程。到了初中第一次去上"共创课"时,我怀着好奇的心上了我的第一节"共创课",上完后我便喜欢上了这门课。在课上,老师会跟我们分析如何去理解父母批评和唠叨时的良苦用心。在"共创课"上,老师也会让我们做些游戏,气氛不会像其他课那么紧张。每次到了星期一下午最后一节课,我们都会拿着一支笔去"共创"教室。上"共创课"对我来说很放松,也给我带来了不少快乐。老师跟我们说，当遇到一些不好的人时，不要慌乱，要想办法向身边的人求助。面对生活我们要乐观一点，生活中不幸的人有很多，比自己不幸的人也有很多，自己永远不是最不幸的那一个，这是我上"共创课"后学到的。

老师也给我们举例说明了那些不把自己生命当回事或拿生命开玩笑的人，如那些开摩托车不戴头盔的或戴上了头盔却没有系好的人。如果足够幸运，他们没有遇到意外；如果不幸，那便是把自己的生命直接送给了死神。这让我明白了一个道理，如果不想那么早结束生命，不想因为自己的大意或一时的不在意而丢了性命或受重伤，就要保护好自己，对自己负责，对家人负责。总之，"共创课"教了我很多，让我明白了很多，所以我喜欢这门课。

（7年级学生）

## 案例 19

三年间，时光如同流水般匆匆逝去，回忆着三年的点点滴滴，有快乐、悲伤、汗水、奋斗……也正是步入了初中，我开始在"共创成长路"的课堂上学习、成长。这是一门轻松活跃的课程，在这种愉快的学习过程中，我们可以尽情发言，于是每当这节课到来时，课堂上总是特别活跃。记得有一次上课的主题是"珍爱生命"，老师开展了一系列有关爱护生命的活动，其中有一个活动让我印象最深刻。"假如你的生命只剩下三天，你会选择做什么？"在这样有吸引力的题目中，同学们都展开了热烈的讨论。有的同学说要享受最后的时光，在仅剩的时间里疯狂一把；也有同学说在家陪伴家人来度过余生……虽然答案各种各样，但老师在各种各样的答案中给出了总结：要好好珍惜生命。在我们的生命中,有许多未知的危险,但正是这才能使我们的生命力更强大。这是那堂课上我所学到的,到目前为止我仍然记忆犹新。每节"共创课"上,我都会得到不同的收获,也正是有了"共创课",我才不断进步、不断成长。时间的指针不断转动,我的初中生活也即将结束。虽然心中满怀不舍,但我相信,走过初中,迎接我们的将是更美好的未来。(9年级学生)

### 案例20

光阴似箭,日月如梭。转眼间,我们三年的初中生活即将结束,回想起三年的时光,是多么的美好。刚步入初中时,我接触了小学未接触的课程——"共创课"。这是一门非常轻松的课程,每个星期同学们都期盼着"共创课"快点到来。记得有一堂课的主题是珍爱生命,其中有一个活动是老师让我们想象:"如果你的生命只剩下三天了,你会选择去做什么?"三天说长不长,说短不短,去吃遍天下美食?去和同学享受最后的时光?还是陪伴在父母的身边?这些我们都不得而知,因为不是亲身经历过的,你永远不知道结果是什么。每个人的生命只有一次,我们应当好好珍惜,不要等到最后时刻再来后悔,那时一切都已经来不及了。"共创课"上,老师教给我们的不止这些,还有很多很多。在我的成长路上,"共创课"给了我很大的帮助和支持。三年的时光即将逝去,我心中虽有万般不舍,却也无可奈何。古人曾说过"天下没有不散的筵席",所以,现在的分离,只是为了将来更好地重聚!(9年级学生)

### 案例 21

在 XXX 中学的三年中,"共创课"在我的人生中浓浓地画上了一笔。"共创课"教会我们许多人生道理。初中三年,我经历过迷惘,经历过挫折,感谢 XXX 中学,感谢"共创课",感谢老师,在迷茫的岁月里帮助了我。时光荏苒,曾经是小苗的我们已经成长为小树,将面临选择,通往另一条大道。我在即将离开的时光里写下记忆,留住美好。在"珍惜"这一节课中,我流下了热泪。我被老师的辛勤教导感动到了,我懂得了珍惜生活、珍惜朋友、珍惜父母,这是我以前从未感受到和学到的,感谢"共创课"!感谢老师!感谢 XXX 中学!(9 年级学生)

### 案例 22

共同协作树理想,

创造机会助飞翔,

成长全面能互谅,

长进自爱展心窗,

路遥奋进要自强。

是"共创课",让我明白了该怎样去做人,怎样去调节自己的情绪,怎样融入集体里!在人的心灵成长道路上,只有纯净的心灵才能到达最终的精神圣殿!"共创课"并不像语、数、英、政、史、物、生那样的枯燥,反而让我感觉到开心。"共创成长路"旨在为我们的成长铺垫更好的道路。我们的心灵犹如一张白纸,因为这些丰富多彩的生活而在白纸上渲染出彩色。"共

创课"犹如夜空中最亮的星星,照亮着我们!(7年级学生)

### 案例 23

"共创课"是什么?世界上竟然有如此奇怪的课程。刚走进 XXX 中学的校园,我还不知这门课是啥。但自从上了一节课之后,我就爱上了它,每个星期我都期待着星期五的到来,我为何如此深爱着这每周只有一节的"共创课"呢?"共创课"在我心中的地位已经高于微机课。我每上一节"共创课",都会受益无穷。在"共创课"上,我学习了怎样向朋友道歉,就这样短短的一节课,让我挽回了许多友情,也让我知道友情是美好的。课上还有许多的游戏,使我们更加有团队精神与合作精神,为我们在后来的集体活动中获得好成绩奠定了坚固的基础。我们的老师十分敬业,努力将知识传授给我们。"共创课"上,我印象最深刻的是一个十分激烈的辩论赛,辩论赛的主题是关于"谁先上车"的问题。最后我发现"共创课"是一盏明灯,照亮着我们人生的前路,同时也是一个导向标,指引我走向正确的道路!(7年级学生)

### 案例 24

"共创成长路,XXX 中学在行动。"学校开设"共创课"的目的是解决我们生活中遇到的问题,帮助我们更好地成长。对我而言,"共创课"帮助了我许多,使我慢慢成长。

每周我们都有一节"共创课"。在课堂上,我们释放自己的天性,各抒己见,畅所欲言,把一星期的不顺和烦恼都抛到九霄云外;说自己想说的,做自己想做的，老师也会帮助我们合理地调节不良情绪。因此，一堂"共创课"后，我们心头的乌云没有了，有的只是晴空和彩云。

每周的"共创课"主要是XXX老师上，也会有其他老师来上，上课的方式多种多样，形式新颖、内容丰富，让我们大家都融入课堂。在上课的过程中，我学到了许多知识。例如，在"生涯规划"这一课，我更加明确了我的人生目标和梦想，对以后的人生有了新的定位。"成功在望"这一课使我懂得了成功没有捷径，只有脚踏实地，并且有坚定的信念和目标，才会抵达成功的彼岸。我们总是在遇到困难时，为自己的懒惰找借口。懒惰并不可怕，可怕的是我们找到了懒惰的借口。所以，从现在起，克服一切困难，勇攀成功的高峰，才是我们应该做的。

每上完一节课，我都会有不同的收获，也有许多触动心灵的感动。我感谢这门课程，它让我坚强，让我成长，让我在黑夜中不再彷徨，让我不畏风雨、继续前行。（10年级学生）

## 案例25

刚来到XXX中学的第一个学年，我就开始接触这门课，刚开始接触的时候，这门课给我的感觉很新颖。在课上，我们经常会和同学一起交流、学习，这让我更加喜欢这门课程。当然，我最喜欢这门课程的原因是它给我带来了很多正能量，能够让我更加积极地面对人生。

在每节课上，我们都会有很多很多的收获，老师也会有收获，所以这门课是教学相长的课程。在课上，我们学会了合理控制情绪、规划自己的人生、减轻压力等；我们也可以与同学们积极地去讨论，整个小组一起去完成一项任务，通过同学间的交流、合作，我学会了积极表达自己的想法，包容别人的想法，提升了与他人合作的能力。这十多节课让我对自己的未来有了很多的希望和规划，让我有了更多的勇气去面对人生。

如今，"共创课"快要结束了，真的是很不舍啊，在这门课上我收获的东西远远大于我所期望的，我希望以后还能上这种课程，并希望学校能够多举办这种对青少年很有好处的活动。（10年级学生）

### 案例 26

青春如初春，百卉之萌动，它凝聚着动人的活力，蕴含着伟大的创造力，使我们的成长有无限可能。"共创课"旨在帮助我们解决青春期的难题与疑惑，使我们的身心得到发展。在课上，我们和老师一起探索问题、解决问题，既克服了困难，又使我们与集体更加和谐、团结。我们正走在成长的路上，成长是蜕变的过程，由简单到复杂，由幼稚到成熟，化蛹成蝶，经历伤痛在所难免，但伤痛最终成就的是美丽。正如作家刘墉所说："成长是一种美丽的疼痛。"我们要踩着时代的节拍，勇敢地面对成长的烦恼。"共创课"帮助我们解答人生的困惑，这些困惑在成长之路上是不可避免的。"共创课"让我们陶冶情操、净化心灵，让我们追求道德修养的更高境界。让我们一起"共创"成长之路吧！（7年级学生）

### 案例 27

每周三的"共创课"都令我很期待，因为在"共创课"上我可以学到其他课堂上学不到的东西。令我记忆最深的一节课是关于"生命成长"的。在这节课上，老师让我们学习到了许多关于生命的知识：如何正确看待自己的生命，如何正确认识自己的生命，如何正确呵护自己的生命。老师还告诉我们，生命要靠自己内心那份不断进取的精神和自强自立的信心来维持。生命，就如同一棵小草，就算没有干净的水源来呵护，它也可以靠浑浊的雨水来生存，靠内心那份自强的精神活下去，永不枯萎。这节"共创课"给了我很大的启示，激发了我的动力！（7年级学生）

### 案例28

我想，经历那么多次课堂之后，我发现自己总想成功，最后却总是不尽如人意。很多人是平凡的，但有很多人觉得自己不平凡，不知道成功背后的艰辛，却羡慕摘果的人。我想，我至少曾经自命不凡吧。成功人士是少数，是偶然，也是必然，他们会随时改变，历尽艰辛才终得成果。我受够了不愿改变的我，受够了不愿努力的我，请老师督促，我在此立下目标，一点点改变也好，纸上写的一定要算数。这是我对"共创课"的感受。（7年级学生）

### 案例29

曾在小小角落独自哭泣的我，曾在这路上孤独徘徊的我，曾以为会孤独的我，因为你而更加积极阳光。

我是孤独的旅行者，背着沉重的旅行包，沉重而又缓慢地行走着，我不知道我该去哪里，我该做什么，或者说我根本不知道我人生的意义何在。直到有一天，你打开了我早已封闭的心扉，启发了我该如何面对人生。于我而言，你不仅仅是一门课程，也是我人生的向导，是带我走出黑暗的点点星光。如同一个溺水的人，总要抓紧最后一根救命稻草，我对你亦是如此。感谢你，给了我救赎；感谢你，化作一叶扁舟，让我穿过茫茫大海，渡我上岸，让我不再迷茫，不再孤单。

我从小性格孤僻，不是不愿与人交谈，而是没有办法和她们很融洽地交谈。从那以后，我便不再跟任何人交好。她们说我是怪人，总是自己同自己讲话，不参加集体活动，是一个独行者。每每听到这些，我心里就很沉闷，那些议论的声音压抑得我快要喘不过气来。于是我将自己放在那个方寸之地，别人进不来，我也不出去，如同困在一个囚笼里的囚徒。

2017年9月3日，我上了第一堂"共创课"，从那以后，我渐渐明白人不可以孤独、没有目标地过完一生。在老师和同学们的帮助下，我渐渐开朗起来，我心里也流进了一抹阳光。"共创课"不仅给了我目标，给了我与他人交往的勇气，也教会了我宽容和爱。宽容，简单而又美好的词，我宽容了曾日夜嘲笑我的自己，宽容了那些伤害过我的人。现在的我，为了爱我的人和我爱的人而不断奋斗、不断拼搏。

感谢你，让我度过一段幸福的时光；感谢你，给了我勇气、宽容与爱；感谢你，让我一个没有梦想、没有动力的人重新找回了真正的自己。（10年级学生）

# 参考文献

ALLPORT G W, 1942. The use of personal documents in psychological science[M]. New York: Social Science Research Council.

BENSON P L, 2006. All kids are our kids: what communities must do to raise caring and responsible children and adolescents[M]. 2nd ed. San Francisco: Jossey-Bass.

BREGMAN L, THIERMANN S, 1995. First person mortal: personal narratives of illness, dying and grief[M]. New York: Paragon House.

EMMONS R A, 2000. Is spirituality an intelligence? motivation, cognition, and the psychology of ultimate concern[J]. The international journal for the psychology of religion, 10(1): 3-26. DOI:10.1207/S15327582IJPR1001_2.

GENIA V, 1990. Interreligious encounter group: a psychospiritual experience for faith development[J]. Counseling and values, 35(1): 39-51. DOI:10.1002/j.2161-007X.1990.tb00357.x.

GERTZ N, 2019. Nihilism[M]. Cambridge, Mass: MIT Press.

GRABBE L, NGUY S T, HIGGINS M K, 2012. Spirituality development for homeless youth: a mindfulness meditation feasibility pilot[J]. Journal of child and family studies, 21:925-937. DOI:10.1007/s10826-011-9552-2.

KELLEY B S, MILLER L, 2007. Life satisfaction and spirituality in adolescents[M]// PIEDMONT R L. Research in the social scientific study of religion, volume 18. Leiden: Brill: 233-261.

KIM S, ESQUIVEL G B, 2011. Adolescent spirituality and resilience: theory, research, and educational practices[J]. Psychology in the schools, 48(7): 755-765. DOI:10.1002/

pits.20582.

LIN L, SHEK D T L, 2019. The influence of meaning in life on adolescents' hedonic well-being and risk behaviour: implications for social work[J]. The British journal of social work, 49(1): 5-24. DOI:10.1093/bjsw/bcy029.

PARGAMENT K I, 1999. The psychology of religion and spirituality? yes and no[J]. The international journal for the psychology of religion, 9(1): 3-16. DOI:10.1207/s15327582ijpr0901_2.

REW L, WONG Y J, 2006. A systematic review of associations among religiosity/spirituality and adolescent health attitudes and behaviors[J]. Journal of adolescent health, 38(4): 433-442. DOI:10.1016/j.jadohealth.2005.02.004.

RYFF C D, SINGER B H, 2008. Know thyself and become what you are: a eudaimonic approach to psychological well-being[J]. Journal of happiness studies, 9(1): 13-39. DOI:10.1007/s10902-006-9019-0.

SHEK D T L, 1992. Meaning in life and psychological well-being: an empirical study using the Chinese version of the purpose in life questionnaire[J]. The journal of genetic psychology, 153(2): 185-200. DOI:10.1080/00221325.1992.10753712.

SHEK D T L, 2010. The spirituality of the Chinese people: a critical review[M]//BOND M H. The Oxford handbook of Chinese psychology. Oxford: Oxford University Press: 343-366.

SHEK D T L, 2012. Spirituality as a positive youth development construct: a conceptual review[J]. The scientific world journal, 2012: 458953. DOI:10.1100/2012/458953.

SHEK D T L, CHAI W, DOU D, 2021. Parenting factors and meaning of life among Chinese adolescents: a six-wave longitudinal study[J]. Journal of adolescence, 87: 117-132.

DOI:10.1016/j.adolescence.2021.01.004.

SHEK D T L, CHAI W, TAN L, 2022. The relationship between anxiety and depression under the pandemic: the role of life meaning[J]. Frontiers in psychology, 13: 1059330. DOI:10.3389/fpsyg.2022.1059330.

SHEK D T L, ZHU X, 2018. Self-reported risk and delinquent behavior and problem behavioral intention in Hong Kong adolescents: the role of moral competence and spirituality[J]. Frontiers in psychology, 9: 430. DOI:10.3389/fpsyg.2018.00430.

SHEK D T L, ZHU X, LEUNG J T Y, et al., 2019. Evaluation of the project P.A.T.H.S. in China's mainland: findings based on student diaries[J]. Research on social work practice, 29(4): 410-419. DOI:10.1177/1049731517745994.

World Health Organization, 1998. WHOQOL and spirituality, religiousness and personal beliefs (SRPB)[R]. Geneva: WHO.

YUST K M, 2016. Adolescent spirituality and education[M]//DE SOUZA M, BONE J, WATSON J. Spirituality across disciplines: research and practice. Switzerland: Springer: 81-93.

ZHOU Z, TAVAN H, KAVARIZADEH F, et al., 2024. The relationship between emotional intelligence, spiritual intelligence, and student achievement: a systematic review and meta-analysis[J]. BMC medical education, 24: 217. DOI:10.1186/s12909-024-05208-5.

ZHU X, CHAI W, SHEK D T L, et al., 2022. Promotion of meaning in life and wellbeing among university students during the COVID-19 pandemic via a service-learning subject[J]. Frontiers in public health, 10: 924711. DOI:10.3389/fpubh.2022.924711.

ZHU X, SHEK D T L, 2020. Impact of a positive youth development program on junior high school students in China's mainland: a pioneer study[J]. Children and youth services review, 114: 105022. DOI:10.1016/j.childyouth.2020.105022.

ZHU X, SHEK D T L, 2021. Subjective outcome evaluation of a positive youth development program in China's mainland[J]. Research on social work practice, 31(3): 285-297. DOI:10.1177/1049731520980802.

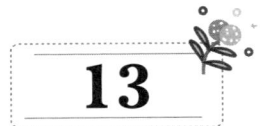

# 13

## 感谢教师教导及支持

◎石丹理　窦迪娅　陈希雯　杨邦林

多年来，不少研究指出，教师的教学和支持对学生获得青年技能（Youth Competence）有着积极作用（Chong et al., 2018；Koshy and Mariano, 2011）。例如，Durlak 等人（2011）评估了 213 个社交及情绪学习课程（SEL）的成效，结果发现由教师或教职员教授的课程在提升学生的社交及情绪技能、态度、正面社会行为、德行，以及学业成绩方面都有显著效果。良好成效背后除了完善的课程设计外，教师的宝贵贡献对课程成效的作用也是不能忽略的。他们在计划中充当导师、向导和促进者的角色，通过传授专业知识和展现奉献精神，激励年轻人探索道德问题，进行批判性思维，并加深对道德的理解。通过鼓励自我反省和讨论，使学生能够做出明智的决定并采取负责任的行动。同时，教师也是学生的榜样，体现了他们希望教导给学生的价值观和原则。通过教师的指导，青少年能够认识到同理心、同情心和社会意识的重要性。

另一方面，在青少年正面成长（Positive Youth Development, PYD）计划中，教师为青少年的茁壮成长创造了一个安全和支持性的环境。当学生了解到并重视老师提供的专业知识和关怀时，他们更有可能积极参与课堂并接受老师的教导，这也加强了师生关系，促进了相互尊重和信任。与此同时，老师们又创造了一种氛围，让学生可以自在地分享他们的想法、担忧和经验，促使学生更深入地学习和成长。过去有一些研究探讨了教师在学生发展技能上的角色和影响。例如，Bundick 和 Tirri（2014）进行了一项研究，了解教师对学生在目标设定和追寻及青少年正向发展中发挥的影响。该研究分析了美国和芬兰学生对教师角色的看法，结果发现，尽管两地文化背景不同，但学校和教师的支持在培养学生设定目标并努力追寻上起着重要作用。此外，教师的特定能力，如教授未来规划、行为后果及重要性等对青少年的发展产生显著的影响。Ward 和 Parker（2013）访问了 23 名学生以了解课堂气氛在青少年正向发展计划中的作用。分析结果显示，轻松的氛围和学生是否享受课堂都影响了学生的参与性。创造一个支持性的环境让学生可以表达他们的想法，并更乐于与教师和成年人互动，这一结论跟自我决定理论的原则是一致的，即如果教师能在课堂中创造安全的环境并提供支持，为青少年提供自主和参与的机会，并给予青少年发展能力的资源，就可以满足青少年在能力发展、自主性和归属感方面的需求，对于促进教师和青少年的关系也能产生积极作用。

过去一些关于 PYD 计划成效的研究证明了教师的角色及教学与计划效用有着积极且显著的关系。例如，在内地开展的"共创成长路"田家炳青少年正面成长计划（TKP P.A.T.H.S.）的多轮成效研究中，均发现超过九成的参与学生高度评价教师的总体教学表现，特别是在教师鼓励学生参与、关怀学生、愿意提供协助、与学生互动等方面得到非常积极的评价。此外，教师的表现更是计划成效的显著预测因素之一。由此可见，教师在课堂中营造良好的互动氛围对学生学习成效相当重要，教师的这些教学专业能力得到了学生的肯定（Shek et al., 2014；Shek et al., 2018）。在"共创成长路"赛马会青少年培育计划（P.A.T.H.S.）的成效调查中，也有超过八成学生正面评价他们的教师在课程中的表现。另外，在质性研究中，从学生的日记中更能明确看到学生对教师的感激和赞赏。例如，学生跟教师分享他们在人生低潮时失去自信，在教师的开导和鼓励下，他们重拾自信并面对挑战。教师的一番话更有可能成为学生的座右铭，驱使他们前进（Shek and Sun, 2012b）。在 TKP P.A.T.H.S. 计划成效的质性研究中也有相似的发现。在学生的日记中，很多学生表达了对教师的感谢之情，大部分学生都感受到教师的善意和关心，这令他们更能投入课堂活动。不少学生认为他们跟教师的关系变好了，教师的鼓励也能帮助他们找寻生活目标和面对困难（Shek et al., 2019）。

总的来说，在 PYD 计划中，教师的指导能激励学生，并促进批判性思维和同理心的发展，并在培养学生社会责任感方面发挥着重要作用。教师的积极支持能提高学生的参与度，并有助于产生积极的行为结果。学生从中亦能感受到教师的关怀和爱护，从而认可并重视教师的指导。从评价的角度来看，学生对教师的积极看法和赞赏也为支持项目的价值提供了依据。事实上，不同的主观结果评估研究表明，除了积极的感知受益外，学生还欣赏老师们的教学和指导（Shek, 2010; Zhu and Shek, 2021）。

本章将会分享一些参与"共创成长路"田家炳青少年正面成长计划（TKP P.A.T.H.S.）的学生的日记，这些日记主要表达了学生对教师的赞赏和感激之情。对青少年来说，表达欣赏和感恩是其发展的一种重要资源；对教师而言，学生的感谢和赞赏能给予他们力量，使他们的专业能力得到更大的发挥。

### 案例1

从上学期开学到现在，已经差不多一年了，我们跟随老师的步伐，学到了许多有用的知识。"共创课"让我学会了如何增强自信，促进我与老师、同学及家人的联系。"共创"教室里充满了快乐的笑声。我们学会了团结合作，完成老师交给我们的任务；我们一起上课，一起开玩笑，一起度过了许多美好时光。我希望老师可以多让我们做一些手工，这样能使我们的思维活跃。有了"共创课"，我对在田家炳中学的学习更有兴趣了。老师上课的内容很好哦，希望老师能再加油，使同学们更加喜欢"共创课"！让我们共同怀抱理想，创造机会，助力飞翔吧！希望我们能全面成长，互谅互爱展心窗，路遥奋进要自强。我希望"共创课"能更好地办下去！（7年级学生）

### 案例2

在"共创课"上，我们学到了许多东西。在这个懵懵懂懂的年纪里，我们应该做什么？对于这个问题，我们执着又疑惑，在与老师进行了一番深入交谈后，我们明白了许多，在不知不觉中慢慢成长，懂得了自觉，学到了知识。为此，我们应努力奋斗，不应荒废青春。还记得在课堂上，我们嬉戏着，在玩中学，体验了学习的另一番滋味。

第一次上"共创课"，紧迫感让人忐忑，可老师的表现却让我们放松。我们对她的第一印象很好，她的声音很细、很柔，有母亲的感觉，给人一种亲切感，让我们慢慢熟悉并融入这个温暖的小集体。我很开心在最美好的年纪遇见了他们，我很幸运。（7年级学生）

### 案例 3

"共创课"是一门非常有趣的课程，它通过游戏的方式教我们领悟成长道路上遇到的各种困难的应对方法，对我的成长帮助很大。学习了"共创"课程，我感受颇深。

这门课程是我上初中时才接触到的，刚上第一堂课时，我就已经被它深深地迷住了，往后每一堂课我都十分期待。在这门课中，同学们个个都可以解放天性，学习的压力也得以释放。我认为最值得赞赏的是以游戏为主，老师将课程内容设计得很好，教学活动安排得很合理，课程进行时的气氛也相当好，每一位同学都积极投入到游戏当中去。对于性格内向的同学，老师也会去鼓励他们；在我们需要帮助时，老师也乐意提供帮助。总而言之，我十分喜爱这类课程，希望这门课程能继续开设下去。

通过"共创课"的学习，我增强了与老师、同学及家人的联系，也增强了面对逆境的能力，提高了与他人交往的能力，提高了抗拒不良影响的能力，我也更积极地面对未来。

总之，"共创课"促进了我的成长，我对这门课程十分满意。（7年级学生）

### 案例 4

从初一开始，我们接触了一门新的课程——"共创成长路"。我一开始对"共创课"的理解是大家一起创造、发现。我还记得第一次来到"共创"教室时，对房间的陈设产生了很大的兴趣。一进教室，就听见一声清脆的铃声，往铃声那边望去，我看见老师拿着摇铃，让我们回到座位安静下来。课堂上，如果有哪一组答对一题，就可以获得一个小红花印章，小组成员就立刻沸腾了。在老师的提问下，同学们争相举起了手。每一天，当我们因数不清的烦恼无从发泄而手足无措时，只要一到"共创课"，我们便会把压抑在心中的烦恼全都吐露出来。"共创课"教会了我们很多。（7年级学生）

### 案例5

"共创课"是一门非常好的课，它可以教我们怎么为人做事、怎样尊老爱幼。每一节课老师都会给我们做一些小游戏，或者讲一些小故事，有的时候还会给我们看一些小视频。以前都没有这门课，对我们来说，它是一个超级大的福利。在这门课上，老师和同学们会像朋友一样，用朋友之间的方式交流。课程的目标非常明确，内容设计得非常好，教学活动安排得很有条理，上课时气氛也很好。在"共创课"上，可以和同学们有很多的交流，老师鼓励我去努力做到。老师对课程有充分的准备，也有良好的教学技巧，态度也很好。（7年级学生）

### 案例6

我觉得"共创课"是一门非常好的课程，是以前从未接触过的，很新奇。老师带我们去"共创"教室，同学们都很热情。老师开始做自我介绍，老师很亲切，讲的东西非常贴近生活。老师胸有成竹地讲着那些内容，不时放一些PPT，让我们更好地感受上课的乐趣；老师也会让我们自己发言，不时玩些小游戏，活跃课堂气氛。记得有一次老师拿出一张大报纸，让几个人站在上面，但不能超出纸张的范围，每个人都跃跃欲试。整堂课的教学效果非常好。老师也会与我们互动。有一次在课上，我们表现得最好，老师还拿了一些书签分享给我们，我们当时开心坏了，邻桌的同学都非常羡慕。（7年级学生）

### 案例7

"共创课"是一门很好的课程，我们从初一就开始学了，它能教我们许多知识。老师在课堂上也经常会让我们玩小游戏，有时候还会给我们放有关的电影看，让我们得到很大的启发。"共创课"对我很有帮助，促进了我与同学的相处，增强了我的信心，促进了我的成长，也让我在犯了错误时能反省自己。"共创"课程目标很明确，课程内容也设计得比较好，课堂上，同学之间相互交流。我们的"共创"老师备课很充分，讲课也很投入，有时候比我们还投入。老师也会和同学们交流，关心同学，当我们遇到困难时也会帮助我们，老师对我们的态度是非常好的。下一次我还要上这门课。（7年级学生）

### 案例8

"共创课"在我们以前的课程表里是没有的，在我看来这对学生来说算是一个"福利"吧！这是一个老师和学生共同进步的平台，在这里，学生与教师会以朋友的方式谈人生、谈理想、谈未来。老师会教导学生如何做人。课堂过程中，同学与老师之间会有很多交流，而且老师对课程很有把握，讲课进度也很好，老师非常专业，所以整个班级就像一个大家庭一样，上课时的气氛也很好。我们的老师很温柔，有的时候我心里都不敢相信，讲台上这个从没有一丝严格的人竟是一位教师。课堂上，老师也会设计一些小游戏，增加我们的学习兴趣，还会播放小短片，加深我们对课程的印象。总之，我很喜欢"共创课"！（7年级学生）

## 案例9

"共创课"对我的帮助还是蛮大的，让我知道了如何面对叛逆心理，让我学会了冷静反思。我第一次上"共创课"时，我不知道这是一门什么样的课，刚走进"共创"教室便会看到六七个圆石桌和很多个小凳子，墙上还有"共创"语录。上了第一堂课之后我便喜欢上了这门课，更想不到还有这种心理课程，我原以为这又是一门枯燥乏味的课。我们的"共创"老师——XXX老师，她真的很漂亮，声音很温柔，让同学们都很舒服。上了"共创课"后，我认为这一门课让我受益匪浅，让我了解了引起不良情绪的许多原因，让我开心了许多，快乐了许多。

我希望长大以后还可以上这种心理课，因为它让人快乐开心，也让人受益匪浅。谢谢您——我的"共创"老师，是您让我懂得了许多道理。（7年级学生）

## 案例10

时光匆匆，日月如梭，转眼间，上"共创课"已经快一年了。

春风拂过窗台，那时我们正在上"共创课"，XXX老师拿着麦克风，轻声说道："同学们，上课。"

"起立，老师好。"

"同学们好，请坐。"

老师开始上课，细心地向我们讲解课程的内容，同学们都积极地举手回答问题。"共创"教室内的墙壁都是由各种不同的颜色组成的，教室里灯光明亮，黑板的后面贴满了我们各组同学的照片。教室的桌子是由大理石制成的圆形桌，夏天炎热时将手放在上面，啊，真凉快呀！

"共创"老师们都十分关心学生，我们有不懂的问题向老师询问时，老师都耐心回答。

"共创课"让我终生难忘。（7年级学生）

## 案例 11

这周一，我们上了一节对成长有很大帮助的"共创课"。在这节课上，我们学会了不少关于如何摆脱闷闷不乐的"怪兽"。

熟悉的上课铃声响了起来。唉，又是一堂无聊的课。对于我本人来说，数学才是我最喜爱的科目，除了这门课外，我对其他任何科目都提不起兴趣，但今天的这堂"共创课"却令我大开眼界，它让我懂得了四种心理"怪兽"代表不同的处事态度和情绪。

因为"共创课"是下午第一节，又因为同学们刚午休结束，所以精神不太好，并没有多大的兴趣，但老师还是面带微笑地给我们上课，渐渐地我们跟着老师的思路走，我认为可能是她那宛如春风般的微笑打动了我们。"同学们，今天我们来玩一个游戏吧，这个游戏叫作勇闯怪兽屋。"同学们一听是游戏环节，就像打了鸡血似的振奋起来，之前的倦意早已消失得无影无踪。

"这个怪兽屋呢，里面一共有四只怪兽，每只都各有各的特点。待会儿叫同学上来尝试玩一下这个游戏。但在这之前，我先介绍一下它们的特点。"全班都认真听着老师的介绍，我一走神，就只听到了最后一只怪兽的特征。"颠倒黑白兽"，它的特点是能吸收被冤枉的人的忧伤和愤怒。老师举出的事例是：同学 A 的贵重物品被偷了，A 怀疑是他同桌 B 偷的，让 B 交出来。这件事被"颠倒黑白兽"看到了。老师让我们拯救 B，并说唯一的办法是让 B 反驳 A，并说明自己没有偷东西。这让我们全班同学都犯了难，因为我们没有证据。我在心里默默祈祷老师别抽我回答，但事与愿违，老师偏偏抽到了我，我只好硬着头皮回答："你没有充分的证据怎么能认定是我偷的，难道就因为我是你的同桌就会偷东西吗？这次不怪你，但请你下次查清真相再说吧！"我坐下后才发现手心全是汗。老师对我投来赞赏的目光，并认为我回答得很对，于是我成功击败了一个怪兽，拯救了一个同学。

下课铃声响了起来，我意犹未尽，还想继续玩，但课已结束，所以只能匆匆离开。但这一节课令我对"共创课"产生了兴趣，也让我懂得了当被冤枉的时候该如何反驳，这真是一节有收获的课啊！（8 年级学生）

### 案例 12

升入初中已近两年了，我也上了近两年的"共创课"，留下了很多美好的记忆。回忆每次上课的点点滴滴，常常浮现眼前的，竟是每次做的游戏。

看似只是娱乐的游戏，老师却寓教于乐，让简单的游戏不简单，普通的游戏不普通。我想，这巧妙游戏设计的背后，一定有老师们的良苦用心和缜密的思考。最令我印象深刻的游戏是"盲人与拐杖"。我们开心地做完游戏，老师这时巧妙地带领大家思考，让每个人都有了很深刻的理解，而且牢牢地刻在脑中。这样别致的教学方式，着实缓解了我们的学习压力，还让我们耳目一新，帮助我们理解这些人生道理。

再一次谢谢老师的精心设计，我希望以后能有更多这样的体验！（8年级学生）

## 案例13

"共创成长路"，顾名思义，便是共同创造成长之路。时光匆匆，这一课程已与我们相伴两年。在课堂上，我们坦露心迹。在这里，老师与同学以纯净之心传递情感，这暖人的"鸡汤"陪伴我们前行，并指引着我们前进的方向。老师在传授给我们知识的同时，还带给我们许多欢乐。每堂课都十分有趣，精彩纷呈。

这也是我喜欢这门课的原因之一吧！

老师不仅把课堂"装饰"得五彩缤纷，还以不同的方式走进我们的心灵，教会我们应对问题的方法，指引我们前进的道路，让原本迷茫的我们找到目标。这世界原本就是迷茫的，我们如何去成长？我的成长路不再迷茫，因为我在"共创成长路"！（8年级学生）

## 案例 14

今天是 2017 年 6 月 10 日,这是我在最后一节"共创课"上写下的感想,"共创课"彻底结束了。

我初一刚知道"共创课"时还不太懂它是什么意思,不懂这个课程要怎样上、怎样听。在期待与兴奋中,我们终于迎来了第一次"共创课",那是 XXX 老师给我们上的第一堂课。XXX 老师告诉我们,"共创"就是"共创成长路",而我们分的小组也是缘于这五个字——把这几个字剪成几片小纸,然后去拼这五个字,拼成功的就是一组。这个分组方式让我对这个课程充满兴趣,果然在以后的课堂中,课堂氛围很活跃、很生动,也有许多小乐趣。老师总会把每一节课的内容都准备好,使课程很有意思,可以说我们是在玩中学,这样既能放松又能学到很多的知识。"共创课"使我增强了面对逆境的能力,更好地去分辨是非,加强了分析能力,增强了自信,获得了整体成长。感谢"共创课"教给我这么多知识和道理。(8 年级学生)

## 案例 15

写下今天的这些感受,代表我在"共创课"的旅程也就此结束了。回想起我们在"共创课"上一起做的游戏,一起思考和回答的问题,就让人高兴和快乐!

"共创课"虽然结束了,但是心中的课还没有结束。当你在心理上有问题时,老师就在你身边;当你感到疑惑时,老师就会伸出援手;当你心中有个结解不开时,老师就会小心翼翼地帮助你解开。总之,"共创课"让我收获了无数知识。"共创课"给了我无穷的信心和力量，让我有充足的胆量去面对老天给我出的难题，让我学会怜悯和爱护他人，更让我增加了对自己的认识和对未来的希望。它也让我改掉了不好的习惯，促进了我与同学、老师和家人的沟通和交流，使我反省生命，增强分辨是非的能力，能在问题面前做出正确的判断。

总之，"共创课"带给我无限的欢乐。同时，我也要感谢抽出时间来做课件的老师，也为自己的良好表现鼓掌！（8年级学生）

## 案例 16

在每周繁重的学习中，"共创课"常常能帮我们卸下部分重担，并带来不少的放松与欢乐，我们紧绷的精神总算有了片刻的歇息。

每当与可爱的组员们围成一圈互相交流时，我仿佛回到了幼儿园，回到了小学，回到了与大家在一起毫无顾忌、畅所欲言的日子，不一样的只是课程内容有了深意。我发现了团结的力量是如此伟大，它将每个性格不一样的人联系到了一起。

此外，我十分佩服我们的老师，她不仅是我们的班主任，还教我们数学。在如此辛苦的情况下，她仍把"共创课"教得如此完美！她在台上侃侃而谈，坐在下面的同学们在心中暗暗赞叹着，也在悄悄学习着，渴望日后也能像老师一样优秀。

感谢我的老师与同学们，感谢"共创课"带给我的思考和欢笑！（8年级学生）

## 案例 17

这门课程帮助我反省生命，加强了我的自信，提升了我与他人相处的能力，鼓励我与老师、同学及家人进行联系。老师关心同学，我在老师身上感受到了春天般的温暖！老师也鼓励我们去参加活动，以此促进同学之间的友好交流。这门课让我明白了要与他人和谐相处，让我更有责任感，有了明辨是非的能力，懂得如何控制情绪、如何确立学习目标、如何实现目标。通过这门课程，我增强了对生命的敬畏，明白了如何去实现自己的价值，同时也增强了对抗逆境的能力，获得了全面的成长。我对课程十分满意，老师的教学也十分有趣，这使我对课程更有兴趣。老师讲课认真仔细，幽默风趣。这个课程也十分有益于身心健康，在学习之余能缓解我们的疲劳，使我们开阔眼界。（8 年级学生）

## 案例 18

这是我在初中生涯里最后一次写"共创"日记了，因为进入初三就没有"共创课"了。我真的很喜欢上"共创课"，老师待我们也很好。我原本以为一个星期一节的"共创课"在这两年会过得很漫长，我们也会一直这么开心。可是岁月不饶人，时光飞逝，转眼就到了要说再见的时候了。回想起这两年，我真的学到了很多东西。

XXX 老师讲课很认真，非常关心我们，她教给我们的知识对我们的成长有很大的帮助。她教会了我如何去珍惜时间，"一寸光阴一寸金，寸金难买寸光阴"说的是人不仅要珍惜学习的时间，更要珍惜和重要的人在一起的时间；她教会了我怎样对待真心朋友，其实真心朋友不多，只要你对别人付出真心，别人就会感受到你的真心，便会对你热情。

再想想，两年都过得如此之快。在这两年里，XXX老师陪伴我们成长，教导我们，给我们带来了欢乐。马上就上初三了，就要分开了，我们再也不能上"共创课"了。XXX老师真的很好，我很喜欢她，就这样要说再见了。老师，感谢您在我的初中时期给我的成长带来欢声笑语，能遇见您这样的老师我真的很幸运，谢谢您让我的青春充满了回忆，如果能再有一次初二该多好啊。（8年级学生）

## 案例19

我们上过那么多节"共创课"，发现每一节课的教学活动都安排得很有条理，课程内容设计得很好。课程中的学习经验，提高了我对其他课程的兴趣。我对课程的整体评价很高，整体而言，我很喜欢这个课程。

老师对课程内容掌握充分，教学能力很好，专业态度很好，也很关心学生。总而言之，这门课程对我的帮助很大。

这个课程，鼓励我增强与老师、同学及家人的联系，提升我与他人相处的能力，加强我的分析能力，提升我分辨是非的能力，增强我的自信，促使我整体成长，等等。

我们的成长离不开"共创课"和老师的培养。总的来说，我很喜欢上"共创课"。（7年级学生）

## 案例 20

两学期的"共创课"学习，提高了我与他人相处的能力，增强了我面对逆境的能力，鼓励我加强与老师、同学和家人的联系。课程也加强了我的分析能力，使我对自己有了深刻的认识，促进了我的整体成长。通过参加关怀社区的活动，我懂得了反省生命，提高了抗拒不良影响的能力，增强了表达能力、分辨是非的能力、做出明智抉择的能力和自信心。"共创课"培养了我奉献社会的责任感，帮助我更加积极地面对未来。在本学期的"共创"课程中，我积极参加课堂活动。在课堂上，同学之间有很多交流，老师的教学活动安排得很有条理。总的来说，我很喜欢这个课程。（8年级学生）

## 案例 21

进入田家炳中学的第一个学年，除了这所学校的大操场之外，让我感觉奇特的就是"共创成长路"这门课程。刚开始我以为这门课跟音乐课一样，玩一玩就可以了，其实并不是这样的。这门课程让我觉着挺不错的，这门课程是田家炳中学所独有的。在"共创课"上，我们可以自由分享观点，那种无忧无虑是我所向往的。上这门课时，我感觉到老师是受过专业训练的，他们一个个出奇地有耐心，非常友善地跟我们讲话，还总说："我们是师生，更是好友。"同学们遇到难题能够随时向老师请教，老师都耐心地开导他们。课上会有各种各样的活动以及很多游戏，气氛其乐融融。总的来说，我比较喜爱这门课，希望我们能一起共创成长之路。（8年级学生）

### 案例 22

这个课程对我有很大的帮助。老师很慈祥，很好相处，我们和老师相处得很融洽。以下是我对"共创课"的感受：课程目标很明确，内容设计得很好，活动安排得井井有条，同学们也配合得很好，课堂气氛很活跃。在课堂上，大家都积极地回答问题，在课余时间同学们也多有交流。在这良好的学习环境中，我怎么能不好好学习呢？这门课程会让我获得鼓励，使我受益匪浅，这也是我们学校独有的课程，我很珍惜。接下来我来谈谈我们的授课老师。老师对课程内容有充分的把握，准备功夫充足，教学技巧良好又专业，态度很好。老师也很认真仔细，全神贯注地投入，还会时不时地鼓励学生参与课程活动，常常与同学们互动交流。同学们有需要帮助的时候，老师都很乐意提供帮助，对同学们也十分关心。老师的好仅仅用 300 字是写不完的，但是要说打分，我会打 99 分，剩 1 分是怕老师骄傲。老师就像我们的朋友一样。能参与这门课的学习，我万分高兴。（8 年级学生）

### 案例 23

在我们的初中阶段，除了在家，其余的时间我们都在学校里学习，和同伴一起玩耍、学习和成长。我们班最喜欢 XXX 老师上的"共创课"，他很幽默，上课很生动。别的学校都没有，只有我们学校有这样的课。每两周一次的"共创课"，不断教会我们怎样做一个积极的人，改善人与人之间的关系；教我们如何判断是非，鼓励我们积极向上，这帮助我们更积极地面对未来，也促进了我们健康快乐地成长。当然，我们能够这样高兴地上课，少不了XXX老师的设计和安排。每一节"共创课"XXX老师都准备得很充分，他教书二十多年，因此教学技巧也很好，课堂上我们都有很好的交流。"共创课"上，我们在老师的带领下成长，一同明辨世界上的是是非非。上了两年的"共创课"，我们深深地体会到生命存在的意义。有了健康的生命，我们才能更好地去帮助别人。我也懂得了面对挫折不气馁，要积极地接受社会对我们的考验，经过考验，我们才能成功！我们很喜欢"共创课"，它对我们的成长真的很有帮助。（8年级学生）

### 案例24

在我的记忆中，我上过无数的课，包括兴趣班，但我印象最深的还是初二的"共创课"。当我知道物理老师也是我们的"共创"老师时，我无比兴奋，因为XXX老师为人和蔼可亲，平易近人，说着一口塑料普通话。他的全名叫XXX，我平时都叫他XXX老师，在学校里遇到他，我总是大老远就大声喊道："XXX老师，吃饭了没！"XXX老师总会笑眯眯地"哎"一声说："吃了。"我初一的"共创"老师是严厉的，但XXX老师却全然不同，他幽默风趣，我特别喜欢他。他总是在上课前做好充分准备，笑眯眯地鼓励同学们更加自信；他总是给我们起小外号，叫同学小名。可他最近生病了，瘦了很多，前几个星期才返校。他已经五十多岁了，外表却一点也看不出来，他说起年龄的时候，我们都惊讶了一下。他依然高大帅气，可惜初三没有"共创课"，不能再和他一起上课了。我特别希望初三还有"共创课"。我希望"共创课"能更好、更加广泛地开展，希望XXX老师身体健康，天天开心。（8年级学生）

## 案例 25

我第一次上"共创课"是在初一,那时最让我惊讶的是竟然会有"共创课",我心里在想:那会是什么样的课程呢?让我们揭开谜底吧!老师告诉我们这个课程不会让我们感受到压力,并不需要我们过分动脑,而是让我们打开内心的那一道铁门,把它变成通往世界的门。人生中所有的第一次,都会让我们印象深刻。每一门科目都会很有趣,当然"共创课"也不例外,老师会对课程内容有充分的掌握,对同学们的兴趣爱好进行统计。在游戏环节,难免会有同学不情愿去尝试,老师会慢慢地鼓励我们参与,让同学们更加团结。当同学回答错误时,老师会走过去告诉他错在哪里,并轻声细语地说:"没关系,下次努力。"老师微微地笑了笑,我们突然感觉老师比平常温柔了许多。今天是我们初中生活最后一次上"共创课",这么有趣的课程,我们就要与它告别了。(8年级学生)

## 案例 26

光阴似箭,日月如梭,转眼间我们即将步入初三。这两年里,我们上了很多节"共创课",也获得了许多帮助,感受到了很多感动。每一节"共创课",我们都非常高兴,老师讲课也非常生动。因为初二的学习压力变大了,所以能上一节"共创课"令我们感到非常放松,也让我们学到了许多知识。记得初一的第一节"共创课",我们满怀好奇心步入"共创"教室,老师向我们介绍"共创课",从那以后我们就每天期待着"共创课",期待着唯有田家炳中学才拥有的"共创课"。在"共创课"上,同学们互相讨论、互相学习，老师也十分投入。"共创课"帮助我反省生命，提升了我分辨是非的能力，提高了我做出明智选择的能力，促进了我的全面发展。也许初三就没有"共创课"了，我们即将全身心投入学习中，想想也是挺害怕的。回忆起我们在"共创课"上的点点滴滴，心中不禁有一丝惋惜。两年的时间过得真快，我们初三可能就要分班了，但在"共创课"上的经历会永远铭记在我的记忆当中。亲爱的"共创"老师，也是我们和蔼的班主任，谢谢您对我们的教导，您就像我们的亲人和朋友一样，我们舍不得您离开我们，我们希望您永远是我们的班主任。老师，您一定要注意身体，我们永远都是您的学生。希望初三我们不分班，您还是我们的班主任，毕竟我们已经相处了这么久，已经建立了深厚的感情。（8年级学生）

## 案例 27

"共创成长路"课程为我们提供了一个交流的好环境。在这里，我们抛开了以往的顾虑，积极主动地融入课堂中，和老师分享一些我们的看法，还在与老师交流的过程中学到了一些启发性的道理。我认为学校开设"共创成长路"课程对于我们学生来说还是非常有帮助的。首先，课堂氛围很好，这是我非常喜欢的一点，大家都会很主动地参与讨论，这是难能可贵的。其次，老师上课时的语言非常生动形象，有时也会用当下流行的段子和我们交流，将课堂气氛推向高潮。当然，老师也是非常负责的，欢笑过后也会给我们讲授一些人生哲理，让我们得到启示和收获。总而言之，"共创成长路"课程让我们收获颇多。（10年级学生）

## 案例 28

我读初一时就开始上"共创课",我们的"共创"课程安排在星期一,当我第一次见到 XXX 老师上课的时候就感觉到了"共创课"的乐趣。所以,从第一天开始我就喜欢"共创课"了。在课上,我记得有一次老师好像一边开玩笑一边讲课,这让我体会到老师的不容易,老师讲课时的责任感值得我们全班学习。还记得有一次,老师在讲到我们的祖国的时候,我看到了老师严肃的神情;老师播放《战狼Ⅱ》的时候,我感觉我们的国家和民族强大起来了。

我们的班主任把这门课安排得很好。(7年级学生)

## 案例 29

其实没有什么可说的,我们上"共创课"是为了锻炼自己的思考能力,而不是为了玩游戏。我希望初二还能上"共创课","共创课"让我们的能力继续得到锻炼。"共创"老师性格也好,不会打骂学生。我觉得上"共创课"很有意义,上"共创课"时纪律十分严明,这对我们也有好处。以前上"共创课"时我们总是吵闹,但是随着时间的推移,大家变得严肃认真起来。不管怎样,我还是喜欢上了"共创课",这是我对"共创课"的真情实感。"共创"老师极好,性格也好,但有时候我们不听话她就会变得很严格。我们十分喜欢她。上完这学期的"共创课"后,我觉得自己学得还不够,如果初二还有这门课,我一定会认认真真地听讲。(7年级学生)

## 案例 30

从"共创成长路"这门课程中,我学到了许多东西。老师给我们列举了许多例子,我们也表演了许多话剧。"共创课"不仅有趣、令人喜爱,还让我们学到了许多有用的东西。我们学会了尊重他人,与他人友好相处,认识自己并改正缺点,也意识到每个人都是独一无二的。正是因为有"共创课",我的青春之树才茂盛地生长着,我才没有走上歪路。在这里,我也想感谢"共创课"的老师,正是您的认真和严谨,才让我们得到了这些宝贵的精神财富。我希望"共创课"能一直开设下去。学生不仅要学习知识,还要学会如何为人处世,而这些正是"共创课"教给我们的。(7年级学生)

## 案例 31

我从"共创课"中学到了很多,我学会了如何处理情绪,我的分析能力得到增强,我应对逆境的能力得到提高。"共创课"上老师会用游戏把我们带入课堂情境,我觉得这样非常好,有些老师只会对着没有感情的书本来教我们怎么去做、怎么去学,我不是很喜欢这类老师。而在我们的"共创课"上,老师会让我们上台表演,演完后会让我们谈谈感想,让我们去感受书中人物的情感。"共创"老师有时也会鼓励我们发言,如果我们不想发言,老师也不会过于勉强。在"共创课"上,我们都很自信,老师会给我们一种亲切的感觉,在我们有需要时,老师会非常热心地提供帮助,老师会与我们有很多方面的交流。总的来说,这门课程是很好的。(7年级学生)

### 案例 32

我在课堂上的经历让我增长了知识,我很喜欢"共创"课堂上活跃的气氛,我也懂得了许多道理,我懂得了要为他人着想。这门课让我成长了许多。我的感受是课堂气氛整体较好,老师会问我们的看法,给我们提供一些意见,也会让我们玩游戏。这门课让我感到轻松和快乐,但有时候课堂环境也不是很安静,有时同学们很吵闹,所以总会耽误时间。老师上的每节课我都有兴趣去学习,老师本人也很好,总是教我们解决家庭情感问题、师生问题和同学相处的问题。老师也总会表扬我们,鼓励我们积极发言。所以,我很喜欢这门课。总的来说,我认为这门"共创课"是让我成长的课。(7年级学生)

### 案例 33

上了"共创课"之后,我认识了关爱我们的老师,老师上课时,脸上都挂着微笑,我们大家都积极参与课堂。我觉得这个课程加强了我们与家长、同学的感情,让我们可以在社会上努力成为一个有用的人,让我们的身心得到良好的发展。每次上课,我们大家都带着微笑和老师一起上课,努力积极配合,每次上课都很开心。我的感受是"共创课"是一个好课程,应该把它推广到小学。这门课程让我们都很开心,也让我们学到了不少知识。我最爱的老师,我非常感谢她。这就是我的感想。(8年级学生)

## 案例 34

"共创课",我从初一开始上到了初二。

每次上"共创课"都让我受益匪浅,它增强了我面对逆境的能力,锻炼了我与他人相处的能力,提升了我分辨是非的能力,增强了我奉献社会的责任感,加深了我对自己的认识,提高了我做出明智抉择的能力,提高了我抗拒不良影响的能力。

通过这个课程,我受到鼓励去做到最好。课程中的学习经历,增强了我对其他课程的兴趣。

上这一门课程,老师有充分的备课经验,我很幸运能参与其中。爱因斯坦曾说:"绝不要把你们的学习看成是任务,而要把它看成是一个令人羡慕的机会。"我很珍惜这次机会。我曾有过许多困惑,也迷茫过。XXX 老师,您就像是我前进道路上的灯塔,在我迷茫时为我指引方向。也许这是我在初中阶段最后一次上"共创课",但没关系,之前上的每节课的回忆都存在我心中,我会铭记于心。那些照片、游戏、视频、人生道理……将会永远,永远留在我的心间。

谢谢您,XXX 老师,我很荣幸能有这个机会。(8 年级学生)

## 案例 35

今天,我们迎来了最后一节"共创课",这也就意味着我们以后再也无法体验那神圣的课堂了,对此我感到无比伤心。想到即将与我亲爱的朋友——"共创课"分离,我很伤心,但这又是无法避免的。我要在这里感谢老师和同学陪伴我走过一个漫长又寂寞的学期,尽管我很少发言,但这一份真诚的友谊,我一定会无比珍惜,把它永远放在心中。在"共创课"上,虽然我沉默少言,不重视课堂内容,但我一直把它放在心里。在"共创课"上,老师讲的故事和人生哲理都十分重要,我认为这将会决定我一生的幸福。再见!"共创课",你永远是我们的朋友!(8年级学生)

## 案例36

我个人认为"共创课"对每个人都非常有意义,"共创课"使我成长,使我快乐,使我收获了许多。我上"共创课"差不多两年了,每次上"共创课"都特别激动,不是为了一时好玩,而是为了提高自己的各项能力。共创课堂上,我们被分成小组,组长要看自己的组员有没有到齐,然后才开始上课。老师设计的课程目标很清楚,内容设计得也很好,教学活动安排得很有条理,课堂气氛很好,同学和老师也进行了深度沟通,只要同学有需要,老师也很乐意提供帮助。这就是我极喜欢"共创课"的原因:老师会关心每一位同学,老师的专业水平和态度也很好。我特别尊敬老师们,因为是老师帮助了我,使我的各项能力得到提升。"共创成长路"课程,就是帮助学生、让学生快乐成长的课程。我觉得"共创课"是必不可少的课程,它关注青少年的正面成长。(8年级学生)

## 案例37

"共创课"让我受益匪浅,让我重新认识自己,改变对他人的评价,让我知道了外面世界的一些事情，让我不再向困难低头。自从上了"共创课"，我慢慢地发现共创课的作用。"共创课"可以让我们学会与他人相处，消除人与人之间的隔阂。上"共创课"让我感到特别开心，无论有什么困难，老师都会尽她所能去帮助学生。老师很善于与他人交谈，上课时会鼓励同学们积极发言，所以我们不用害怕，要大胆一些，就算说错了，老师都会说没关系。老师常说："你们是一个集体，要团结，你们聚在一起很不容易，相聚就是缘分。"

课堂上，老师会很认真地去讲课，准备活动也很用心，也会讲笑话来活跃气氛。如果谁做错了事情，老师也会耐心指导，告诉同学这么做是错误的，下次要改正。以后我们就没有"共创课"了，我有点难过。"共创课"真是令人难以忘怀。（8年级学生）

## 案例38

我最喜欢的课是"共创课"，每节"共创课"都是我的天堂。在一年的"共创课"学习中，所有人都有收获，当然我也不例外。在一节"共创课"中，我们学到了"谦让"，对于这个问题，同学们都有奇思妙想，勇于举手，每一个人都在享受这个时光，大家都非常开心。就算说错了或者犯了什么错误，老师也只是委婉地教育他。在同学们的眼中，"共创"老师很温柔。所有的人都非常喜欢"共创"老师，所有人都认真听讲。每一次"共创课"，我们都会收获很多知识。课上，老师常常设计小游戏，或者让其他同学表演一个故事，所有的同学都积极进取，想获得老师的表扬。如果我们想问老师问题，老师就会把知道的全部告诉我们。老师从来没有发过火，在课堂上只听到欢乐的声音。生活中的小草不经历风雨是长不大的,成长过程中也有雨露滋润着我们,"共创课"就是滋润我们的甘露。我爱"共创课"。(7年级学生)

## 参考文献

BUNDICK M J, TIRRI K, 2014. Student perceptions of teacher support and competencies for fostering youth purpose and positive youth development: perspectives from two countries[J]. Applied developmental science, 18(3): 148-162. DOI:10.1080/10888691.2014.924357.

CHONG W H, LIEM G A D, HUAN V S, et al., 2018. Student perceptions of self-efficacy and teacher support for learning in fostering youth competencies: roles of affective and cognitive engagement[J]. Journal of adolescence, 68: 1-11. DOI:10.1016/j.adolescence.2018.07.002.

DURLAK J A, WEISSBERG R P, DYMNICKI A B, et al., 2011. The impact of enhancing students' social and emotional learning: a meta-analysis of school-based universal interventions[J]. Child development, 82(1): 405-432. DOI:10.1111/j.1467-8624.2010.01564.x.

KOSHY S I, MARIANO J M, 2011. Promoting youth purpose: a review of the literature[J]. New directions for youth development, 132: 13-29. DOI:10.1002/yd.425.

SHEK D T L, 2010. Using students' weekly diaries to evaluate positive youth development programs: are findings based on multiple studies consistent?[J]. Social indicators research, 95(3): 475-487. DOI:10.1007/s11205-009-9532-8.

SHEK D T L, HAN X Y, LEE T Y, et al., 2014. Subjective outcome evaluation of a positive youth development program in China[J]. International journal on disability and human development, 13(2): 275-283. DOI:10.1515/ijdhd-2014-0313.

SHEK D T L, LEE T Y, MA L K, 2018. Subjective outcome evaluation of the Tin Ka Ping P.A.T.H.S. project in China: view of the students[J]. International public health journal, 10(1): 71-79.

SHEK D T L, SUN R C F, 2012a. Participants' evaluation of the project P.A.T.H.S.: are findings based on different datasets consistent?[J]. The scientific world journal, 2012: 187450. DOI:10.1100/2012/187450.

SHEK D T L, SUN R C F, 2012b. Evaluation of the project P.A.T.H.S. based on students' weekly diaries: findings from eight datasets[J]. The scientific world journal, 2012: 354254. DOI:10.1100/2012/354254.

SHEK D T L, ZHU X, LEUNG J T Y, et al., 2019. Evaluation of the project P.A.T.H.S. in China's mainland: findings based on student diaries[J]. Research on social work practice, 29(4): 410-419. DOI:10.1177/1049731517745994.

WARD S, PARKER M, 2013. The voice of youth: atmosphere in positive youth development program[J]. Physical education and sport pedagogy, 18(5): 534-548. DOI:10.1080/17408989.2012.726974.

ZHU X, SHEK D T L, 2021. Subjective outcome evaluation of a positive youth development program in China's mainland[J]. Research on social work practice, 31(3): 285-297. DOI:10.1177/1049731520980802.

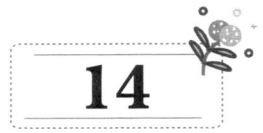

# 14

## 其他积极评价或其他助益

◎石丹理　周靖婕　龚梓仟　彭嘉棋

受积极心理学的影响，青少年研究的焦点已经经历了很大转变，现在的研究方向更强调了解和培养青少年的优势，并致力于寻求促进青少年正面成长（Positive Youth Development，PYD）的方法。另外，PYD 的方法论不仅仅关注青少年面临的问题和挑战，而且强调青少年的潜力和优势，因此为他们的成长提供了一个更加积极和全面的视角（Shek et al., 2019）。现阶段，已经有许多研究证实了 PYD 项目对参与者的益处，例如，社交技能干预对处于青春期的学生的有效性（Durlak et al., 2011；January et al., 2011）。

"共创成长路"赛马会青少年培育计划（P.A.T.H.S.）是一个基于校本课程的大规模 PYD 项目，它的核心目标是推动青少年的全面发展。该项目最初是由香港赛马会慈善信托基金倡导及提供资助的，并得到了香港五所大学的支持（Shek and Sun, 2013a）。"共创成长路"项目在香港的实施取得了巨大的成功，正值内地迫切需要有效的 PYD 项目之际，"共创成长路"项目在田家炳基金会的资助下引入内地，名为"共创成长路"田家炳青少年正面成长计划（TKP P.A.T.H.S.）（Zhu and Shek, 2021）。该计划致力于帮助青少年发现和发展他们的优势，让他们能够更好地应对生活的挑战，发展他们的潜力，并最终成为积极的、有责任感的社会成员。此外，这个计划覆盖了德智体群美的全面发展，包括道德、智力、体育、社交和审美方面的能力。正如学生在日记中写道："'共创课'培养了我们很多在外界无法学到的能力，包括自我意识、社会意识、自我管理、理性决定，以及关系处理等等。"

计划成效方面，研究人员通过大量的研究，并采用多种评估方法和验证措施，进一步验证了 TKP P.A.T.H.S. 在青少年成长过程中的重要性和价值（Shek et al., 2019）。这些研究结果充分证明了该计划在促进青少年学习能力、提升技能（如社交技能和解决问题的技能）、满足青少年的需求、体现文化特征，以及注重青少年的发展问题（如自我认知和生命意义）等多个方面的显著效果（Shek and Sun, 2013b）。这意味着该计划促进了青少年的全面发展，通过各种课程和活动，青少年可以在道德、智力、体育、社交和审美等多个方面得到提升。这些能力相互促进，使得青少年能够在各方面有所获益，成为一个全面发展的个体。

传统的学校教育往往过于关注学术知识的传授，从而忽视了生活技能和安全知识的教育（Shek et al., 2021）。TKP P.A.T.H.S. 通过提供包含丰富的安全知识与生活技能的课程，弥补了这一空白，其中包括教授青少年如何保护自己，如何应对生活中的各种风险，如网络安全、防止欺凌等。例如，有学生分享自身事例："以前，使用 QQ 上网时，我最难以处理的事就是有陌生人找我聊天、加我 QQ 什么的；在现实生活中，我也最不会处理陌生人的示好、交朋友等，这令我十分困惑。但是现在，我懂得如何去广交朋友而不会误伤自己，这对一直人缘差得可怜的我来说是一种莫大的帮助，感谢'共创成长路'!"此外，计划内容还包括一些实用的生活知识，如健康饮食、良好的卫生习惯等。有学生反馈道："'共创课'源于生活，又高于生活。"学生的反馈表明，这些内容帮助他们养成了良好的习惯，提高了学习效率，也让他们在成长过程中更好地适应社会生活。

此外，TKP P.A.T.H.S. 还强调实践的重要性，通过各种实践活动，让青少年体会到理论知识的应用价值。更重要的是，TKP P.A.T.H.S. 不仅关注青少年的现在，更着眼于他们的未来。该计划还鼓励青少年根据自己的兴趣和才能，明确自己的梦想和目标。例如，学校通过介绍大学的各种专业和培养要求，让青少年了解这些专业的就业前景和发展潜力，帮助青少年了解各种可能的职业方向，进而引导他们建立一个明确的未来蓝图，使他们能够更好地规划自己的生活，实现自己的梦想。研究证实，此类 PYD 项目有效地促进了青少年的职业准备（Mekinda, 2012），帮助他们为竞争日益激烈和不断变化的就业市场做好准备。参与 TKP P.A.T.H.S. 的学生表示："老师认真做好课件，帮助我们驱散心中的雾霭，促使我们心中希望的种子发芽。"

另外，TKP P.A.T.H.S. 通过引入名人榜样，让青少年从榜样的经历中汲取力量，从而激发他们的潜力。所涉及的名人故事不仅揭示了成功需要付出的努力，也展示了多元的生活方式和价值观。以往的研究已经证实，榜样能给青少年发展带来许多积极的影响。例如，研究发现（Yancey et al., 2002），与缺乏榜样的青少年相比，拥有明确榜样的青少年成绩更好，自尊心也更强。此外，榜样的存在可以保护青少年不受消极心理的影响，且能更好地抵抗风险行为（Bryant and Zimmerman, 2003）。例如，有学生反馈道："我给自己的人生定了目标，算是努力的方向吧，我想成为像田老先生一样的人，像他一样在自己的有生之年，力所能及地为社会、为祖国做出最大的贡献，为社会奉献自己。"

大量参与该计划的学生认为，TKP P.A.T.H.S. 为他们提供了一个充满活力和开放性的学习环境。在这样的环境中，青少年可以自由地表达自己的观点，并在积极的氛围中学习。研究表明，由积极的人和正向的机会构成的支持性学习环境，有助于青少年专注于学习的过程中，保持良好的心理健康，从而促进他们积极成长（Gomez and Ang, 2007）。例如，一位学生高度评价道："我很感谢学校让我接触'共创课'，让我体验到了以前从未体验过的快乐——学习的快乐。"另一位学生表示："每周一节的'共创课'，同学们对它都是没有反感的，它使同学们能够在放松的状态下持续成长，最终长成一棵'参天大树'。"另外，还有一位学生写道："上'共创课'的过程中，同学们一直很活跃，发表自己的观点，这一点一直让我受益，可以说正是这份活跃和老师的负责，让我在脑海中有了搭建新高楼的动力。"还有一位学生补充道："在课上，我们可以自由地提出问题和发表自己的想法。此外，'共创课'还能让我们脑洞大开。"

总的来说，TKP P.A.T.H.S. 是一个全面系统的 PYD 项目，它关注的不仅仅是知识的掌握和技能的培养，更着重于帮助青少年全面发展，使他们在成长的过程中，能够全面发展，进而成为社会有用之才。这个计划在青少年全面发展、提升生活技能、增强自我保护意识以及引导他们规划未来等多个方面都取得了显著的效果。

在前文中，我们深入探讨了参与 TKP P.A.T.H.S. 所能带来的诸多好处，这些包括：1. 对社区和社会的积极贡献；2. 提升对学校的适应性、学习能力和学业表现；3. 改善家庭关系和家庭功能；4. 增强人际交往和社交能力；5. 提升认知能力、问题解决能力和行为能力。我们还详细讨论了：1. 道德能力和价值观的培养；2. 乐观主义、韧性和应对压力的能力；3. 情绪管理能力；4. 积极的自我认同、自信、积极的自我形象和自我效能感；5. 对生活的认识；6. 对教师的赞赏。

在本章中，我们选取了一部分参与该计划的学生的日记，以期更深入地展现 TKP P.A.T.H.S. 在其他方面的益处，包括一般益处、获得有用的知识、成为一个健全的人、成长为一个快乐的人，以及丰富学习生活等方面。总体而言，基于三角测量原理，研究结果与既往研究结果一致，即该计划有利于学生的全面发展（Shek and Sun, 2013a; Shek et al., 2022）。

## 案例 1

"共创课"，光听名字我就觉得它很有趣，课程内容就更不用说了，可以用精彩纷呈来形容。

我们班从上学期到现在总共上了几节"共创课"（记不清了），每一节课都会有独特的内容设计，不同的情景带来不同的感受。其中，让我印象最深、我觉得最有趣的体验课就是周三下午的那一节课。

那节"共创课"其实是接着星期一没完成的课程。星期一下午放学前，老师给了我们一张情景表演卡，让我们自由发挥，到下一节"共创课"时上台表演。我们组都拿到了关于"小强"的表演卡。最初，我以为时间还有很多，不是很在意，到了星期三上午，我才想起这回事，我把表演卡拿给了坐在我后面的语文科代表XXX，让她来帮我们写一个临时的小剧本。到了下午上"共创课"时，我们的班主任XXX老师见我们都没准备好，就给我们五分钟时间商量，我们组又准备了一些道具。好了，该轮到我们表演了，我们七个人，各司其职，每个人都用好的状态来表演，但是出现了几个小问题。比如说，扮演老板娘的XXX念台词时会忍不住笑场；扮演同学丁的XXX，剧本要求其对"小强"的语气从请求逐渐转变为理所当然，而XXX并没有用理所当然的语气，而是用了命令的语气。这些都是我所发现的小问题。虽然说细节决定成败，但我们表演时依然很开心。表演完后，XXX老师还特地表扬了我们组，说我们组细心，准备了许多小道具，还写了剧本，真的非常好。得到老师的表扬，我们心里更加开心了。但XXX说："老师，我们都没排练，如果练了的话，会比现在更好。"我听后点点头，问老师："100分打几分？"XXX老师说："80分吧，还有20分是表演过程中出现的小问题，改改就好了。"最后，我们组得了最佳表演奖，而XXX还得了最佳编剧奖。哈哈，我们第二组成了最大的赢家！

通过这次"共创课"，我学到了许多与以往不同的东西，如果下次还有表演的机会，我还会选择上台表演，我还想获得更多的掌声！（7年级学生）

## 案例2

学校组织我们上"共创课"。"共创课"的目标明确、内容丰富、主题颇有深度，课堂上气氛活跃，同学们相互交流，老师也鼓励我们。

上课的老师已经将课程内容烂熟于心，态度积极，表现投入，关心学生。在"我值得赞赏"那一课中，我学到了要懂得发现自己身上的优点，要以良好的心态面对生活。

在"网上情缘"这一节课，我学到了网上交友要谨慎，要交益友，勿交损友；同时，约见网友时也要注意分寸，以委婉的方式回绝对方，避免纷争。

在"谅解父母心"那一课，我懂得了天下父母心是最无私的，为了孩子，父母可以不顾一切。父母对我们严格是为了我们好，所以我们要多多体谅父母，毕竟这也是他们爱我们的表现。

在"性格的力量"那一课，我学到了性格也许可以改变人的一切，良好的性格会让人得到许多友谊，因此，培养良好的性格十分重要；不好的性格只会让人遭到众人的冷眼，失去友谊，容易破坏人与人之间的关系。所以我们要从小培养良好的性格，从而赢得友谊。

在"情绪的管理"那一课，我学到了要合理地释放自己的负面情绪，比如转移注意力和自我暗示等；面对压力时，不要过于消极，否则只会日渐消沉，失去生活的动力；心情好时，也不要过度兴奋，否则可能会乐极生悲。

"共创课"让我明白了许多，我希望这门课程能长久地开设下去，让我们更加健康地成长！（7年级学生）

## 案例3

通过老师和社工为我们上的"共创课"，我们明白了青少年健康成长的方式对于我们长大后步入社会有着重要的作用。在"共创课"中，我学会了自尊、自爱、自信，能更加体会到父母的心意，学会改变性格，管理好自己的情绪。

当我们第一次听说有"共创课"时，我们抱着一种好奇又怀疑的态度。当老师给我们上了人生的第一节"共创课"时，我才恍然大悟，了解到这门课将对我们的成长有很大的影响。我渐渐喜欢上了"共创课"，每一节课都会让我的心灵得到洗涤。我为"共创课"专门写了一首诗：

"共创路"上有你，我会更加开心。

心灵受到洗涤，我们快乐无比。

当上课铃声响起，

我们知道"共创课"又要开始了。

这为我们指明了前进的道路，

这使我们健康成长。

一学期就要过去了，

不知能否再次遇见你。

让"共创课"再一次，

再一次启迪我们的心灵。

"共创课"，回来吧，我们需要你！

We need you！

我真诚地希望"共创课"能越办越好，越来越红火，让全世界都能感受到"共创"的力量。加油！（7年级学生）

## 案例4

通过"共创成长路"课程，我提升了自我觉察能力。这个课程还是蛮有意义的，它教会了我们很多东西，如做人、学习、礼貌等等，这些东西都会帮助我们以后更好地走向社会，参加工作以及待人处世。以前我们还不知道"共创课"是什么，上了几节课后才了解到，这门课在所有课中是最新颖的，同时也是最具意义的。我希望"共创课"能永远这样延续下去，让我们学会生活中的点点滴滴，相信这些知识能帮助我们成长，能帮助我们走向社会。

（7年级学生）

**案例5**

"共创课"是一门新开设的课程，讲的是一些生活经验。在还没上"共创课"之前，我有许多缺点，比如我只要有点不满，就会说对方的不是，从而和对方产生矛盾。但是，自从在"共创课"中学习了如何管理情绪，我学会了冷静思考，学到找出矛盾的突破口来化解矛盾。就这样，我的脾气越来越好了。以前我总是对一些职业的不足之处加以批评，但知道了各类职业的重要性后，我开始理解各种职业。以前我的体质非常差，上"共创课"后，我认识到了健康的重要性，我爱上了运动，体质也逐渐增强了。"共创课"对我的帮助很大！（7年级学生）

**案例6**

我觉得"共创课"是一门很好的课程，它有助于我的全面发展，促进身心健康，帮助我开阔视野。在"共创课"中，我学到了许多东西，比如如何防身、如何向别人道歉、怎样与网友交友等。"共创课"让我受益匪浅。

所以，我非常喜欢上"共创课"，而且老师对课程内容有充分的把握，教学技巧很好，十分专业，态度也很好，这也是我喜欢"共创课"的原因之一。

其中，有一节"共创课"对我影响很大，老师教导我们应该怎样在网上交友，不然的话我现在还不知道怎么保护自己。

我非常喜欢"共创课"。（7年级学生）

### 案例 7

在"共创课"上,我学到了要乐于帮助他人、互相团结、尊重他人、关爱老师。我个人觉得"共创"这两个字的意思是要一起创造、共同实现目标。

我积极参与"共创课",因为它能够改变人的思维。

课程中获得的学习经验增加了我对其他课程的兴趣,我被鼓励做到最好,也获得了与同学深入交流的机会。

老师也很关爱我们。总体而言,我很喜欢这门课程。(7年级学生)

### 案例 8

还没有上"共创课"的时候,我认为"共创课"和班会或政治课是一样的,可是当我上了"共创课"后,我才发现它们是完全不一样的,班会和政治课也教给我们许多道理,但是没有"共创课"那么好。

"共创课"里教的许多内容,老师都会跟我们深入探讨,老师还会让我们写一些关于这节课的认识和见解,这就是"共创课"和班会或政治课的不同之处。

"共创课"的内容和班会、政治课的内容并不一样,"共创课"中提出的问题是与现实生活息息相关的。

所以,我觉得"共创课"与班会以及政治课是不同的。(7年级学生)

## 案例 9

记得刚上"共创课"的时候,我非常好奇,我就一直听着老师在那讲各种事情,我感觉"共创课"也挺有意思的,每次上课都听得很认真。

那一次"共创课"的主题是"交友有风险"。我们听得可认真了,老师讲了一些有关的小故事给我们听,之后我就觉得"共创课"简直太有趣了,这门课程还让我懂得了这些小常识,让我受益匪浅。

这是我第一次接触"共创成长路"这门课程,我觉得它很新颖、有趣。(7年级学生)

## 案例 10

第一次上"共创课"的时候,我有点迷茫,不知道"共创课"是什么。一走进教室,我们就看到许许多多非常美丽的照片。老师叫我们给自己的小组取个名字,我们思来想去,想了很久才想到。

上第二节课的时候,我们渐渐学到了许多知识,老师教会我们哪些事该做,哪些事不该做,比如在网上交友或者在跟别人玩的时候,首先要看看他们有没有别的坏思想,如果有就帮助他们改正,如果改正不了就要与他们断绝朋友关系。

之后,我们渐渐熟悉了这门课程,学到了许多知识,我爱这个"共创"课程。(7年级学生)

### 案例 11

我是一名转学生，以前的学校没有"共创课"，所以我只学了半年的"共创课"，可就是这半年的课程，令我大开眼界。我发现"共创课"是一门让我们更团结、更有礼貌以及避免犯错的课。

比如，"网上情缘"这堂课告诉我，不要轻易与网上的陌生人见面，顶多跟对方在网上谈话，如果你知道对方是谁，或许就可以更亲近一些。

还有一堂课教会我们怎样跟对方道歉：道歉必须诚心诚意，不要开玩笑；还要和对方多多交流，争取继续和对方做朋友。（7年级学生）

### 案例 12

有一次"共创课"的主题是"网上情缘"，我觉得这个主题挺有趣的，因为上网是每个人都熟悉的，虽然家长极力反对同学们上网，说网上的东西全是假的，但是我觉得网上的东西有的是真，有的是假，我在网上也交了不少好朋友，有些还见过面。果然，通过这堂"共创课"，我发现老师和我的想法一致：虽然网上可以交友，但还是要小心，因为一不小心就会上当。

网络方便了我们的生活，它可以让人们增长智慧，也能使人扩展生活知识，但网络也是双刃剑，一不小心就会划伤自己，所以上网还是要谨慎一点，以免给自己添麻烦。（7年级学生）

### 案例 13

"共创成长路"这门课，让我颇有感触。"共创课"中的内容在生活中很受用，可以帮助我们解决一些问题。

我印象最深的一节课是"网上情缘"。一些人贩子，通过网络上的虚假交往坑蒙拐骗，从而拐卖人口。我们不应该随意接受网络好友的邀请，出去与朋友见面，也应该多加防范。

"共创成长路"这门课，让我们了解到了一些真实的案例，让我们不再轻易上当受骗。我认为每周可以多加一节"共创课"。（7年级学生）

### 案例 14

我在"共创"课堂上学到了很多。刚开始的时候，我觉得没有什么，不就是教一些道理嘛。我想得很简单，在课堂上我也一直在玩，却没有从另一个角度想问题。直到我听到别人问："我们到这个世界上，为什么要做这些？目的又是什么？"带着这些问题，我去感悟人生的意义，于是我慢慢地投入了进来，"共创课"激发了我探索的好奇心与兴趣。

在课上，老师与我们互动，让我们感受到家一般的温暖。几个同学围坐在一张圆桌旁，一起思考着问题，共同动手制作，像蚂蚁一样齐心协力搬运着食物，让我明白了"团结就是力量"。我们还与老师做了好玩的游戏，了解了许多不知道的知识。渐渐地，我已经有点喜欢上"共创课"了。

共同创造未来，在未来的路上，我们一步步成长。（7年级学生）

## 案例 15

六年级升入初一后,我的认知也大大提升了,我的空间想象力提升得也非常快,特别是在"共创"课程中,我和同学们还有老师一起探讨一些安全方面和青春期方面的问题,令我印象深刻。在那节课上,我们了解到一些事情的本质,接着会思考它们存在的意义。

在"阅读×××"那一课中,我们看到了当地的许多古迹和景点,让我印象最深刻的是胜利碑。(7年级学生)

## 案例 16

初中阶段有一门让我觉得挺有趣的课程,它就是"共创课"。"共创课"需要同学之间互相交流、思考,这对我们来说是非常有益的。

"共创课"中令我记忆深刻的是,老师通过事例来提醒我们,同时让我们思考问题。记得有一次,我们课堂的主题是"网上交友需谨慎"。老师在PPT上展示的一个事例是,一名女生因为没有好朋友而在网上交友,后来,她见了那位素未谋面的网友。老师让我们思考:那个女孩与网友见面时应该怎么做。我认为那个女孩应该与网友在人多的地方见面,不要带过多的财物,以及要提前告知家人并与家人保持联系。

我从这堂课中明白了无论是与网友见面还是在网上交往,都不要轻易相信陌生人。(7年级学生)

### 案例 17

不得不说,我在"共创课"中获得最多的不是知识,而是快乐。每次讨论起这个话题时,那些平时不怎么说话的同学也纷纷加入讨论。"共创课"一周只有一节,这是比体育课和音乐课更受欢迎的课程。新颖的课程对于我们现阶段来说是不错的体验,不过路也是有尽头的,是时候迈向新的方向了。也许在这个过程中有些人会回头望望,想起那活跃的上课气氛、那份放松的心情。或许我们已经忘掉老师的名字、课堂的内容,但谁也不会忘掉这门课。也许我们可以在课外学习,不过依旧找不回过去的青春。时候到了,也该走了,渐渐地一切都会逝去,与其抱怨,不如珍惜那最后一声"上课"和"下课"。(8年级学生)

### 案例 18

"共创课"源于生活,又高于生活。"共创课"的内容丰富多彩,不仅包含生活中的一件件小事,也包含天地间的真理,它就似一杯清香的苦茶,值得细细品味,让长期高速运转的灵魂得到放松,它也如同行车途中的美景。"共创课"可以让一件枯燥的事变得迷人,可谓是学习途中的驿站。(10年级学生)

### 案例 19

好似心灵在沉睡,竟勾不起一丝波澜。渐渐地,身体像花儿绽放般轻松自然,又似白云一样,放松、柔软又舒服,像这样从头到肩、到脚渐渐延伸到身体的每一个部分,想象着在沙滩上望向湛蓝的大海……这是我第一次上"放松心态"这一节"共创课"时的感受,我竟感受到了它的神奇之处,在这短短的40分钟里,似乎每一分钟都很漫长。这40分钟是完全属于我的,在这个时间段里,我短暂地离开了那恨不得将时间掰成两半用的快节奏生活。在我的世界中,我又回到了白墙黑瓦的雨巷,那儿有光滑的石板路、摇曳在水中的荇草。感谢这一门课,让我的高三生活更有色彩,让我体会到学习之外的奇妙。(12年级学生)

 **案例20**

"共创课"对我来说真的很不错,在每天繁重的学习中,它不仅让我们放松了心情,还使我们学到了很多知识。我印象最深的是我们一起制作海报。那时,老师一直鼓励我们上台讲解设计理念。每次有人问我最喜欢什么课时,我都会非常自豪地说:"共创课!"他们的学校都没有开设这样的课程,我很骄傲,因为现在并不是所有的好东西都是别人的。

如果"共创课"可以陪我到最后,那真是有说不尽的开心。

"共创课"伴我学习,伴我成长。"共创课"是每周五下午上课,每次上完前一节课后,我们就会带着笔飞速地去找"共创"老师。(7年级学生)

 **案例21**

我,

来到了成长的课堂,

一切都让我新奇，

这儿没有苦笑，

这儿只有快乐。

我，

来到了成长的课堂，

一切都如此可爱，

老师爱护我们，

一切是如此可爱。

我，

来到了成长的课堂，

看到一张张可爱的笑脸，

我如一只小鸟，

翱翔在成长的天空中。

我又如一条小鱼，

遨游在成长的海洋。

一切都是如此，

如此新奇，如此美丽。

如果，

将成长比作一棵大树，

那么，

我就是上面的嫩叶，

我深深地爱着她。

此刻，我也许只能如此，

如此写出我的，

我的，

心声。(7年级学生)

### 案例22

我收获了友谊和快乐，学会了控制自己情绪的方法以及为人处世的技巧，还有与家人和睦相处的方式。同时，我也增强了学习的动力。在课上，我们可以自由地提出问题和发表自己的想法。此外，"共创课"还能让我们脑洞大开。

这个学期的"共创课"对我有很大的帮助，我一开始十分沉迷网络，经常熬夜看手机。通过"共创课"我认识到了沉迷网络的危害，不再熬夜看手机，早睡早起，不再沉迷网络。"共创课"让我受益很大。

有一段时间我的情绪很低落，成绩下滑，看着别人获得高分我十分难受，我现在将以良好的心态去迎接下一次考试。(8年级学生)

### 案例23

所有的课程中我最喜欢的就是"共创课"，它教会了我很多我以前想都没想过的事。上了两年的"共创课"，今天要告一段落了，它教会了我如何管理好自己的情绪、合理地宣泄情绪、尊重别人、宽容体谅他人。以前我不爱思考，但上"共创课"时，我看到同学们都在积极思考，举手回答问题，我也试着和他们一起思考问题，我觉得我变得更聪明了。我长大了，我知道怎样管好自己、孝敬父母了；我主动与别人交流讨论问题，比以前更开朗了。总之，我长大了。我很感谢学校让我接触"共创课"，让我体验到了以前从未体验过的快乐——学习的快乐。如果可以的话，我不希望这是最后一节"共创课"，我觉得"共创课"很适合像我这样不爱说话的内向学生，总之，我喜欢"共创课"。（8年级学生）

### 案例24

两年四个学期，总体而言，"共创课"对我是很有帮助的。记得当初刚入学时，新增的科目有很多，但我想，对于所有同学而言，"共创课"应该是最新奇的一门。在这里，我们得到了更多的交流，虽然"共创课"并不属于正课，但却给我们更大的收获。每周一节的"共创课"，同学们对它都是没有反感的，它使同学们能够在放松的状态下持续成长，最终长成一棵"参天大树"。每周的"共创课"，总有几位同学会说出几句令全班哄堂大笑的话，想必"共创课"带给同学们的欢乐是最多的吧。两年时光，说长也不长，说短也不短，现在最后一节"共创课"也完成了它的使命。

总之，感谢"共创课"两年的陪伴。（8年级学生）

### 案例25

"共创课"，与其说是一门课程，倒不如说是一段老师与同学、同学之间的心灵交流之旅。因为，"共创课"所教的内容并没有语文中的古文那么深奥，也没有数学公式那般难懂，更没有英语单词那样需要记忆，也不是像地理、生物、历史、政治那样需要过多思考。是的，它是常识性的，也是实用性的。它比音乐的演奏、数学的计算、语文的表达来得更直接，它教给我们的是人在成长过程中不可或缺的东西。是的，它是有用的，它同时也是让人快乐的。在初中的学习生活中，我们的学习压力也许并不大，但在忙碌之中有这样一次交流、一次喜悦，又何尝不是一件美好的事呢？是的，它是与其他学科不同的。总之，它是有用的，如一支能画出优美画卷的画笔；它是必备的，如一双能行万里路的长靴；它是快乐的，如同在一片黑暗中给你一缕阳光。感谢有这门课陪伴我初一的生活！（7年级学生）

## 案例26

"共创课"是一门使我受益很多的课程。虽然每周只有一节40分钟的课，但不可否认，其中有很多实用的知识。上了一学期的"共创课"，后来又听了石丹理教授的精彩演讲，我总结出了这段时间的收获：这门课程促进了青少年的正面发展，帮助我们与健康成年人和良师益友建立了友谊，教会了我们如何做出明智的抉择，增强了青少年的自我效能感和抗逆能力，让我们对未来抱有积极的信念，引导我们明确建立身份认同。这门课程还培养了我们关怀他人、同情他人的品质，促使我们积极地奉献社会。课堂上，老师和我们有很多有趣而富有深度的互动，让我们从中明白更深层的意义。我们在课堂上有不懂的地方，老师也愿意耐心解答，让我们既体验到了学习的快乐，又明白了其中的道理。（7年级学生）

## 案例 27

参加了"共创课"后,我的内心受到了巨大的洗礼。国内青少年最重要的三个特质是美好、上进、勤奋。美好的心灵、上进的态度和勤奋的精神,是青少年必须具备的。"共创课"帮助青少年去拥有这三个特质,它为青少年铺出了"成长路"!"共创课"告诉我们:通过学习可以改变命运,无论遇到多大的挫折,只要你坚持,只要你努力,每个人都会成功,每个人都会有属于自己的光彩,能够化蛹成蝶!"共创课"培养了我们很多在外界无法学到的能力,包括自我意识、社会意识、自我管理、理性决定,以及关系处理等等。"共创成长路",共创美好未来!(7年级学生)

## 案例 28

当我拿到小品台词单时,我告诉自己要努力将它演好。当演出成功后,我开心和激动的心情久久不能平复。

以后面对成长道路上的诸多困惑时,我明白了如何应对。

我会在以后的"共创"课程中保持现在的状态。

以前,使用QQ上网时,我最难以处理的事就是有陌生人找我聊天、加我QQ什么的;在现实生活中,我也最不会处理陌生人的示好、交朋友等,这令我十分困惑。但是现在,我懂得如何去广交朋友而不会误伤自己,这对一直人缘差得可怜的我来说是一种莫大的帮助,感谢"共创成长路"!(7年级学生)

## 案例 29

"共创课"教会了我很多东西,让我成长了很多,其中令我感受最深的是教会了我们怎样道歉。

上课前,老师放了一首歌帮助我们放松。课堂上,老师非常热情,同学们也十分积极地回应。上课过程中,老师让我们回答问题,举手的同学很多,我也举了手。尽管老师没让我回答问题,但我依然兴致勃勃。上完课后,我明白了该怎么道歉:道歉应该要有诚意,并且要做出适当的补偿,只有这样别人才会原谅你。

除了这次"共创课"以外,其他主题课也十分有趣,这些课让我明白了许多道理。例如如何做到尊老爱幼,在成长过程中要怎样面对挫折,等等。这些道理对我走上成长之路的帮助很大,我很喜欢这个"共创"课程。(7年级学生)

## 案例 30

上"共创课"的过程中,同学们一直很活跃,发表自己的观点,这一点一直让我受益,可以说正是这份活跃和老师的负责,让我在脑海中有了搭建新高楼的动力。

老师带领大家做了很多活动,无论做什么,这门课都会给人带来希望。心灵的成长就需要这样的课,也需要这样的老师和同学。(11年级学生)

## 案例 31

日复一日，一年时光就这样悄然溜走。想想刚开学的那段日子，听说要上"共创课"，同学们都好奇不已："共创课"是什么？怎么从来都没听说过呢？难道这是高中新增的一门课程吗？

刚入学的我们，带着一大堆疑问，走进了"共创"教室，后来经过我们的实践和老师的帮助，我懂了，原来"共创课"是帮助我们洞察世界的课程。虽然有时候要相隔好长时间才上一堂"共创课"，但我和其他同学都觉得，好像这堂课不是隔了十几天才上的，而是天天都在上，我们对它没有丝毫陌生感。

上"共创课"期间，我给自己的人生定了目标，算是努力的方向吧，我想成为像田老先生一样的人，像他一样在自己的有生之年，力所能及地为社会、为祖国做出最大的贡献，为社会奉献自己。

现在，我们的"共创课"也快结束了，以后再上"共创课"的机会几乎为零了。我们要感谢田老先生，感谢"共创"老师，给了我们这样一个机会去实现自身的价值。（10年级学生）

## 案例 32

关于这一年的"共创课"，我有很多话想说，也有很多感情和感谢想要表达。我很幸运，这辈子能够有机会上"共创课"，能见识到另一种与众不同的课程。这门课程的内容多样，讲课方式独特，我们学到的是与其他科目不同的东西，所以我很感激这门课，我觉得自己很幸运。

还记得开学第一周时,我们第一次听说这门课。当老师告诉我们周末会有一节"共创课"时,我们都很好奇这到底是什么样的课,毕竟之前这种课我们听也没有听过,大家都在讨论着。

到了教室门口,我们就听到了老师在播放轻音乐,刚起床的坏心情也变好了。到教室坐好后,老师就开始简单地介绍这门课程,也简单地介绍自己,之后就开始上课了。我们上完课后,因起床太早而生的闷气都没有了,我们都觉得这节课上得很值得,学到了很多东西。

所以,这一年中我学到了很多东西,我很感谢"共创"老师,很感谢学校给了我们这次机会,真的很感谢。(*10年级学生*)

## 案例33

从第一学期到现在,上了多少节"共创课",我已经记不清了,如今"共创课"即将结束,我们心中充满不舍。

想起刚开始到这里来的我们,一个个青涩稚嫩,心中似满怀斗志,仿佛在说,奋斗下去,你将抵达梦想的彼岸;也还记得第一次测试,试卷上显现的红叉叉沉重打击了那种斗志。之后的第二次、第三次……我们好像渐渐领悟了这残酷的法则,却又心有不甘。还好这时"共创课"开课了,老师认真做好课件,帮助我们驱散心中的雾霾,促使我们心中希望的种子发芽。也许我们的伤口并未完全愈合,但我相信它已愈合了十之八九。

我印象最深刻的就是"职业生涯对对碰"那节课。课上,经过老师的助推,有着共同兴趣的伙伴欢聚在一起,共同探讨问题,在小组里互相帮助。我们组是艺术组,讨论的话题是如何拥有美妙艺术气息的小岛。不知为何，从小我就很喜爱美的事物，会欣赏它、夸赞它，仿佛我也成为其中的一员，这种感受使我格外享受。兴许将来的我，也会从事这类充满艺术气息的工作，热爱美食，热爱艺术，热爱自然，更热爱生活。我也因此养成了积极的心态。（10年级学生）

## 参考文献

BRYANT A L, ZIMMERMAN M A, 2003. Role models and psychosocial outcomes among African American adolescents[J]. Journal of adolescent research, 18(1): 36-67. DOI:10.1177/0743558402238276.

DURLAK J A, WEISSBERG R P, DYMNICKI A B, et al., 2011. The impact of enhancing students' social and emotional learning: a meta-analysis of school-based universal interventions[J]. Child development, 82(1): 405-432. DOI:10.1111/j.1467-8624.2010.01564.x.

GOMEZ B J, ANG P M M, 2007. Promoting positive youth development in schools[J]. Theory into practice, 46(2): 97-104. DOI:10.1080/00405840701232752.

JANUARY A M, CASEY R J, PAULSON D, 2011. A meta-analysis of classroom-wide interventions to build social skills: do they work?[J]. School psychology review, 40(2): 242-256. DOI:10.1080/02796015.2011.12087715.

MEKINDA M A, 2012. Support for career development in youth: program models and evaluations[J]. New directions for youth development, 2012(134): 45-54. DOI:10.1002/yd.20014.

SHEK D T L, DOU D, ZHU X, et al., 2019. Positive youth development: current perspectives[J]. Adolescent health, medicine and therapeutics, 10: 131-141. DOI:10.2147/AHMT.S179946.

SHEK, D T L, LAW M Y M, ZHU X, et al., 2022. Promotion of positive development in China's mainland: in Tin Ka Ping P.A.T.H.S. project[J]. International journal of child and adolescent health, 15(3): 179-181.

SHEK D T L, LIN L, Ma C M S, et al., 2021. Perceptions of adolescents, teachers and parents of life skills education and life skills in high school students in Hong Kong[J]. Applied research in quality of life, 16(5): 1847-1860. DOI:10.1007/s11482-020-09848-9.

SHEK D T L, SUN R C F, 2013a. The project P.A.T.H.S. in Hong Kong: development, training, implementation, and evaluation[J]. Journal of pediatric and adolescent gynecology, 26(3): S2-S9. DOI:10.1016/j.jpag.2013.03.009.

SHEK D T L, SUN R C F, 2013b. Development and evaluation of Positive Adolescent Training through Holistic Social Programs (P.A.T.H.S.)[M]. Singapore: Springer

YANCEY A K, SIEGEL J M, MCDANIEL K L, 2002. Role models, ethnic identity, and health-risk behaviors in urban adolescents[J]. Archives of pediatrics & adolescent medicine, 156(1): 55-61. DOI:10.1001/archpedi.156.1.55.

ZHU X, SHEK D T L, 2021. Subjective outcome evaluation of a positive youth development program in China's mainland[J]. Research on social work practice, 31(3): 285-297. DOI:10.1177/1049731520980802.

# 第三篇

## 结　语

# 15

# 研究结果的讨论和总结

◎石丹理　罗绮雯　谭淋丹　柴文玉

## 一、质性研究与日记式研究

质性研究强调理解研究参与者对研究问题的个人感知，如研究参与者的行为、研究参与者对特定研究问题的反馈及观点（Bowling, 2014; Hennink et al., 2011）。学者 Silverman（2021）曾提出，质性研究在获取开放式资料的过程中发挥重要作用。近年来，质性研究的设计强调通过使用多元化的方法以深入检视人类的经验、信念和感受（Alamri, 2019）。

日记法是一种从研究参与者中收集定性资料的质性研究方法，研究人员要求参与者于指定时间内自行记录他们对特定问题或某些经历的意见、想法或感受，从而做出分析（Willing, 2013）。过往文献指出，日记法有不少优势（Alamri, 2019; Cohen et al., 2013; Giles, 2002）。首先，主观性是日记法研究的一个显著特征。研究人员以具有主观性的个体日记记录方式进行研究，让研究参与者对自己的经验进行深入的记录。这些由参与者自行提供的纵向信息和内容具有内省的特点，可以协助研究人员更深入地了解参与者对于特定经历的情绪和感受。其次，参与者可以利用自己熟悉的词汇来表达独特性的观点和情感，让研究者聚焦于分析阶段，并更准确地捕捉参与者的深层情感与反思。再次，日记法研究可以弥补其他一些质性研究方法的不足。例如，在进行传统个别访谈时，研究者会对访谈参与者提出预先设计的问题，并在需要时为参与者解释问题。然而，有学者认为，研究人员有时会对参与者的行为和回答产生较大影响，进而影响数据（Hitchcock and Hughes，1995）。然而，日记法研究没有上述弊端。由于进行日记法研究时，参与者在记录内容时不需要经历个别深入访谈似的问答过程，因此，参与者拥有更高程度的私人空间来表达较深入的个人意见。此外，日记法研究亦避免了访谈时因不同参与者分享而出现互相影响及压力的现象，让参与者可以更直接、更纯粹地呈现个人主观感受。

日记法虽然有着显著的研究优势，但也存在一些问题，因此，研究人员在进行研究时需要留意（Cohen et al., 2013; Giles, 2002; Janssens et al., 2018）；其中最主要的有以下数项问题：其一，参与者有时被要求记录很久以前发生的经历，他们可能已经忘记了内容，或是记忆可能已经变得含糊、不完整或不准确。同时，有些参与者基于社会期望偏差、担心遇到偏见的对待，又或是过分专注于提供准确和完整的信息，因此他们可能会根据自身情况而自行选择材料，或在内容上有不真实的信息增加或减少，因而会影响数据的准确性。其二，日记法研究与其他质性研究有着相似的问题，就是数据收集和分析均十分耗时。如上文所言，参与者自行记录的日记是日记法研究最主要的数据来源，因此，参与者对这种参与模式的了解及意愿，以及愿意持续付出的时间是完成研究十分重要的因素。其三，日记法研究要求研究人员花费大量时间反复地对数据进行深入分析，以得出准确且细致的理解。由此可见，日记法研究从数据收集到数据分析均要求参与者及研究人员投入大量的时间。有鉴于此，有学者提出在进行日记法研究时，可考虑遵守以下的条件从而提升研究结果的质量（Breakwell et al., 1995），当中包括：（1）收集数据的及时性，避免延长数据收集时间；（2）在参与者进行记录前，为其提供清晰的指引，减少参与者的忧虑与疑惑，以维护数据内容的真实性与完整性；（3）为研究团队提供相关的编码和数据分析训练，以及进行研究人员间的相互交叉检查，以降低个人偏差，从而增加客观性。

## 二、"共创成长路"项目

青少年阶段一直被喻为由儿童步入成年阶段的暴风时期。在这一阶段，青少年除了面对学业压力外，还需要面对因为身心转变及外界期望所带来的挑战。青少年所面对的挑战及心理压力既复杂又隐蔽，因此往往出现较严重后果时才被发现，结果难以补救。学者亦曾指出："问题没有显现出来并不等于（年轻人）已为挑战作好准备。"（Pittman et al., 2001）因此，不少学者提出以预防性的青少年培育角度为介入目标，即在出现问题前为青少年做更全面的预备（Benson, 1997; Catalano et al., 2012; Shek and Sun, 2013）。

20世纪80年代起，香港受全球经济带动亦蓬勃发展起来，但与此同时，青少年问题也开始变得复杂，因此，过往所沿用的补救性青少年服务亦难以满足多元化的青少年需要及应对挑战。为促进青少年的全人发展，于2005—2006学年开始，在香港赛马会慈善信托基金的拨款下，研究小组联同社会福利署、香港教育局及数百所中学推行了"共创成长路"赛马会青少年培育计划（P.A.T.H.S.），该计划亦成为中国第一项系统化的大型青少年正面成长计划。为提升计划的成效，研究小组一直坚持着重提供全面培训、设计全面教材以及进行全面评估。在短短的十几年间，该计划被充分证明具有提升青少年的发展性资产的成效（Shek and Ma, 2012; Shek and Zhu, 2020）。因成效显著，计划亦被引进到内地，命名为"共创成长路"田家炳青少年正面成长计划（TKP P.A.T.H.S.）。在研究小组的带领及基金会的支持下，此计划在内地顺利实现本土化并得以广泛推行，更开发了高中教材，计划效果显著（Zhu and Shek, 2020）。

"共创成长路"项目强调以全面及多元化的方式进行评估，包括质性及量化等评估方式，日记法是评估方式中的一种。如上文所言，在进行日记法研究时，为参与者提供清晰的指引以及保障数据的及时性十分重要（Breakwell et al., 1995）。因此，研究小组在收集数据前为负责推行项目及进行数据收集的老师及社工们提供了清晰的指导，并建议他们给予参与学生足够的时间及空间以撰写日记。多年来，香港及内地的"共创成长路"项目通过日记法研究进一步为计划的成效提供佐证，并配合其他量化及质性研究的结果，可以对项目做出既全面亦以实证为本的评估（Shek, 2010; Shek and Sun, 2012; Shek et al., 2008; Shek et al., 2019）。

在这本书中，我们记录了"共创成长路"田家炳青少年正面成长计划（TKP P.A.T.H.S.）在新冠疫情暴发之前对学生的益处。2016—2017学年与2017—2018学年收集的学生日记中体现的学生对项目的总体评价如表15.1所示。表15.2则显示了对项目持不同评价态度的学生认为的项目益处分布情况，包括助益社区和社会发展、促进校园适应、促进家庭关系、助益人际能力、助益内在能力，以及对教师的赞赏等其他积极影响。总体而言，本书中报告的案例的观察结果与过去的日记法研究结论一致，即大多数学生认为该计划对他们的发展有益。这些结论有助于青少年正面成长，促进青少年全面发展。目前的研究结果表明，"共创成长路"田家炳青少年正面成长计划（TKP P.A.T.H.S.）有助于在项目参与者中建立发展性资产，帮助他们以更健康的方式应对压力，最终减少青少年的发展问题。此外，基于日记法得出的评估结论与既往开展的客观评估、主观评估的研究结果基本一致。

表 15.1 基于学生日记的评价分类

（2016—2017 学年和 2017—2018 学年）

| 年级 | 样本量（篇） | 负面评价 | | 中性评价 | | 正面评价 | | 未定 | |
|---|---|---|---|---|---|---|---|---|---|
| | | 数量（篇） | 比重（%） | 数量（篇） | 比重（%） | 数量（篇） | 比重（%） | 数量（篇） | 比重（%） |
| 7 | 1603 | 15 | 0.94 | 25 | 1.56 | 1563 | 97.50 | 0 | 0.00 |
| 8 | 936 | 6 | 0.64 | 15 | 1.60 | 915 | 97.76 | 0 | 0.00 |
| 9 | 64 | 0 | 0.00 | 0 | 0.00 | 64 | 100.00 | 0 | 0.00 |
| 10 | 315 | 19 | 6.03 | 12 | 3.81 | 284 | 90.16 | 0 | 0.00 |
| 11 | 130 | 2 | 1.54 | 1 | 0.77 | 127 | 97.69 | 0 | 0.00 |
| 12 | 13 | 0 | 0.00 | 0 | 0.00 | 13 | 100.00 | 0 | 0.00 |
| 合计 | 3061 | 42 | 1.37 | 53 | 1.73 | 2966 | 96.90 | 0 | 0.00 |

数据来源：TAN L, SHEK D T L, LI X, 2025. Evaluating the impact of a positive youth development program using student diaries: Tin Ka Ping P.A.T.H.S. project in China's mainland[J]. Applied research in quality of life. DOI:10.1007/s11482-025-10441-1.

## 表15.2 基于学生日记的感知计划有效性及评价分类
### （2016—2017 学年和 2017—2018 学年）

| 感知计划有效性 | 样本量（篇） | 负面评价 数量（篇） | 负面评价 比重（%） | 中性评价 数量（篇） | 中性评价 比重（%） | 正面评价 数量（篇） | 正面评价 比重（%） | 未定 数量（篇） | 未定 比重（%） |
|---|---|---|---|---|---|---|---|---|---|
| 1. 助益亲社会行为养成，促进社区和社会发展 | 82 | 0 | 0.00 | 0 | 0.00 | 82 | 100.00 | 0 | 0.00 |
| 2. 助益学校适应与学业表现 | 71 | 0 | 0.00 | 0 | 0.00 | 71 | 100.00 | 0 | 0.00 |
| 3. 助益家庭关系、亲子关系及家庭功能 | 113 | 0 | 0.00 | 0 | 0.00 | 113 | 100.00 | 0 | 0.00 |
| 4. 助益人际关系：增进同伴关系、增强社交能力 | 599 | 0 | 0.00 | 0 | 0.00 | 599 | 100.00 | 0 | 0.00 |
| 5. 助益内在能力：认知能力、问题解决能力与行为能力 | 244 | 0 | 0.00 | 0 | 0.00 | 244 | 100.00 | 0 | 0.00 |
| 6. 助益内在能力：道德能力、树立正确价值观 | 226 | 0 | 0.00 | 0 | 0.00 | 226 | 100.00 | 0 | 0.00 |
| 7. 助益内在能力：乐观、韧性与抗压能力 | 256 | 0 | 0.00 | 0 | 0.00 | 256 | 100.00 | 0 | 0.00 |
| 8. 助益内在能力：情绪能力 | 156 | 0 | 0.00 | 0 | 0.00 | 156 | 100.00 | 0 | 0.00 |
| 9. 助益内在能力：积极自我认同、自信、自我形象及自我效能 | 220 | 0 | 0.00 | 0 | 0.00 | 220 | 100.00 | 0 | 0.00 |
| 10. 助益内在能力：灵性、探索人生意义与珍爱生命 | 255 | 0 | 0.00 | 0 | 0.00 | 255 | 100.00 | 0 | 0.00 |
| 11. 感谢教师教导及支持 | 253 | 0 | 0.00 | 0 | 0.00 | 253 | 100.00 | 0 | 0.00 |
| 12. 其他积极评价或其他助益 | 206 | 0 | 0.00 | 0 | 0.00 | 206 | 100.00 | 0 | 0.00 |
| 负面评价[a] | 95 | 42 | 44.21 | 53 | 55.79 | 0 | 0.00 | 0 | 0.00 |
| 未编码案例[b] | 285 | 0 | 0.00 | 0 | 0.00 | 285 | 100.00 | 0 | 0.00 |
| 总计 | 3061 | 42 | 1.37 | 53 | 1.73 | 2966 | 96.90 | 0 | 0.00 |

注：a. 评分 ≤4 分（7 点计分法）；b. 未确定主要助益，但至少涉及两项助益。

数据来源：TAN L, SHEK D T L, LI X, 2025. Evaluating the impact of a positive youth development program using student diaries: Tin Ka Ping P.A.T.H.S. project in China's mainland[J]. Applied research in quality of life. DOI:10.1007/s11482-025-10441-1.

## 参考文献

ALAMRI W A, 2019. Effectiveness of qualitative research methods: interviews and diaries[J]. International journal of English and cultural studies, 2(1): 65-70. DOI:10.11114/ijecs.v2i1.4302.

BENSON P, 1997. All kids are our kids: what communities must do to raise caring and responsible children and adolescents[M]. San Francisco: Jossey-Bass.

BOWLING A, 2014. Research methods in health: investigating health and health services[M]. 4th ed. London: Open University Press.

BREAKWELL G M, HAMMOND S, FIFE-SCHAW C, 1995. Research methods in psychology[M]. London: SAGE Publications.

CATALANO R F, FAGAN A A, GAVIN L E, et al., 2012. Worldwide application of prevention science in adolescent health[J]. The lancet, 379(9826): 1653-1664. DOI:10.1016/S0140-6736(12)60238-4.

COHEN T R, PANTER A T, TURAN N, 2013. Predicting counterproductive work behavior from guilt proneness[J]. Journal of business ethics, 114(1): 45-53. DOI:10.1007/s10551-012-1326-2.

GILES D, 2002. Advanced research methods in psychology[M]. New York: Routledge.

HENNINK M, HUTTER I, BAILEY A, 2011. Qualitative research methods[M]. London: SAGE Publications.

HITCHCOCK G, HUGHES D, 1995. Research and the teacher: a qualitative introduction to school-based research[M]. 2nd ed. New York: Routledge.

JANSSENS K A M, BOS E H, ROSMALEN J G M, et al., 2018. A qualitative approach to guide choices for designing a diary study[J]. BMC medical research methodology, 18(1): 140. DOI:10.1186/s12874-018-0579-6.

PITTMAN K, IRBY M, FERBER T, 2001. Unfinished business: further reflections on a decade of promoting youth development[M]//BENSON P L, PITTMAN K J. Trends in youth development: visions, realities, and challenges. New York: Springer: 3-50.

SHEK D T L, 2010. Using students' weekly diaries to evaluate positive youth development programs: are findings based on multiple studies consistent?[J]. Social indicators research, 95(3): 475-487. DOI:10.1007/s11205-009-9532-8.

SHEK D T L, MA C M S, 2012. Impact of the project P.A.T.H.S. in the junior secondary school years: objective outcome evaluation based on eight waves of longitudinal data[J]. The scientific world journal, 2012(1): 170345. DOI:10.1100/2012/170345.

SHEK D T L, SUN R C F, 2012. Evaluation of the project P.A.T.H.S. based on students' weekly diaries: findings from eight datasets[J]. The scientific world journal, 2012: 354254. DOI:10.1100/2012/354254.

SHEK D T L, SUN R C F, 2013. Development and evaluation of Positive Adolescent Training through Holistic Social Programs (P.A.T.H.S.)[M]. Singapore: Springer.

SHEK D T L, SUN R C F, LAM C M, et al., 2008. Evaluation of project P.A.T.H.S. in Hong Kong: utilization of student weekly diary[J]. The scientific world journal, 8: 13-21. DOI:10.1100/tsw.2008.2.

SHEK D T L, ZHU X, 2020. Promotion of thriving among Hong Kong Chinese adolescents: evidence from eight-wave data[J]. Research on social work practice, 30(8): 870-883. DOI:10.1177/1049731520947156.

SHEK D T L, ZHU X, LEUNG J T Y., 2019. Evaluation of the project P.A.T.H.S. in China's mainland: findings based on student diaries[J]. Research on social work practice, 29(4): 410-419. DOI:10.1177/1049731517745994.

SILVERMAN D, 2021. Qualitative research[M]. 5th ed. London: SAGE Publications.

TAN L, SHEK D T L, LI X, 2025. Evaluating the impact of a positive youth development program using student diaries: Tin Ka Ping P.A.T.H.S. project in China's mainland[J]. Applied research in quality of life. DOI:10.1007/s11482-025-10441-1.

WILLING C, 2013. Introducing qualitative research in psychology[M]. 3rd ed. London: Open University Press.

ZHU X, SHEK D T L, 2020. Impact of a positive youth development program on junior high school students in China's mainland: a pioneer study[J]. Children and youth services review, 114: 105022. DOI:10.1016/j.childyouth.2020.105022.